RETHINKING EDUCATION IN THE AGE OF TECHNOLOGY

The Digital Revolution and Schooling in America.

Second Edition.

A・コリンズ
R・ハルバーソン［著］
稲垣 忠［編訳］

デジタル社会の学びのかたち Ver.2

教育とテクノロジの新たな関係

北大路書房

RETHINKING EDUCATION IN THE AGE OF TECHNOLOGY
: The Digital Revolution and Schooling in America

SECOND EDITION

by
Allan Collins
and
Richard Halverson

Foreword by James Paul Gee

推薦のことば

古代ギリシャ・ローマの時代、本ではなく頭の中に知識を留め置く素晴らしい記憶法が発明されました。「記憶の宮殿」「ジャーニー法」あるいは「loci（場所）の方法」とも呼ばれます。この手法ではまず、よく知っている建物や風景を思い浮かべます。次に、一定の順序でその（イメージの中の）建物や風景を歩きながら、記憶したいものを個々の場所に置いていきます。そして、その場所に記憶すべきことが置いてあるイメージをつくるのです。練習を積み重ねると、作り上げた記憶の宮殿を思い浮かべ、歩き回ることで記憶を一つずつ取り出せるようになります。

記憶を鮮明に思い出せるのは、よく知っている大きな全体の一部として鮮明に視覚的に結びつけられたからです。アリストテレスは、記憶の宮殿の場所（loci）のことをtopoi（訳注：トポスの複数形）と呼びました。英語のtopicの語源です。記憶の宮殿は、テキストではなく、記憶することこそが、教えたり学んだりする際に重要になったときに発明されました。

印刷技術が発明されると、記憶は学習の鍵ではなくなり、学習は記憶の宮殿の旅ではなくなりました。知識は本に留められ、教室に届けられるようになったのです。学校は、人類のもっとも素晴らしく、もっとも成功した発明です。教育を平等でアクセスしやすくする点において、学校は、学びをイメージや旅と結びつける古代ギリシャやローマを上回っていました。ギリシャ人やローマ人は記憶したい内容を場所と結びつけたのと同じように、神話や物語（あるいは叙事詩）によって先祖代々、歴史的な意味を日々の人々、場所、出来事などに結びつけました。しかし、これも失われました。

今日、若者は現代の「記憶の宮殿」と呼べるような魔法の旅に出かけています。現代のLociは、物理的であり、バーチャルであり、イメージ上の場所でもあります。現代の旅の一例を紹介しましょう。15歳の少女はファンフィクション（訳注：日本で言う同人誌に載せるような二次創作物）の絵を描きたいと思っています。しかし、その時点では彼女は上手な描き手ではありません。彼女は『ザ・シムズ』の世界に入ることでインスパイアされました。シムズは家族やコミュニティをシミュレーションするベストセラーのゲームです。彼女はシムズで得たイメージを加工し、セリフを加え、それを並べることで物語をつくりたいと考えました。旅は続きます。リアルとバーチャルの場所を行き来しながらの旅です。

彼女はシムズのバーチャル世界からシムズファンが集まる、ゲームのあらゆる面を扱うインターネットサイトに参加しました。そこで友人のシムズファンが彼女をシムズのグラフィック・ファンフィクションのサイトに案内してくれました。さらにジャンルごとの書き方とフォトショップの使い方のサイトを紹介されました。彼女は、より上手な描き手が自らの作品を投稿するこれらのサイトに入り浸りました。次第に彼女は自分の作品を投稿するようになり、多くのフィードバックや支援を得ました。やがて彼女は自身のウェブサイトをつくり、増え続ける彼女のファンのマネジメントについて学びました。彼女の家、友達の家、シムズの大会、より広範なリアルあるいはバーチャルの場所でバンパイア・ロマンスのファンフィクションは読まれ、話題になりました。それらがすべてリアルとバーチャルが組み合わさった幾千もの旅となったのです。今日では、彼女は数千人もの熱心な読者に支えられています。

彼女は旅を通してさまざまなことを学びました。「MOD（モディファイ）」ゲーム、ゲームデザイン、アドビのフォトショップ、訪問者の多い個人サイトの開設と維持、ウェブサイトと作品を他のシムズファンのサイトにリンクしてネットワークをつくること、キャラクター、イベント、環境をカスタムすること、必要な時にスキルを学ぶチュートリアルを利用したり、自分でつくったりすること、人の心をつかむ物語を書くこと、目を引く絵と文章を組み合わせること、読者を集めること（物語を宣伝し、バナー広告を使い、「ティザー」（断片的な情報でじらす方法）をつくることなど）、物語のイメージを編集・演出すること（陰影や切り抜きなどの技法を使う）、ウェブサイトに文章と画像を投稿し、新たな読者と従来の読者をひきつけること、感情をこめてファンに反応すること、ファンをコミュニティにつなげること（彼女が物語の中で使う言葉とはかなり違う種類の言語を要する）、コミュニティの流行にあわせてファンの中からボランティアの編集者を募りいっしょに働くことなどです。

彼女の旅は、部屋ごとに自分で記憶を並べた「宮殿」をめぐるものではありませんでした。リアルとバーチャルがつながった空間をいくつも行き来し、彼女自身やたくさんの人々が教えたり、学んだり、さまざまな方法でツールを活用する空間を旅したのです。すなわち、教えることと学ぶことを多くの人々、ツール、実践の間で分散的に行っていたと言えます。彼女は学ぶときもあれば教えるときもありました。リードするときもあれば従うときも、デザインするときも、他の人のデザインを利用するときもありました。いくつかの実践やツールは講義であり、コーチングであり、モデリングであり、メンタリングであり、議論であり、参加型であり、協働的でした。テキストベースの場合もあれば、多様な手段を使うものも、テストを使うものもありました。

このような指導と学習を「アフィニティスペース（共通の関心や情熱を持った人々が集い、学び、成長する空間）」を巡る旅と呼んでいます。「分散された指導・学習空間」とも呼びます。今日、アクセス、支援、メンタリングがあれば、私たちはこのような学びの旅に出かけることができます。ゲームデザイン、メディア制作、社会科学、ジャーナリズム、各種の社会運動、ロボティクス、古代文明の神話、あらゆるテーマに対して、それをマスターしようと望めば、できるのです。私自身も、ひよこを安全に育てる方法を学ぶのにこのような旅をしました（上手くいきました。ありがとう）。

学びの旅は、ボトムアップとトップダウンからなる、終わりのない創造の産物です。新奇な発明の例に漏れず、良きにつけ悪しきにつけ、パワフルになり得ます。価値ある21世紀スキルを身につけた15歳の少女がアフィニティスペースを渡り歩きながら学んだのと同じように、テロリストになる方法を学んだり、不正な収入を政府や納税から隠す方法を学べてしまいます（こうした企みのためにつくられたアフィニティスペースをダークウェブと呼びます）。子どもたちに良いものであるために私たち教育者は、大人あるいはメンターとして本気で立ち向かい、ガイドし、デザインし、収集し、整理し、推奨できるものにしていかなければならないのです。

アラン・コリンズとリチャード・ハルバーソンは、既に高い影響力をもった本書の第二版において、子どもたちが今日、学校の外で利用できるパワフルな指導と学びの旅を示しています。彼らはどんな意味においても、教師や学校に退場すべきと主張している訳ではありません。むしろ、彼らが言いたいのは、教師や学校は門戸を開き、他のリアルとバーチャルな空間とつながり、ツアーの要となるガイドとして、子どもたちを現代の記憶の宮殿へと続く、想像たくましい旅に送り出してほしいということです。もちろん、私たちはそれをどのように実現できるのか十分に知っている訳ではありません。だからこそ、ワクワクしませんか。この本は、私たち教育者にとって新しく、素敵な旅の入り口になるでしょう。

ジェームス・ポール・ジー
メアリー・ルー・フルトン大学・学長
アリゾナ州立大学・言語学教授・理事

謝辞

本書は、ノースウェスタン大学で教育改革の歴史について共に授業をした際に構想しました。アランはその科目を続けて担当しています。リチャードは、ウィスコンシン大学マディソン校での授業のために共に議論したさまざまなアイデアを採用しました。数年にわたり、この科目を受講し、本書のドラフトにコメントしてくれたすべての学生に感謝します。とりわけ、ル・チョンには、後に統合することになった5章について改善策をいただきました。また、エリカ・R・ハルバーソンには、初期のドラフトに対して鋭いコメントを頂戴しました。ジュリー・カリオとサラ・ハケットには、第二版へのアドバイスをいただきました。キャロル・カウンツには、本書に何を残し、何を削るかについての判断を手伝ってもらいました。シャーリー・ブライス・ハルスによる初期ドラフトへのコメントや、改善のためのご指摘は計り知れない貴重なものでした。また、ドナルド・A・ノーマンからは、励ましとともに、本書を一般の読者向けにアピールするためにどうしたらよいかご意見をいただいたこと、感謝申し上げます。匿名のレビュアーの方々からも、原稿の改訂に向けた幅広いアドバイスをいただきました。

本シリーズの編者であるマルシア・リンは、私たちがTeachers College Pressと引き合う際の決め手となる存在でした。編集者のメグ・レムケとエミリー・スパングラーは、原稿を現場の先生方や、一般読者向けにするためにがんばってくれました。ジェームス・ポール・ジーには、この第二版への序文をご執筆いただいたこと、感謝申し上げます。ジョン・シーリー・ブラウンからは、本書第一版への序文をいただきましたこと、大変光栄に思っております。デビッド・ウィリアムソン・シェファーには、本書の宣伝について提案いただきました。ラリー・アールバウム、デビッド・パーキンス、ロイ・ピー、バーバラ・ミーンズのご尽力により、出版を迎えられたことを感謝申し上げます。

まえがき（第一版）

今起きている社会革命は、人類にとって有益なものになるのか、あるいは有害なものになるのでしょうか。魅力的なものだと私は信じていますが、まだどちらか判断がつかずにいます。それはすでに起きてしまった事実、あるいはそうなりそうな事実であることを認めます。それを経験した人々の中から、もっとも包括的かつ平和的な進展をしたと思われるケースを選びました。革命の結果がどうなるのか、人々の進歩にどう役立つのか明らかにするためです。アメリカで出会ったことは、アメリカそれ以上のものだったことを告白します。民主主義の本質的なイメージと、その限界、特性、偏見と情熱を見つけました。私が望んだのは、少なくともそれを恐れるべきか、希望をもつべきか、知っておきたいということでした。[☆1]

トクヴィルのように、あるアメリカの革命のことを描いてみましょう。それはアメリカで起きている2度目の教育革命です。徒弟制から万人の学校教育制度へ移行した約200年前の革命に続くものです。近年登場した新しいテクノロジによって、それは引き起こされています。学習が行われる中心的な場所である学校教育に対して課題を投げかけています。この革命は完成したものではけっしてありません。トクヴィルが1831年に訪れたアメリカで民主主義が完成していたわけではないことと同じです。彼と同じように、私たちはこの革命の課題と展望のすべてを見ようとしています。この革命は地球規模で進んでいるものですが、アメリカはその先端を走っているように見えます。ちょうど民主革命のときと同じようにです。

この革命の利益を受けるのは結局のところだれなのでしょうか？　アメリカでは、教育分野での競争で優位に立ちたがっている消費者に対して，関連商品を売り込む商業的な圧力があります。その結果，テクノロジを使った商品やサービスはアメリカ全土を席巻します。かつては公的なもので，すべての人が平等にアクセスできることが良しとされた教育は，今や特別なサービスやコンピュータプログラムを購入できる人々に売りに出されているのです。

このような革命の初期に起きる問題は，それに対処したくなかったり，できない人々の間で起きるものです。アメリカの教育が変化するにつれて，新たな不平等が教育システムに入り込もうとしています。収入の格差が拡大すると，豊かさゆえのテクノロジ面の優位性が，すでにある社会的・文化的な格差をますます拡大させるのです。新たな学習方法を開拓することや，新たな学習リソースを活用することについて，富裕層は明らかに優位といえます。革命が進むにつれて，教育業界はこれまで以上に多様かつ豊かになると同時に，混乱もしています。

学校においてテクノロジの活用を進めていくことを，私たちは支持してきました。ですが，本書で扱うのは，テクノロジの急速な発達により，根本から変わろうとしている教育の姿とその体験についてです。アメリカの教育改革において，いわば歩兵として携わってきたことによる先入観があることは認識しています。その上で，本書は一歩引いた，より大局的な視点から考えてみました。

学校は，アメリカや世界各地において，その役割を十分果たしてきたと考えています。この500年を振り返ってみて，公教育制度の発達は20世紀の重要な功績となるでしょう。変わりゆく世界の中で，さまざまな背景をもった子どもたちが学び，生き抜くことを助けてきた教師たちのことを本当にすばらしいと思っています。新しい家族観や地域コミュニティに対して，既存の学校の構造やリソースをやりくりして適応させ続けてきた素晴らしいリーダーたちもいます。学校は世界が発展していくために欠かすことのできない貢献をしてきましたし，未来においてもそうあり続けると考えています。私たちの役割は学校や公教育を非難することはありません。プロである教師たちの足元にある，日々の指導と学習の前提となる状況が変わりつつあることを示します。

この何世紀かの重要な論点は、教育と学校を同一視してきたことにあります。教育者や政策立案者は、この同一視をそろそろ再考すべきです。今や教育は生涯にわたる営みです。多くの人々にとって学校は5歳から18歳、あるいは21歳までの期間しかカバーしていません。就学期間であっても、教育の大半は、学校の外で新たなメディアテクノロジを介して行われています。テクノロジが社会全体を変えたことを私たちは知っています。人々が読み、書き、計算し、考えるといった学校が課題としていることの中心にテクノロジはあります。学校を擁護する人々が無視し、置き去りにし、恐れている、テクノロジが学習に与える変化について、注意を喚起したいのです。

テクノロジが学習に与える主な影響は、学校の外で起きているというのが私たちの主張です。新たなメディアテクノロジと学校の間には、深い歴史的な溝があることを示します。もっともよく使われた場合でも、新たなテクノロジは学校の周辺物のままでした。特別なコースや放課後プログラムに利用されたのです。したがって、政策リーダーは、学校の内外両面から教育を再考しなければならないのです。

中心となる課題は、新世代の公教育のために、テクノロジを活用した学習がもたらす新たな力を現在の学校がうまく取り入れ、活用できるかどうかなのです。もし学校が新しいテクノロジを学校らしく統合することに失敗してしまったらどうなるのでしょうか。１５０年にわたって築いてきた学校教育こそ教育だという見方は、公立学校の外で、自らの学びを追究するだけの手段と能力をもった生徒たちによって消え失せてしまうことでしょう。本書のゴールは、学校が旧世代のテクノロジをどのように取り入れてきたのか、新たなメディアテクノロジがすべての子どもたちや家族をワクワクさせる道筋をどのように切り開いているのかを明らかにします。そのうえで、新たな世界における学校とは、学習とは、教育とは何かを検討します。

まえがき（第二版）

２０１７年10月、ニューヨークタイムズは「グーグルはどのように教室を乗っ取ったのか」という記事を配信しました。[☆1] たった5年で、グーグルは、学校に洗練された学習テクノロジを持ち込みました。同社によれば、３０００万人以上の生徒たちがウェブ上のＧメールやグーグルドキュメントをコミュニケーションや生産性のために日常的に活用しています。安価なクローム・ブックが教室にあふれ、熱心なテクノロジ崇拝者の「すべての生徒にコンピュータを」という夢は現実のものとなりました。広く使われているアプリケーションスイートであるＧスイートは、ブログ、プレゼンテーション、データベース、表計算、写真、動画編集、クリエイティブな作品を配信する方法まですべて無料で使用できます。グーグルのビジネスモデルは、アプリの提供、グーグルのツールを使う教員間のネットワークづくり、オープンな開発プラットフォーム（アンドロイド等）の管理等をすべて販促品として提供するものです。パワフルかつ安価なコンピュータとアプリケーションで競合相手を打ち負かす戦略です。グーグルはその見返りに、彼らのツールを日常・学業の必須のツールとして活用しながら成長していく未来の顧客世代を育てています。記事によれば、「米国の教育について１００年以上続く大論争の１つ―公教育の目的は、知的な市民を育成することなのか、訓練された労働者を育てることなのか―の中心に」グーグルは存在しているといいます。

本書は、この新たなメディア・テクノロジが学校にもたらす嵐の只中に挑みます。「知的な市民」と「訓練された労働者」をめぐる対立は、かつてほど明確ではなくなってきていると筆者らは考えています。21世紀に入り、伝統的な学校教育モデルは、現代的な課題に対応する若者を育てることに失敗しつつあります。読むことや計算の仕方を学び、学校を卒業することは今でも重要です。しかしその一方で、若者が多様な人々とコミュニケーションしたり、多チャンネルのメディア空間の中で主張の真実性を吟味したり、コンピュータを用いて作品を創作・批評したり、それぞれに合った生活や職業のスキルを身につける重要性が増しています。職場環境は急速に変化し、次の10年の主要な仕事は、まだ見たことがないものとなるでしょう。適応的かつ見識ある市民になるために、現代の若者は新たなスキルを身につける必要があるのです。

学校、図書館といった公的な機関と私的な関心との間の対立は、教育研究が果たすべき原則に深い影響を与えています。グーグルのような（私的な）企業が教室という公的な空間を侵食するたびに、学者たちはその可能性に懐疑の目を向けてきました。公教育の自立性や質を守ることに焦点を当てて論じたいわけではありません。むしろ、若者の興味や行動に関する個人情報を常に収集し続ける製品が、プライバシーに与える影響に留意すべきです。企業が彼らの製品を教室でテストすることで何が失われ、メディア企業の言論が現実の課題から娯楽へと変質することで何が起こるのか疑問をもつべきです。すべての生徒たちに学習成果の改善をもたらす方法を開発し、検証するべきです。地域の分け隔てなく、高品質の学習機会へのアクセスが保障されるよう、学校に継続的な圧力をかけていくべきです。これらを優先事項とし、公教育を守る人々と価値を共有できるようイノベーションを監視し、導いていく営みに注力し続けるべきなのです。

その一方で、公と私の対立は、学者や政策立案者が教育におけるテクノロジの変化の様相を理解することを妨げてきた側面があります。本書の役割は、学校の内外において、テクノロジがどのように新たな学びの地平を開こうとしているのかよりよく理解できるようにすることです。制度化された学校教育に対して、学びのテクノロジの進歩がどのような変化をもたらしているのかを検討します。現行の教育制度は、新たなメディア・テクノロジが示唆する改革に抗う頑固な制度だと私たちはこれまで考えてきました。しかし、学年制、共通カリキュラム、標準テスト、教科書、高校といった現在の制度が、学校への新たな要求に対して、どのくらい異なった側面を見せているのかを示そうと思います。学習テクノロジは常に教育における変化の最先端を担ってきました。しかし、制度が変化するべースは常に遅く、新たな学習ツールの発達に遅れをとってきたことを論じます。

インターネットは、現代の教育が変化するペースを劇的に引き上げました。グーグルは、新たなメディアが若者を含む全ての人々の日常を再定義した事実のほんの一側面にすぎません。本書の第一版を9年前に出版して以来、ツイッター、フェイスブック、ウィキペディア、スナップチャット、大規模公開オンライン講座（MOOC）、カーンアカデミー、コードアカデミー、アイフォーン等々の数えきれないほどの新たなメディアの波を経験してきました。イノベーティブなこれらの製品は、何らかの形で情報のやりとりに着目しています。言い換えれば、いずれの製品も学習に関わりがあるということです。あらゆる年代の学習者が、複雑なモデルの構築やテストのために、プログラムを学ぶために、創作した文章をシェアするために、外国のパートナーといっしょにゲームをするために、事典を編集するために、上手くデザインされた、多くが無料のバーチャル空間を容易に見つけることができます。これらは公的に制度化された機会や管理の外で行われているものです。教育者や政策立案者は、すべての生徒たちのために、教育制度を学校の内部と学校の外にある機会とのハイブリッドのシステムとして再定義しなければなりません。

1世紀以上の時間をかけて、現在の学校制度は形づくられ、学ぶことは学校に行くこととみなされるようになりました。学校のミッションは、何が学びに値するのかを定義することであり、このミッションが達成されていることを保証することでもありました。本書では、学習の新たな側面が登場しつつあるこの時代について述べます。私たちが取り組むのは、テクノロジ、学校、指導、学習、教育の現況を描くことです。すべての生徒たちと家族のために、学びを改善する新たな方法を確立することを目指し、これまで辿ってきた道のりとこれからの方向性を示すことが私たちのゴールです。本書の物語が、あなたの思考と実践に新たな可能性を拓くことを願います。

目次

1章 どのように教育は変わろうとしているのか

どのように教育は変わろうとしているのでしょうか。私たちが耳にしたことのあるいくつかのストーリーを紹介します。

ある数学が得意な子どもの両親は、彼が学校の外では何も学んでいないことに気づきました。そこで、両親は子どもに体育の授業だけを学校で受けさせ、その他は家で教えることに決めました。**AT&T**を退職したエンジニアが協力してくれて、彼に教育用ソフトウェアの面白さを教えてくれました。エンジニアはその子にあらゆるソフトウェアを紹介しました。例えば、**ジオメーターズ・スケッチパッド**などです。ソフトウェアによって彼は数学の知識を限界まで高めることができたのです。彼は成長して、数学オリンピックのアメリカ代表に選出されました。

テクノロジ分野の**ビジョナリ**である**シーモア・パパート**は、彼の孫が3歳の時、恐竜に関する情熱をいかにもっていたのかを話してくれました。両親があまりにたくさんの恐竜に関するビデオを買い与えていたので、そのビデオを何度も何度も見ました。パパートは言いました。「彼はまだ文字を読むこともできないんだ。それなのに恐竜について、私が知っていることよりもずっとずっと

AT&T
アメリカの大手電話会社。

ジオメーターズ・スケッチパッド
数学のシミュレーションソフト。

ビジョナリ
先見の明のある人。

シーモア・パパート
(Seymour Papert, 1928-2016)
南アフリカ出身の米国の数学、コンピュータ科学、発達心理学者。児童用プログラミング言語LOGOや、レゴブロックをプログラムで動かすマインドストームの開発者。MITメディアラボの創設者でもある。

たくさんのことを学んでるんだよ！」

スターバックスの中堅社員だったある女性は、**MBA**をとれば管理職の候補になれるとボスから聞きました。そこで彼女はアリゾナ州立大で修士がとれる社内プログラムに登録しました。同大はオンラインとのハイブリッド校で1万人以上のオンライン学生がいます。彼女は夜に勉強し、2年後、MBAを取得した結果、管理職への道が開けたのです。

ミシェル・クノベル☆1は、アニメ・ミュージック・ビデオを制作することに熱意を燃やしたある少年の話をしてくれました。その少年は「AnimeMusicVideo.org」というウェブコミュニティに熱心に参加しています。そこでは仲間から映像制作のスキルを学ぶことができました。日本のアニメ『NARUTO』の映像と音楽を組み合わせた作品『Konoha Memory Book』をつくり、ユーチューブに投稿したところ、3万「いいね」をもらいました。彼が学んでいるスキルは、彼がデジタルレコーディング業界で働く道へとつながります。

ブリッジ・バロン☆2は、バミューダ諸島に暮らすジャマルという名の男の子の話をしてくれました。彼は高校でコンピュータサイエンスの学科に入学したことに大喜びしました。ウェブデザインについての本を何冊か読むなかで、その著者の1人とインターネットで交流しました。卒業したときに、彼はダイナミック・ウェブ・デザインというビジネスを立ち上げることにしました。社会人の友人がオフィスをシェアすることを申し出てくれたので、彼はその友人のためにウェブサイトをデザインしました。ジャマルには才能があり、彼がビジネスで成功できるよう応援したいと友人は考えています。

MBA
経営管理学修士号。

ミシェル・クノベル
(Michele Knobel)
モントクレア州立大学の教育学者。

ブリッジ・バロン
(Brigid Barron)
スタンフォード大学の発達心理学者。

ある少年は、高校生活に飽きたことを理由にドロップアウトしました。彼はプログラマーになるため、マイクロソフト社やシスコ社のさまざまな認定資格を取得しようとしました。資格試験の勉強をするためのオンラインコースを受講し、合格しました。その結果、彼は町の大手銀行のプログラム部門に職を得ました。さらに彼は銀行が提供するソフトウェアモジュールで銀行のビジネスについて学んでいます。

会計士を務めていたある女性は、退職後に絵画を習うことにしました。若い頃からの夢だったからです。彼女はフェイスブックグループで近くの画家とつながり、ワコムのタブレットを購入し、デジタルの肖像画を描き始めました。数年後、彼女は**レディット**の人気の投稿者になり、作品を世界へ売り出すためにウェブサイトを立ち上げました。

マイケル・ルイスの著書『**ネクスト**』には、マーカス・アーノルドという名前の15歳の少年の話があります。彼はAskMe.comという世界中の人からの質問を受けつけ、自称専門家が回答するサイトで法律相談を始めました。15歳の少年は法律に関する本を読んだことはありませんでしたが、法律が大好きで、法律に関する問題を扱ったテレビ番組を数多く見ていました。彼の回答はわかりやすく、サイト上の他の多くの法律家より助けになると人々の評判になりました。ついに彼は、そのサイトの法律分野でトップの専門家となったのです。

世界中の人々が教育を学校外にもちだそうとしています。家庭、図書館、カフェ、職場といった場所で、何を学びたいのか、いつ学びたいのか、どのようにして学びたいのかを自分で決めることができます。ここまで紹介したストーリーは、教室で学ぶ教育の伝統的なモデルに対して疑問を投げかけています。こうした新しい**ニッチ**な学習では、あらゆる年代の人々が、独自に学びを追究するために

レディット
アメリカの投稿サイト。画像、テキストの投稿や多彩なジャンルのQ&Aがある。

『ネクスト』
ノンフィクション作家であるマイケル・ルイスによる2001年の著書。同年にアスペクト社より日本語版が出版されている。インターネットを使って世界を揺るがした10代の子どもたちを描いた。

ニッチ
市場などの隙間・適した場所。

テクノロジを活用しています。

　一方でアメリカの公教育は危機に直面しています。学習機会の多様性を制限する政策のもと、人々は学校教育の段階からより高い教育水準を求めています。しかし、自治体は学校のために税金を上げようとはしません。なぜなら学齢期の子どもをもつ世帯の割合が小さいからです。新しいメディアとテクノロジで育った子どもたちは、ワークシートを埋めたり、講義を我慢して聴いたりすることができません。親は、カンニングやいじめ、**セクスティング**がはびこる仲間文化に不安を感じています。メディアは青春を謳歌することを煽り、学校で学ぶことを見下しています。最も大きな問題は、力のある教師たちが、彼らを最も必要としているはずの困難校から逃げてしまっている現実です。他地域に異動したり、職業をいっそ変えてしまったほうが、稼ぎも多くなり、周囲からの敬意を得られるからです。本当の学習成果を評価できるとは思えない標準テストを目指して、生徒は勉学に励んでいます。そうした生徒の支援に時間を使うことに対して、多くの教師がなんら価値を見いだしていないのです。まとめると、多くの学校では、種々のストレスが、教育実践を選択の余地のないものへと追いやっています。一方で、テクノロジはその選択肢を広げているといえるでしょう。

　教育の歴史を振り返ってみると、**公教育制度**の成功によって、「学校に行くことが学ぶこと」だと私たちは思うようになりました。幼稚園から高校、大学へと進学していくことがアメリカ人にとって成功の証になってしまったのです。学校教育が広く行き渡った結果、学校へ行くことと学ぶことを同一視するようになったのは、ここ２００年のことでしかないことを私たちは見落としがちです。

　学校へ行くことと学ぶことを分けて考えたとき、教育はどこを目指すのかという問いを、私たちは解き明かしていきます。何も皆さんの地元の小学校が崩壊することを予測しているわけではありません。若者たちは、コンピュータ画面の向こうに押しやられ、教育されるよう強いられることを望んではいないでしょう。むしろ、**ホームスクーリング**、ゲーム、オンライン学習、職場での学習やウェブ上のコミュニティ遠隔教育など新しいテクノロジがもたらす、新しい学習の選択肢が急成長している

セクスティング
性的なテキストや写真等を送る行為。

公教育制度
国や地方自治体による公的な教育として、学校制度を広く展開すること。本書では、Universal Schoolingの訳語として用いた。

ホームスクーリング
学校に通学せず、家庭を拠点にして教育を受けさせること。米国ではオルタナティブな教育として認められており、一定の時間数や課題の提出等で通学と同等の扱いとなる（基準は州によって異なる）。日本でも取り組まれている例がある。

なかに、新たな教育システムの芽を見いだしています。子どもも大人もより多くの時間、これらの別の場所で学ぶようになりつつあります。新たな選択肢は、**K-12**の公教育こそが教育課程だという認識の再考を迫っているようです。

　学校と新しいテクノロジの衝突は、歴史的にはアメリカにおける公教育制度の成立に端を発しています。アメリカの初期の学校に関する制度は、学年進行、初等教育と中等教育の区別、入学と卒業といった組織立てられた慣習の組み合わせでした。これらが、指導と学習からなる教育実践のコア（中心）を守っていました。この組み合わせは、人口・地域・収入・学校規模などさまざまな変動要因に対して、指導と学習の基本を変えないためには、きわめて都合がよかったのです。

　本書では、アメリカの学校制度がどのように発達してきたのかについて簡単に紹介します。19世紀の産業革命時代にどれだけ教育システムが大きく変化したのかお見せしましょう。人々が工場で働くようになったとき、それまでの**徒弟制**による知識の伝承は崩壊しました。アメリカの公立学校は、増えつつあった農家以外の家庭の子どもに対して、標準化された教育プログラムを提供するために用意されたのです。

　今、私たちは、産業革命に匹敵するもう1つの革命を体験しています。情報革命、あるいは知識革命とよばれるものです。パーソナルコンピュータ、テレビゲーム、インターネット、タブレット、スマートフォン、**フィットビット**、人工知能がその牽引役です。産業世代の学習におけるテクノロジは、一律的、教訓主義的であり、教師がコントロールするものとみなされざるを得ないものです。それに対して知識世代では、カスタマイズができ、**インタラクティブ**（相互作用的）で、学習者がコントロールするものとなります。知識世代のテクノロジは、人々がそれぞれの関心と目標を追求することに役立ちます。学校や図書館といった場所に実際に出向いて知識を手に入れる代わりに、人々はもはやどんなトピックの情報も検索することができ、どこにいても他の人とコミュニケーションできます。取り組んだことに対して即座にフィードバックを得られるゲームやアクティヴィティに参加すること

K-12
幼稚園（kindergarten）から第12学年（12th grade：高校3年生）までを表す言葉。K through twelveと読まれる。

徒弟制
親方・職人・徒弟の3つの階層によって教育する制度。親方が徒弟を雇い、賃金の代わりに衣食住を保証する。徒弟は、生活を共にしながら職人の技能を学ぶ。ヨーロッパのギルド（組合）や、日本の丁稚制度などをいう。

フィットビット（fitbit）
運動、睡眠などを測定するウェアラブルデバイス。

インタラクティブ
テクノロジや教材、あるいは他の人が、人の行動に応じた反応を返すこと。

もできます。新たなテクノロジがもたらすのは、豊かで社会的な学習空間です。学びたい人々がコミュニティをつくり、なりたい人になれる場所です。

知識革命は20世紀を通して仕事のしかたを少しずつ変えていきました。**ショシャナ・ズボフ**[☆3]は、さまざまな職業がいかに知識重視に変化してきたのかを描いています。例えばパルプ工場では、木のチップから紙をつくる蒸気に満ちた工場での労働から、エアコンの効いた部屋でさまざまな情報が提示されるモニターから状況を読み取る仕事に変わりました。手仕事から推論をはたらかすものへ、具体的なものから抽象的なものへと変化したのです。同様に、多くの企業の秘書は、文書をタイプする役から、会社の内外の人との連絡調整をする役へと変わりました。農家の仕事でも、耕し、収穫することから、購入した機械を操作し、財務分析を行い、さまざまな商品のマーケティングをする仕事へと変化しています。仕事がコンピュータ化されることによって、情報にアクセスしたり、評価したり、統合することに重きが置かれるようになっています。その結果、この何十年かで、大卒とそうでない人の間での給与格差は広がりました[☆4]。将来、十分な収入を得るには、生涯にわたって学び続けることと、情報テクノロジを使いこなすことが必要になったのです。

学校が新たなテクノロジを活用することなく、基礎的な読み書きや算数のスキルの指導に重点を置く一方、学校の外の学習は新たなテクノロジに投資しています。よく見ると、人々が情報を入手する手段の変化は、学校外からはじまっています。子どもたちはユーチューブやSNS、タブレット、モバイル機器、ゲームに毎日、何時間も費やしています。ホームスクーリングをしている多くの保護者は、この35年で広がったオンラインのサポートを受けています。より多くの保護者がオンラインあるいは対面のチュータリングや、発展的なアクティヴィティを契約しています。家庭のコンピュータやスマートフォンは電子レンジやテレビと同じくらいありふれたものになりました。そして多くの家庭では、コンピュータを活用してゲームや調べ学習やつながりをつくる際、子どもたちが保護者をリードしています。

ショシャナ・ズボフ
(Shoshana Zuboff, 1951-)
ハーバード・ビジネススクール名誉教授。「監視資本主義」の概念を提唱した。

やがて生徒たちが働きはじめるようになると、コンピュータがその仕事に必要な、さまざまなトレーニングをガイドしてくれます。詳しい生徒ならオンライン動画やチュートリアルなどのバーチャルな学習ツールを活用して学校の学びをより早く済ませるでしょう。さらに地元のカレッジでコースを履修したり、ウェブ上の成人教育のプログラムをとるなどして、スキルを高めたり、人生を豊かにすることになるでしょう。こうしたことのほとんどは20世紀半ばには、まだ起きていなかったことです。テクノロジは、教育を学校のなかから、家庭、職場、就学前・後、仕事帰りやさらにその後の時間にまで移そうとしているのです。

新しいテクノロジが求めることと、伝統的な学校の間には深い溝があります。テクノロジは教師の仕事をより難しくしています。管理職や政策担当者が予想もしていなかった新たなテクノロジと、既存のカリキュラムとのバランスの解決策を提案するよう強いられています。さらには多くのクラスで行われている同一歩調で授業を進めるモデルは、新しいテクノロジがもたらす学習を個別化する力を削いでしまうのです。ウェブにある膨大な情報（その中には本物も「フェイクニュース」も含まれる）にアクセスできることは、人々の教材への信頼を損ねています。スマートフォンやゲーム機はおもに授業を妨害する道具と思われています。膨大で当てにならない多様な情報と教材にあふれる現代においても、多くの教師は信頼でき、授業を予測可能なものとする教材に安心感を覚えます。しかしそれは生徒たちの学び方の現実を反映していません。

結果として、学校は新たなデジタルテクノロジを、授業のコアではなく、その周辺物として扱い続けています。コンピュータ室や**テック・プレップ**のコースや、コンピュータ・リテラシーや放課後の教育プログラムを用意している学校もあります。しかしそれでも指導と学習の根本を考え直そうとはしないのです。コンピュータは、学校の外の世界では読み書き、計算、考える際の手段として普及していています。それでもいまだに学校におけるコンピュータは、その中心になる部分を貫く存在にはなっていません。伝統的な教育では、読み書き、計算といった学習は、パンとバターのようにかけがえの

テック・プレップ
技術予備教育。日本でいう高校2年から大学2年までの4年間をかけて職業教育とともに、準学士が取得可能な高等教育を受けられる。ハイスクールとコミュニティ・カレッジが連携して設置しているケースが多い。

ない日常です。だからこそ、学校はほとんど命がけでコンピュータを無視しているのです。

知識革命がもたらしたことは、すべてが善なわけでも、すべてが悪なわけでもありません。学習者が自分で決めたテーマや関心を追究し、自分に対する教育の責任を自分で負うような力を伸ばす点では、テクノロジには多くのメリットがあります。一方でアメリカにおける伝統的な公教育の成功にも、多くのメリットがあるとみています。この2世紀にわたり、何百万人もの生徒に対して、学ぶこと、社会的地位、経済的な面で成功する機会を提供してきたからです。ですが、崩壊への道もまた開かれています。**トーマス・ジェファーソン**が語った、分別のある政治的判断ができる市民のための教育や、**ホーレス・マン**が語った、公教育によってすべての人々が成功できるといった考えを、新しいテクノロジは突き崩そうとしているのです。教育の機会が個別化されていくことは、学習者にとって自分の関心に集中しやすくなることを意味します。当然のことながら、そうしたサービスを購入できる人にとって有利な状況が生まれます。

私たちが恐れているのは、公教育が約束してきた平等性や社会的なつながりが、この第2の革命によって失われてしまうのではないかということです。矛盾した話ではありますが、テクノロジによって学習の機会を平等にすることが、経済的な格差をより広めてしまうのかもしれないのです。テクノロジがもたらす学習機会に残された課題は、アクセスとその利用についてです。アクセス手段をもっている人々ほど、新しいメディアリテラシーを伸ばすコンピュータ・テクノロジを入手することになります。伝統的な学校制度が保証してきた重要なことの1つとして、すべての生徒が共通の学習用テクノロジにアクセスできたことがあげられます。ところが、家庭においてアクセス手段に差があると、学校が新しい学習用テクノロジを平等に分配したとしても、その効果は限定的なものになります。現実に何が起きているのかをより大局的に明らかにしていくことで、新しいテクノロジがもつこうした危険を避け、じょうずに活用できるようにすること、これが私たちの願いです。

トーマス・ジェファーソン
(Thomas Jefferson, 1743-1826)
アメリカ独立宣言の起草者であり合衆国第3代大統領。公教育の普及に努めた。

ホーレス・マン
(Horace Mann, 1796-1859)
アメリカの教育改革を先導した。マサチューセッツ州教育委員会の事務局長時代、普通教育制度の開始に尽力した。

1 本書の構成

2章および3章では、テクノロジ推進派の意見と、テクノロジ懐疑派の意見について検討します。懐疑派が考える、テクノロジと学校教育の間には深い溝があるという見方は正しいと私たちは考えています。ですがその一方で、推進派が考える、始まりつつある知識革命に向けて教育は変わらなければならないという見方も正しいと考えます。前書きでも述べましたが、私たちはテクノロジを支持する側に立ってきましたが、懐疑派の指摘の多くにも同意します。それでも、学習にテクノロジを用いることには価値があり、もうその時期にきている、読者の皆さんをそう説得できると信じています。現在、おもに学校の外側で起きている、新しいテクノロジへの対応からみていきましょう。次に、私たちは学校をテクノロジの光の下で考え直す必要があることを論じます。

4章ではこの議論を、アメリカの教育のなかで起きた徒弟制から学校制度への革命的な変化に位置づけてみます。この初期の教育の変化は、さまざまな出来事によって引き起こされたものですが、なかでも産業革命が大きな後押しになったと考えています。私たちが現在、迎えようとしているのは当時と同じくらいのマグニチュードをもった、知識革命の時代です。そこでは生涯学習に向けて新たな変化が始まります。5章では、私たちの身のまわりで広がりつつある、新しい教育システムの萌芽について取り上げます。

6章では、教育のなかで3つの時代、産業革命前の徒弟制の時代、ゆっくりと退場を余儀なくされている公教育の時代、そして迎えようとしている生涯学習の時代を取り上げ、それらの間に重要な違いがあることを説明します。7章では、新しい未来の教育を迎え、私たちは何を失い、何を得ることができるのかを検討します。8章では、テクノロジがもたらすものをどうしたら学校はうまく利用できるのか取り上げます。9章では、この教育革命が意味することを、より一般的かつ社会的なレベルに引きつけて論じます。最後の10章では、学校を中心とした教育システムから、人々が生涯にわたって学ぶシステムへの移行を前にして、教育の何を再考すべきなのか、いくつかの側面を取り上げます。

本書では、新しいテクノロジに対して擁護も批判もしないようにします。むしろ、私たちは学校、学習、テクノロジの関係に何が起きようとしているのか、歴史的な視点から観察したいのです。コンピュータと教育の間で起きようとしていることは、必然的なことではけっしてありません。むしろ、特定の人々の行動がこの問題に対して大きなインパクトをもち得る、重要な変化の時期を迎えています。産業世代の出現は、ホーレス・マンや同時期の人々によって今日のアメリカの教育システムが形づくられる1つの契機となりました。学習における保守と革新の争いが巻き起こる、もう1つの新たな契機を私たちは見つけたのです。現代には多くの教育に関するビジョナリがいます。彼らの夢すべてがその通りにはならないでしょう。けれども、そのいくつかは、未来の教育を変えるのにふさわしい、アイデアやアプローチの一端を描いているのではないでしょうか。

2章　テクノロジ推進派の意見

テクノロジの発達は、社会的、制度的な変化をもたらすという重要な役割を果たしてきました。テクノロジ推進派は、ビジネス界やエンターテイメント界が経験してきた広範な技術の変化が、必ず学校でも起こるだろうと予想しています。そのため、多くの教育者と**テクノロジスト**は、新しい**情報テクノロジ**が、指導と学習のプロセスをいかに変容させるのかを予測してきました。なぜ新しいテクノロジは、学校教育に変革をもたらすと考えられているのでしょうか。テクノロジ推進派の考え方は2つです。1つは、社会は変化しており、子どもたちを取り巻く世界の変化に子どもたちが準備できるよう、学校教育もそれに適応する必要があるという考え方です。そしてもう1つは、テクノロジによって学習者を教育する機能を強化できるのだから、学校はこれを生かして教育を改革するべきだ、という考え方です。これらの2つの考えを受け入れれば、根本的に学校の教育方法は変わるだろうと、テクノロジ推進派は主張してきました。

テクノロジスト　特定の活動や産業に関連するテクノロジの専門家。

情報テクノロジ（Information Technology）「情報技術」「IT」等の語が一般には使用されるが、本書ではコンピュータやネットワークに限らない、情報の蓄積・共有に関する技術全般を指すため「情報テクノロジ」の語を用いる。

1　変化する世界

新しいテクノロジは、仕事のあらゆる面を変えています。ウェブを読んだりウェブでの交流、メッセージの送受信やツイート、表計算ソフトや統計解析プログラムによる計算、データを視覚化するツールを使った問題の分析、新しいアプリやソーシャル・ネットワーキング・サイトの構築、デジタルビデオ・ツールを使ったマーケティング、パワーポイントでのプレゼンテーション。読み、書き、計算、思考は、教育すべてに関わることです。

それなのに、学校は**19世紀のテクノロジ**を使い続けていて、コンピュータは、学校の中心とはなっていません。コンピュータは主に、学校の特別なコース、例えばプログラミング、**テック・プレップ**、ビジネス・アプリケーション、基礎的なコンピュータリテラシーのために使われています。現代のオフィスや工場とは違い、子どもたちは、コンピュータ環境で学習に取り組むことはほとんどありません。19世紀のテクノロジで21世紀の準備を生徒にさせようとすることは、自転車に乗せてロケットを操縦することを教えているようなものだと、テクノロジ推進派は異議を唱えています。職場と学校で使われるテクノロジはますます乖離しています。この新旧のテクノロジ間のギャップを埋めるために、学校は新しい方法に順応し、指導と学習といった授業のコアに取り込まざるを得なくなるだろうと、推進派は考えています。

コンピュータを思考のツールに

テクノロジは、普通の人が高度な仕事をこなせるように、何世紀もかけて進化してきました。最も初期のツール（例えば車輪や鋤など）は、作物を栽培し、服をつくるために用いられました。産業革命は、人間の肉体労働を強化する動力源（例えばエンジンや機械）によって起こりました。現在の知識革命は、人々の肉体よりもむしろ、思考に力を与える新しいコンピュータ・ツールによって起きています。コリンズと**ジョン・シーリー・ブラウン**[☆1]は次のように述べています。「ツールは、科学を動かします。理論でもなく、実験でもない、ツールがです。コンピュータは科学的イノベーションのための驚くべき力となります。例えば、コンピュータは、信じられないほどの情報量を処理し、マイクロマシンを設計し、組み立て、異なるテクノロジをネットワークにつなげ、新しい特性をもつ新素材

19世紀のテクノロジ
例えば本、黒板、紙と鉛筆など。

テック・プレップ
7ページ訳注参照。

ジョン・シーリー・ブラウン
(John Seely Brown, 1940-)
デトロイト・センター・フォー・エッジ独立共同会長。元パロアルト研究所（PARC）所長。『なぜITは社会を変えないのか』などの著作がある。本書の第一版に推薦のことばを寄せている。

をつくり、複雑な相互作用のなかで起きていることを可視化します。このようなコンピュータの能力は、イノベーションの速度と性質を完全に変えてしまったのです」。新しいツールは、肉体労働に依存したものから、普通の人が高度な**シンボル・システム**をやりとりする知的能力を培うことへと、仕事の本質を再構築しているのです。ブラウンら推進派は、能力がある大人は、仕事をうまくこなすために、コンピュータ・ツールに熟達する必要があるだろうといいます。人間の知識の多くは、すでにウェブ上に移行しています。人々は、探している情報を見つけて、その有用性と質を評価し、別の情報源から集めた情報と統合するスキルを習得する必要があります。制作物は、テキスト、図、写真、ビデオ、アニメーション、シミュレーションや、データの視覚表現が組み合わさったマルチメディア文書に取って代わられようとしています。

仕事をする人は、これらの多様なメディアを機能させる方法を学ばなければならないのです。ペンと紙を使っていた計算は、**スプレッドシート**を設計し、複雑なデータベースを扱い、統計解析プログラムを使用することに、すでに移行しました。**ウルフラム・アルファ**のような高度なコンピュータ・ツールは、大学院で教えられるすべてのアルゴリズムを、学生がするよりずっと効率的に実行します。実際、飛行機のフライトを予約したり、飛行機の操縦を制御したり、複雑な装置を修理したり、新しい工芸品をデザインしたり、膨大なデータセットから傾向を見つけたり、芸術的な製品を生産するなど、世界の大部分の思考はコンピュータ・ツールの力を借りています。コンピュータ・ツールは、考えること、学ぶことを中心とする活動すべてにおいて役立ちます。

産業革命の動力源が、普通の人々の肉体を超えた力を与えたと同様に、コンピュータ・ツールは普通の人の思考の力を大きく広げます。来たるべき将来の世界では、デジタル技術を使用することなく、複雑な問題を解決したり、効率よく考えたりすることはだれにもできないでしょう。職場における新しいテクノロジの存在は、テクノロジに依拠したイノベーション文化を創造することで、予想しなかった生産性の向上をもたらしてきました。ちょうどそれは、印刷機の導入によって読書が必要になっ

シンボル・システム
言語、数字、図表、ジェスチャなどの記号による体系。

スプレッドシート
表計算。

ウルフラム・アルファ
ウルフラム・リサーチが開発した応答システム。数学、科学、社会文化などの質問に対し、ウェブ検索ではなく科学的な知識と演算をもとに応答する。

たり、貨幣の導入によって算数が必要になったりしたように、コンピュータ・テクノロジが、私たちが考え、世界を知るまさにその方法を変えています。

コミュニケーションの変化

歴史上、最も長く継続している動向の1つに、場のコミュニティから、関心のコミュニティへのムーブメントがあります。元来、「コミュニティ」とは、住んでいる町または近隣のことを指します。これが、場のコミュニティの概念です。多くの人々は1600年代まで、唯一のコミュニティに属し、お互いに影響しあっていました。例えば、中世には、人々はあまり旅行をすることもなく、彼らが生まれたところから10マイル（約16キロメートル）以上離れたところに住んでいる人々とは、めったに接触しませんでした。人々は非常によくお互いを知っていましたし、世界について同じ経験、価値と信条を共有する他者とともに生涯を過ごしました。場のコミュニティでは、コミュニケーションを豊かで地域的なものにするために、社会的慣習を熟知することが求められます。

関心のコミュニティ、例えば学会、教員組合、蘭愛好家やロックミュージシャンのファンクラブなどは、コミュニケーションの新しい基盤となりました。彼らは土地に束縛されませんし、世界中にメンバーがいるコミュニティも数多く存在します。テクノロジは、地域を基盤としたコミュニティの限界を緩和しました。馬と馬具によって人々はずっと遠くに移動し始め、続いて馬車、船、自動車と飛行機で距離が広がりました。本と手紙はますます多くの人々に、遠い場所についての知識をもたらし始め、新しい考えや、旅へのあこがれを生みました。電話・ラジオ・テレビは、私たちの知識を広げ、世界中の人々をつなげました。インターネットは地域のコミュニティを超え、世界中の人々が双方向につながりあう機会をさらに広げています。

21世紀の典型的なアメリカのプロフェッショナルについて考えてみましょう。ケイトは多国籍企業で働くエンジニアです。彼女は、多くの異文化（例えば、フィンランド、中国、レバノン）の人と働いています。距離が離れているので、電話や電子メールやテレビ会議でコミュニケーションしています。彼女は自分のウェブサイトをもち、ウェブを通してたくさんの情報にアクセスしています。同じ組織の異なる部署の人たちと仕事をするため、彼女は多くの時間を、場所から場所への移動に費やしています。彼女は、さまざまな職能団体にも所属しています。定期的に国内（時おり国外）での会議に出席し、行きたいところに寄り道することもあります。彼女は何度か転職し、都市から都市へ移りました。そのため、その時その時でできた友人の多くは、他の場所で生活しています。それでも、例えばビジネス会議が友人宅の近くで開かれるとそこを訪問したり、気が向けば電話をしたり、フェイスブックのページを更新したりして、連絡を取り合います。

しかし、テクノロジは与えるものもあれば、奪うものもあります。**ロバート・パットナム**の『孤独なボウリング』[☆2]にあるように、ケイトが世界中の人々と情報交換することに費やす時間は、彼女の地元のコミュニティへの参加を減らすかもしれません。彼女はあまり隣人と交流しませんし、地元の協会やクラブにも所属していません。彼女は、地元で商品や娯楽食品を買うのにHelloFreshを、グッズを買うにはアマゾンをよく使い、地元でお気に入りのクラブやレストランを見つける際にもウェブを使うでしょう。これらのツールでは、彼女の興味に基づいて周囲を探索しているに過ぎず、場のコミュニティ特有の親密さによるものではありません。要するに、彼女は地元のコミュニティとではなく、世界と対話する人になったのです。中世の人とはまるで正反対です。

ケイトは、対面コミュニケーションだけでなく、いろいろなメディアを通じて、人々と仕事をしなければなりません。共通の関心事はありますが、同じ背景は共有していません。実際、彼女は仕事でプロジェクトを達成するために、異なる文化をもつ人々と働く必要もあるでしょう。彼らは同じ背景を共有していない上、メディアを介したコミュニケーションは対面コミュニケーションに比べて不十分なため、コミュニケーションはいよいよ難しくなります。誤解は電子メールや出会い系サイトでも、しばしば起こります。対面コミュニケーションで頼っている**キュー**の多くが、（メディアを介したコ

ロバート・パットナム
（Robert D. Putnam, 1941-）
ハーバード大学の政治学者。近著『われらの子ども：米国における機会格差の拡大』が翻訳されている。

キュー
手がかり。

ミュニケーションでは）欠けているからです。

ミミ・イトウ、ケビン・レアンダーとゲイル・ボルト[☆3]はこう主張しています。人々は今や、ビジネスや社会的なつながりのために、ネットワーク化されたデジタルメディアを使っています。10代の子どもたちは、新しいデジタルメディアの活用法について先を行っています。彼らは、パーソナル・コミュニケーション、仕事、学習の境界をあいまいにしています。デジタルメディアをマスターすることが、新しいメディアリテラシーをもたらしているとイトウらは言います。すなわち、文字、ビデオ、イメージ、音楽、アニメーションを統合して制作する力です。10代は、アニメーション、CG、音声などを使ってウェブサイトをつくり、音楽ビデオを制作するために映像をリミックスし、チャットやフォーラムに参加し、彼ら自身のブログを書いています。これらは、学校で教わらない高度なメディアリテラシーを高めることにつながっているのです。

新しい世界でコミュニケーションできるよう子どもたちに準備させるには、伝統的な読み書きだけでは不十分です。さまざまなメディアを用いて、背景を共有しない人々とコミュニケートすることが必要です。異なる情報源からなるマルチメディア文書を読むことも含まれます。例えばデザイン・プロジェクト、交渉、問題解決のように、異なる文脈をもつ人と、インターネットを介してコミュニケーションすることもあるでしょう。インターネットのコミュニケーションには、ソーシャル・ネットワーキング・サービス、チャットルーム、テレビ会議、共有ワークスペースなどが含まれます。生徒は、これらすべてのさまざまな文脈で、情報交換することを学ぶ必要があります。テクノロジ推進派は、学校の外で起こっている多方面の新しいテクノロジの可能性を、学校も受け入れてほしいと考えているのです。

ミミ・イトウ
（伊藤　瑞子）
カリフォルニア大学アーバイン校の文化人類学者。『ケータイのある風景：テクノロジーの日常化を考える』（松田美佐・岡部大介との共編）などの著作がある。

2 学習者を教育する能力の拡張

単にコンピュータを学校に導入するだけでは革命は起こりません。テクノロジ推進派は、指導と学習に変化を引き起こすために、インタラクティブ学習環境のデザインのような、より洗練された導入モデルを目指しています。学習環境には、学習者が新しい状況に対応する方法を学ぶための適切なツールとサポートするコンピュータ・プログラムも含まれます。ときには個別のチュータリングプログラムと、あるいは数人で一緒に、問題解決や調査、プロダクトのデザインやものづくりを通して学びます。インタラクティブ学習環境には、学校が容易に提供できない教育をもたらすさまざまな可能性があります。そのいくつかを取り上げ、教育がどのように進化していくとテクノロジストたちがみているのか、その特色を検討していきましょう。

ジャストインタイム学習

「ジャストインタイム学習」とは、課題に取り組む際、何かを学ぶ必要が生じたときに、いつでも、知る必要があるものを見つけられるということです。ジャストインタイム学習の最も基本的な例は、うまく設計されたコンピュータ・プログラムのヘルプシステムです。複雑な作業をしているとき、ヘルプシステムは必要なアドバイスをしてくれます。株式市場に投資することを学ぶには、株式市場に関するウェブ・ベースの短期コースを受講することができます。やるべき仕事のためにスプレッドシートを使う必要があれば、オンライン・スプレッドシートのチューターに聞いて仕事を始め、仕事をしながら助けてもらうこともできます。もし車を買いたいなら、何十ものウェブサイトが、価格、レビュー、比較、ディーラーの場所、リース率と下取り価格などを教えてくれます。ジャストインタイム学習には、大規模なものも、小規模なものもあります。学習者のニーズと求めるもの次第といえるでしょう。

テクノロジ推進派は、人がいつか知る必要があるかもしれないすべての科目を教えようとする学校の戦略に対抗するものとして、ジャストインタイム学習に賛成の立場をとっています。多くのアメリカ人は、残りの人生に使うか使わないかわからないものを学ぶことに、学校で15～20年を費やします。実際、この150年をかけて、学校教育は徐々に拡大してきました。そのため、教えられる内容は、それがなんらかの現実の文脈で使われるかもしれない場面と、ますますかけ離れてきているのです。

大人は、学校で学んだことの大半を忘れます。**フィリップ・サドラー**[☆4]によると、ハーバードの最上級生に卒業時に「何が月の満ち欠けを引き起こしますか？」と尋ねたところ、正しく答えたのは24人中わずか3人でした。そして、「何が季節の変化を引き起こしますか？」という質問には、正しく答えたのは24人中わずか1人でした。小学校で教えられたことであるにもかかわらずです。同様に、成人のわずか8分の1しか、単位の変換ができず、例えば時間と分が混ざった単位の計算のしかたがわからないことが明らかになってきました。[☆5] 大部分の成人は、分数の足し算、掛け算ができなかったり、南北戦争がいつ起こったかについて覚えていません。すべて、私たちが学校で学んだ事柄や手続きです。しかし、日常生活で、その知識を使う理由がなければ、私たちのほとんどは、これまでに学んだことを忘れてしまいます。ジャストインタイム学習は、学ぶことと、日常での使用とを結びつけようとするものです。もちろん、それは再び忘れられるかもしれません。しかし、必要ならば、まさにそのとき、再び学び直せばよいのです。

ジャストインタイム学習のために必要なスキルは、事実（知識）ベースよりむしろ、スキルベースです。よい質問を（おそらくグーグル検索の入力フォームで！）する能力を育成することは、多くの基本的な事実を学ぶことより重要だと推進派は考えます。ジャストインタイム学習の背後にある考え方は、学習者がどこにいても、先生と一緒の教室にいなくても、正しい情報を見つけることができるスキルを習得することです。

フィリップ・サドラー
(Philip M. Sadler)
ハーバード・スミソニアン天体物理学センターの科学教育部門長。

カスタマイズ

テクノロジの普及がもたらすおもな効果の1つに、個々の嗜好へ対応する能力があります。私たちはインターネットから聴きたい音楽、観たい映画や映像をダウンロードすることができます。ほしい情報なら、ほとんどどんなものでもウェブ上で見つけることができます。さらに、グーグルやアマゾン、ネットフリックスなどのサイトは洗練されたデータツールを使って、人々の選択履歴から次に買うかもしれないものにアクセスできるようにしています。ラジオ・テレビ・出版社・映画館などの主要メディアによる情報源は、依然として私たちが見たり聞いたりするものの多くをコントロールしています。一方でインターネットは、私たちが情報を選択する際のしばりを緩めてきました。テクノロジがあなたの興味や能力を知っていれば、必要なときに助け、興味のあるニュースや情報を選び、あなたの理解できる言語で説明もしてくれます。この種のネットワーク・テクノロジによる**パーソナライズ**はまだ初期段階ですが、新しいテクノロジが成熟するにつれ、ますます普及するでしょう。

想像できるほとんどすべてのトピックに関して、ウェブはクラウドソースのアドバイスや情報や意見を載せるサイトを取り込み、拡張してきました。グーグルマップや**イエルプ**は、レビューを見ながら、好みのレストランや，欲しいものがありそうなお店を探せるでしょう。リフトやウーバーは，車に乗りたい人を見つけ、エアビーアンドビーは、低価格で泊まれる宿を見つけてくれるでしょう。急増するブログによって、だれでもウェブ上に個人的な、あるいは時事に関する考えを公表することができます。共通の関心をもつ人たちが情報を共有するプラットフォームを提供しているのです。ケーブルや通信関連の企業は、消費者がほしいあらゆる本・音楽・映像をダウンロードする実用的なシステムを、先を争って開発しています。

テクノロジ推進派によれば、カスタマイズは人々の学習のあり方を強化する大きな可能性を提供するといいます。例えば、チャールズ・スタラードとジュリー・クッカー[☆6]は、人々はそれぞれにコンピ

パーソナライズ
一人ひとりの興味や能力に合ったサービスやコンテンツを提供すること。

イエルプ
アメリカの地域ビジネスに関するレビューサイト。

ユータベースのパーソナルな学習アシスタントをもつようになると予測しています。学習を導くために、過去の学習履歴を蓄積するものです。これらの機能の多くは**グーグルクラスルーム**で実現しています。デジタル世界で成長する子どもたちは、生活のなかで、自分で選ぶことにとてもよく慣れているため、パーソナライズされたさまざまなかたちの学習を選択することを要求するだろうとの予測も、その通りになっているようです。

興味深いのは、学校で学習をカスタマイズすることが喫緊の課題になっているのは、テクノロジではないイノベーションの1つである、特別支援教育で起きていることです。特別支援教育で実施されている**個別の指導計画**（ＩＥＰ）は、個々の生徒の必要性に応じて学習をカスタマイズすることを目的としています。結果として、個々の学習者のニーズを反映した学校ベースの学習計画がつくられています。ＩＥＰは、標準化された伝統的な教室での指導と学習の構造から抜け出す第一歩を示しています。ひとたびテクノロジが学校でありふれたものになれば、教師はＩＥＰのように、より多くの生徒に学習をカスタマイズした教育活動ができるようになるでしょう。

成人教育の法則の1つに、興味のない大人に教えることはできないし、学習のポイントをつかめていない大人に教えることもできない、ということがあります。若者も大人と同じように、他のだれかがベストだと思うことを、しだいに学びたがらなくなります。若者は、自分たちに価値あるものを決めたいのです。彼らは、学ぶ必要のあることを自分たちで決めたいと要求し始めています。テクノロジ推進派は、カスタマイズのテクノロジが最良の効果を生めば、学校の大量生産型のカリキュラムを打開できるだろうと考えています。

グーグルクラスルーム
グーグルが開発した、教材配信、課題の配布、回収、コミュニケーションが行える学習管理システム（ＬＭＳ）の名称。

個別の指導計画
(IEP: Individualized Education Plan)
障害の認定を受けた子どもに対して、アメリカでは一定期間に個別教育の計画を作成し、特別な教育を行うことが義務づけられている。日本の学習指導要領にも、特別支援教育では、個別の指導計画を立てることとされている。

学習者コントロール

学習者コントロールを強化することは、カスタマイズと両輪の関係にあります。現代のテクノロジ―とくにウェブは―集中した情報源のコントロールを中央から切り離そうとしています。これはよく

ブロードキャスティングから**ナローキャスティング**への移行というかたちで言及されます。タイム社やCBS、ニューヨーク・タイムズ社のような少数の企業がメディアの制作と配給を統制していた時代には、コンテンツは情報源によって管理され、広く分配されていました。大半の人々は、メディアの消費者にさせられていたのです。しかし、知識の情報源が分散されるにつれ、たくさんの人が制作者であり消費者になろうとしています。例えば、選挙報道では、ポリティコ・コム、バズフィード・コム、リアル・クリア・ポリティクスなどのサイトでは、多くの異なる情報を集め、独自の見方とともに提供しています。このようなブログやニュースサイトは、参加者がコントロールするニュース報道という新たな可能性を切り拓いています。

情報テクノロジは、情報へのアクセスの自由化という長い歴史を歩み続けています。ルターがカトリック教会に対して反旗を翻したとき、彼はすべての人が旧約聖書を読めるように、ラテン語からドイツ語に翻訳しました。彼が信じていたのは、個々の人々が自分たちの手で聖典を訳せるようになる必要があるということでした。ルターの翻訳は、活版印刷機の発明によって、人々に広く行き渡りました。その結果、活版印刷機は教会の権威を揺るがす手助けをしただけでなく、学習内容のコントロールを人々に移す長い道のりの一歩となったのです。

学校教育は、伝統的な知識をコミュニティに伝えるための制度として発展しました。教育者は学校のカリキュラムを決定することで、人々が何を学習するかをコントロールしています。標準化と評価のムーブメントは、すべての人が学ぶべきことを定義する、最新の試みといえるでしょう。テクノロジ推進派の意見では、活版印刷機がそうであったように、新しいテクノロジも、人々が自分たちの学習をコントロールすることを可能にします。人々は自分たちにとって価値あるものを決め、学びたいものを決めるようになるでしょう。どれだけの時間を費やしたいか、どのような助けが必要と考えるのかも、自分たちで決めることができます。方法は大小さまざまあるにせよ、彼らは自分自身の学習に対するコントロールをますます獲得していくのです。つまり、テクノロジは必然的に学習者コン

ブロードキャスティング
ナローキャスティング
マスメディアを使って情報を発信するブロードキャスティングに対し、特定の地域や階層の人たち向けに情報を発信することを、ナローキャスティングとよぶ。

トロールへと向かっています。学校は、生徒が何を学ぶかを管理する負け戦を戦っているのです。テクノロジ推進派は、人々が自分たち自身の教育をコントロールしたいと判断するに従って、学校は学習者コントロールを可能にするテクノロジを採用するプレッシャーを受けることになると考えています。

インタラクション

新しいメディア・テクノロジによるインタラクションは、教育を強化する多くの可能性をもたらしています。コンピュータゲームの人気から明らかなように、インタラクションは人を引きつける力があります。事実、タイピング練習ソフトや、ＡＢＣラーニング・コムのようなコンピュータによるドリル学習は、子どもたちが他の方法だったら「退屈だ」と思うような学習内容でも、やる気にさせるのです。テクノロジ推進派は、さらに高度でダイナミックなインタラクションを提供することによって、コンピュータを基盤とした学習環境が、教育をさらに魅力的なものにしていくだろうと考えています。

インタラクションによって学習者は、自分が操作した結果を見ることもできます。期待あるいは予想していた通りだったのか、そうではないのか確かめられるのです。身につけたことを確かめるためにほかの課題に挑戦してもよいでしょう。**コレット・ドーテ**の研究[☆7]によると、子どもたちはワード・プロセッサを使ったほうが文章をよりじょうずに書くことができます。というのも、彼らは自分で書いた手書きの文字を簡単に読めませんが、タイプされた文字は読むことができるからです。そのため、彼らは自分たちがどのように作業を行っているか、即座にフィードバックを得ることができます。ワード・プロセッサを使えば、その結果を簡単に反映させることができます。**ファンフィクションサイト**などのオンラインで執筆活動を行うことで、目の肥えた読者がアクセスできるようになります。作家にとっては、自分の作品を改善できる機会なのです。[☆8]

コレット・ドーテ
(Colette Daiute)
ニューヨーク市立大学の発達心理学者。

ファンフィクションサイト
二次創作サイトのこと。

ジェームス・ポール・ジーのテレビゲーム学習に関する著作[☆9]では，コンピュータによるフィードバックは単純な賞罰を必要としないと述べています。複雑なゲームは，ユーザーの一連の行動やインタラクションの方略に対して，豊富なフィードバックを返します。ゲームに勝つために，ユーザーはこのフィードバックが何を意味するか把握する必要がありますし，そうやって次のプレイのために経験から得た教訓を生かしていくのです。

テクノロジ推進派は，学習者は行った操作に対してすばやいフィードバックが与えられると，何をすることが正しいのかより学習するようになると考えています。ジョン・アンダーソンらが開発した代数や幾何学のアプリケーションのように，コンピュータによるチューターシステムは，学習者の問題解決を注意深く観察しています。彼らが困っているときにすばやいフィードバックを返します。このようなチューターシステムは，学習者にすばやいフィードバックを提供する点において，従来の教室での指導よりも効果的であることが明らかにされています[☆10]。テクノロジ推進派は，コンピュータによるインタラクションが，学校が追従せざるを得なくなると思われるたくみな方法で，学びに対する期待を変えていくと考えています。

足場かけ

学習環境をうまく開発するなかには，学習者が難しい課題に取り組めるような「足場かけ」を提供することが含まれます。足場かけとは，学習者がさまざまな活動を実行できるよう，システムが提供する支援のことです。例えば，電気関係のトラブルシューティングを教えるシステムでは，課題が少しずつ難しくなるように段階的に構成されています。生徒が何をすべきかわからないときには，ヒントを提供します[☆11]。2桁以上の足し算・引き算を学ぶシステムでは，音声効果を使ったアニメーションで，数を繰り上げたり繰り下げたりすることがわかるような足場かけが組み込まれています[☆12]。代数の複雑な計算を学習するシステムでは，算数の計算のように基礎的な問題にまず取り組みます[☆13]。学習者

ジェームス・ポール・ジー
(James Paul Gee, 1948-)
言語心理学者。談話分析，リテラシー，シリアスゲームの研究で知られる。全米教育アカデミー会員。本書に推薦のことばを寄せている。

がハイレベルな課題に集中し、何をするべきか判断できるようにするためです。このように、足場かけはさまざまな形態があり、その結果、学習者は力量以上の課題にとり組むことができるようになります。最もよくデザインされたシステムでは、生徒が支援を必要としなくなり、自分の力で課題に取り組むことができるようになるにつれて、足場かけは自然なかたちで徐々に姿を消していきます。

テクノロジ推進派は、サポートしなければいけないたくさんの生徒がいるなかで、教師には、生徒個別に足場かけを提供する時間はないと考えています。また、学校でうまくやっていけていない生徒は時として、物覚えが悪いと思われることを恐れて支援を求めたがらないものです。生徒のニーズを調査した上で、教師が異なる種類の授業を提供する最近の動きは、個別化された足場かけを与える方向に向かっています。しかし、そのような差別化が十分になされていても、個々の生徒に対応するためには、教師は他の生徒や仕事の時間を犠牲にせざるを得ないのです。

コンピュータによる個別の足場かけは、叱られることも、助けが必要だと他の生徒に知られることもなく、支援を提供します。コンピュータのチューターシステムにより（教師が）いくらかの指導から解放されることで、生徒が必要とするどんなレベルの学習もサポートすることができるでしょう。

ゲームとシミュレーション

コンピュータを用いた**シミュレーション**環境をつくり出すことにより、学習者に課題を与えることができます。学習環境には、現実の世界でも必要とされる知識やスキルが組み込まれています。シミュレーションのプレイヤーは、危険性の高い行動であっても、現実の制約の一部を反映した環境で体験できます。シミュレーションを通して、学習者は病気を診断したり、うまく機能していない回路を修復したり、テレビのニュース番組を編成したりします。

ロジャー・シャンク[☆14]らが開発した初期のシミュレーションシステムでは、学習者は、1組の夫婦が

シミュレーション
疑似体験。

ロジャー・シャンク
(Roger C. Schank, 1946-)
人工知能学者、認知心理学者。ソクラティック・アーツ社CEO。ゴールベースドシナリオ理論、ストーリー中心型カリキュラムなどを提唱。『人はなぜ話すのか：知能と記憶のメカニズム』などが翻訳されている。

遺伝子の病気をもった子どもをもつことになるか、そうでないかを判断することによって遺伝学を学びます。夫婦にアドバイスを与えるために、学習者はどのような遺伝子の組み合わせが病気を導くのかを見つけなければいけませんし、両親の遺伝子の構成を見きわめる検査を行います。このシミュレーションシステムでは、学習者をサポートするための足場かけとして、登録されたさまざまな専門家がアドバイスを提供します。他にも、環境問題を解決したり、歴史的な出来事についてのニュース番組を制作したりといった、さまざまなやりがいのある課題で学習者を支援しています。このようなシミュレーションは、実際に使われる文脈のなかに、認知的スキルや知識を組み込むことを可能にします。そのため、学習者は必要となる基本的な能力を学ぶだけでなく、習得した能力をいつ、どのように応用するかも学ぶのです。

クリス・デデ[☆15]らは、「リバー・シティ」というシミュレーション環境を構築しました。学習者は、アバターを操作して街中を探索することで、なぜ人々が病気にかかっているのかを見つけ出そうとします。街では、3種類の病気がはびこっています。1つ目は水に潜み、2つ目は虫に潜み、3つ目は伝染性のものです。学習者は、出会った人々に質問をしたり、入院記録を調べて医療従事者に質問したり、昆虫や水の性質についてデータを集めることができます。最後には、問題を解決する際、何が起こるかを確かめるテストをします。学習者は、体系的にデータを収集し、何が病気を引き起こしているか仮説を立てる方法を学ぶのです。

シミュレーションは、学習者が新しい状況を探究する際の重要なカギになると、テクノロジ推進派は主張しています。シミュレーションによって、学習者はさまざまな行動を試みることができますし、自分で選択した結果を確かめることができます。つまり、彼らは「もし○○なら?」と問い、問題に対するさまざまな解決法を試みることができるのです。このようにして学習者は、別の可能性を熟考したり、偶発的な出来事に対処する柔軟性を身につけます。現実的な課題だからこそ、学習者は何をするべきか、考えさせられるのです。学習者にとって、目新しい状況でなんらかの役割を果たす経験

クリス・デデ
(Christopher Dede, 1947-)
ハーバード大学教育大学院の教育学者。

は、学校ではほとんど得られないことです。より難しい課題に入る前に、より簡単な課題から始まるように状況をデザインすることもできます。

テレビゲームでは、プレイヤーは新しい役を引き受け、日常では体験できない冒険の旅に出ます。ジェームス・ポール・ジー[☆16]は、テレビゲームがどのようにして、プレイヤーを日常の価値観とぶつかるような役に引き込むのかを説明しています。例えば、『**スタークラフト**』や『**ディフェンス・オブ・ジ・エンシェンツ**』のようなゲームでは、プレイヤーは複雑な戦争を舞台に、敵と味方の両方の立場をとります。このゲームで成功するために、プレイヤーは戦争状態にある両者の資源と能力を把握しなければいけません。その上で、敵の視点を理解するために、立場を入れ替えるのです。このような役割の交換は、複数の観点から困難な状況をみるという貴重な機会をプレイヤーに与えます。

シミュレーションにはプレイヤーがオンライン上で互いにやりとりするようになったことで、新たな展開を迎えています。『**ワールド・オブ・ウォークラフト**』のような**MMOG**では、プレイヤーは、市場経済や自治的なコミュニティが組み込まれたシミュレーション世界のなかで、キャラクターやアイテムをつくり上げます。ゲームが盛り上がるかどうかは、プレイヤーたちが、生息する世界を協同で構築できるかどうか次第です。インタラクティブな「世界構築」は、ゲームで成功するために、幅広い社会的行動が求められます。MMOGにみられる社会的な役割とインタラクションの出現は、研究者にとっては、経済・社会システムの進化を研究する実験室でもあるのです。**コンスタンス・シュタインクーラー**の研究[☆17]によれば、このような環境では、ハイレベルなプレイヤーは、科学的な推論や、複雑なリーダーシップスキルを身につけているといいます。MMOGは、テレビゲームのプレイを現実世界のインタラクションにより近づけます。バーチャル世界のインタラクションがどのように構築されるかという未来を示してもいるのです。

コンピュータゲームはまた、プレイヤーが複雑な課題をこなせるよう、足場かけとなる課題を提供している点でもすぐれています。例えば、『**シヴィライゼーション**』や『**ハースストーン**』のような

スタークラフト
リアルタイムストラテジーゲーム。人間、エイリアン、宇宙人の3種族間の戦争がテーマ。

ディフェンス・オブ・ジ・エンシェンツ
エンシェント（構造物）を破壊するためにチームメイトの支援を受けながら攻略するMMOG。

ワールド・オブ・ウォークラフト
ゲーム内の広大な世界を探検し、モンスターと戦い、クエストをこなし、他のプレイヤーと交流するMMORPG。

MMOG
(Massively Multiplayer Online Game)インターネットを介し、数百から数百万人という大規模なプレーヤーが同時に参加するオンラインゲームのこと。アクションゲームやパズルゲームなどさまざまなジャンルが存在するが、主にロールプレイングゲームをさしてMMORPGと表すことが多い。自分以外の

ゲームは、複雑なインターフェースをシンプルにして、プレイヤーがゲームの基本的な動きを習得できるようにしています。プレイヤーが腕をあげるにつれ、より多くの選択できるオプションを使えるようにしていくのです。テクノロジ推進派は、このようなゲームのデザインの原則は、学校で学ぶ伝統的な学習内容にも応用できるだろうと主張しています。

シャンク、デデ、ジー、シュタインクーラーのようなテクノロジ推進派は、ゲームやシミュレーションによって、学習はより面白くなると述べています。とても魅力的になり、生徒が知識を適用するための条件もはっきりします。生徒がどうやって活用していいかわからないような物事を学んでいる学校には問題があると、彼らは考えています。

革新的な教師は、意味のある課題に学習を組み込む方法を知っています。それでも学校での学習の多くは、1度も実際にテニスの試合をしたり見ることなくルールを教えられ、フォアハンド、バックハンド、サーブを練習させられるようなものです。生徒は、幾何学や文章の構文解釈を教えられますが、それがいかに実生活で役に立つかを教わる機会はありません。コーチがテニスのプレイのしかたを教えるやり方とは、まるで違うのです。コーチは、初めにラケットの握り方やスイングのしかたを教えるかもしれませんが、すぐにボールを打たせたり、試合をさせたりするでしょう。よいコーチは、実際の試合でのプレイと、特定のスキルの練習との間で、行ったり来たりを繰り返させるのです。スキルを教える上で本質的なことは、現実世界の課題を成し遂げるために集中することと、その課題を遂行するために必要な能力を身につけるために集中することを、しっかり結びつけることです。数学や作文を利用する現実世界の課題を学校で再現するのは難しいかもしれません。それでも、テクノロジ推進派によると、シミュレーションを使えば、生徒は選挙キャンペーン用の文章を書くことや、橋を建設することで、どんなものかを経験できるといいます。

スキルを実践的な成果と結びつけることは、シミュレーションの経験を学習に応用する1つの方法です。その一方で、シミュレーションによって複雑でやりがいのある環境に没頭することは、それ自

ユーザーとコミュニケーションを取りながら遊べる点が大きな特徴である。

コンスタンス・シュタインクーラー
(Constance Steinkuehler)
カリフォルニア大学アーバイン校の情報学教授。ゲームの認知的・社会的側面に関する研究を展開。

シヴィライゼーション
文明の発展や人類史を扱うストラテジーゲーム。国土整備、技術開発、他国との外交などを行う。

ハースストーン
ウォークラフトシリーズの世界観を背景にしたトレーディングカードゲーム。

体が価値のある学習の機会でもあります。例えば、多くのテレビゲームが魅力的なのは、実用的な成果が得られるからではありません。ルールが明確な世界で競い合い続ける魅力があるからです。ミハイ・チクセントミハイ[☆18]は、興味ある課題に没頭していると、行為者と行為の境界があいまいになり、高揚した心理状態を「フロー」という概念で説明しています。保護者は、子どもがテレビゲームに費やす何千という時間を無駄だと非難しますが、このようなシミュレーションは、パワフルな学習の機会になり得る「フロー」体験を創造すると、プレイヤーたちは報告しています。

中学生が数学の宿題をやっているところと、同じ生徒がアメリカンフットボールのテレビゲームである『マッデン』をやっているところとを比べてみましょう。数学の問題に取り組む際、数学の「大きなコンセプト」を応用することからも、理解することからも離れた骨の折れる作業になってしまうのはよくあることです。数学の宿題のいちばんの目的は、終わらせること。しかし、マッデンをプレイしているとき、生徒は、給料の上限を維持し、選手のパフォーマンスの基準を予測し、フットボールチームの選手登録名簿をまとめながら試合に勝つためにハンディを計算するといった、数学の「大きなコンセプト」のもつ、多くの分析スキルを使います。ゲームをしているときの「フロー」状態は、スキルの上達とその活用が混然となった体験です。ただし残念ながら、ゲームプレイの成功に必要とされるスキルの複雑さを覆い隠してもいるのです。学校は、複雑な学習に含まれる補完的なスキルをつまびらかにする場所です。結果として、「フロー」状態になる機会を制限する学習環境になっていると、テクノロジ推進派は主張します。自分自身で探究しながら、複雑な世界にある制約条件を学ぶという自由は、現在の学校教育のシステムが手をつけていない学びの可能性です。

マルチメディア

印刷物、映像、音声をマルチメディアのプレゼンテーションに統合することは、情報をやりとりするための新しい機会をもたらします。印刷機の発明によって、伝統的な口承文化から、活字に支配さ

ミハイ・チクセントミハイ
(Mihaly Csikszent-mihalyi, 1934-)
心理学者。「フロー」概念を提唱。『フロー体験 喜びの現象学』などが翻訳されている。

れる読み書きの文化へと社会がシフトしたことを多くの作家が取り上げてきました[19]。公教育制度は、印刷機の産物です。だからこそ教育は、読み書きを伴った思考の産物である、読み書き、歴史、数学と科学を中心としています[20]。

テクノロジ推進派は、動画、コンピュータ、インターネット、テレビ会議などの新しい通信技術の開花を、当時と同じくらいのマグニチュードをもった現代社会の変化として注目しています。これらの技術は、1つの大きなネットワークで結ばれ、どこでもだれとでもつながることができます。**ヘンリー・ジェンキンス**[21]は、新しいメディアがどのように「文化の一極集中」を引き起こしているかについて述べています。すなわち、市民と消費者の役割は融合し、人々がエンターテイメント、仕事や学習と関わる方法が再構築されているのです。人々は、単なる情報の受け手ではなく、メディアを表現のテクノロジに変えて、活用しています。単純な「1対多」のメディアから、「多対多」のメディアへと拡張し始めているのです[22]。たとえマスメディアがより集中化しているとしても、インターネットというメディアは、より多様になっています。ブログやソーシャル・ネットワーキング・サービスの激増が示すように、人々は今や、世界とコミュニケートする新しい声と方法を獲得しました。デジタル文化へ移行するなか、とりわけ教育に関して、新しいメディアは、印刷と同様に重大な影響がありそうです。

さまざまなメディアにはそれぞれ、異なる**アフォーダンス**や制約があります[23]。例えば動画は、文字より簡単に、感覚や感情を伝えます。反面、止まったり、もどったりせずに、通常、最後までそのまま見られるため、覚えさせるには不向きです。他にもコンピュータは、文字や動画ではできない方法で、デザインやシミュレーション、問題解決をサポートします。テクノロジ推進派は、さまざまな形態をとるメディアは、そのどれもが学習環境のデザインに役立つと考えています[24]。生徒たちの多様な学習スタイルや能力、学習内容に応じて、異なるメディアを用いることによって、学習を強化することができるのです。

ヘンリー・ジェンキンス
(Henry Jenkins. 1958-)
南カリフォルニア大学教授。メディア学、「参加型文化」を提唱。

アフォーダンス
アメリカの生体心理学者・認知心理学者、J・ギブソン (James J. Gibson. 1904-1979) が提唱した。物や環境が人や生物に投げかけるメッセージのこと。「椅子は人に座ることをアフォードする」のように、物と人や動物との間成り立つ関係性を指す。

コミュニケーション

学校の子どもたちの作品は常に、教室の範囲内だけで正当化される、人工的なバリアに囲われています。先生だけが作品を評価する場合、子どもたちは、作品を本当の観衆に見せることによる、**真正な**フィードバックを経験することはありません。学習の初期段階では、外部の批評から学習を遮断することは、道理にかなっているかもしれません。しかし、子どもたちの作品が上達するにつれ、子どもたちには、教室の外の真正な文脈のなかで、彼らの学習を示す機会が必要であるとテクノロジ推進派は考えています。インターネットの発達によって、生徒の作品を、ずっと広く、世界の人々に利用してもらえるようになりました。ウェブは自由にアクセスできる初のマスメディアです。世界中が観衆となる可能性がある場所で、だれでも作品を発表することができます。このことは、コミュニティにとって意味がある重要な作品をつくるための強力なモチベーションを、子どもたちに提供することができます。

ユース・ラジオは、賞もとっているサイトです。若者が新しいメディアを利用して時事を報道する機会を提供しています。ユース・ラジオは、メディアに関する制作やキャリア経験が十分ではない生徒を集め、トレーニングし、若者の放送チャンネルを提供しています。サイトには、選挙や政治に関するユーザー生成型の報道と、最新のストーリーを地図上に展開するグーグルの**マッシュアップ**が含まれます。他にも、インターネット上での重要な出来事（例えばユーチューブの最新注目映像など）を報告したり、ユース・ラジオ3局分の音声もあります。新しいメディアがもつクリエイティブな特性は、複数チャンネルの存在を前提とし、どのユーザー生成型の作品でも、真正な公共の場でじっくり評価されます。全米公共ラジオ、iTunes、CNN.com、ユース・ラジオのサイトを通じて、毎年、何百万ものリスナーが番組を聞いています。

市民科学は、オンラインコミュニティを通して学習者が真正な実践に参加するもう一つの方法の

真正な
オーセンティック。ここでは成績をつけるためではなく、作品を楽しみたい人が評価する意味。

マッシュアップ
複数の異なる提供元の技術やコンテンツを組み合わせ、1つのウェブサービスとして利用できるようにしたもの。例えばグーグルや「フェイスブック」が公開するAPI（アプリケーション・プログラム・

例です（例えばボニーら）[☆25]。市民科学において学習者は、シンプルな課題に取り組みます。その課題は、真正な問題を熟達した科学者が探究する際に分析対象とするデータベースへの貢献となります。例えば、2002年にコーネル大学鳥類学研究所および全米オーデュボン協会を通じて立ち上げられたeBirdプロジェクトは、「目撃した鳥を記録し、あなたの鳥のリストを追跡し、動的なマップとグラフを探索し、目撃情報を共有し、eBirdコミュニティに加わってください。そして科学と環境保全に貢献しましょう」（eBird.org）と示されています。eBirdは、フィールドで使用するモバイルプラットフォームをサポートしたり、毎月の課題を提供したり、「今月のeBirder」を認定したりします。2012年には、北米で310万を超える鳥の観測があり、eBirdからのデータは、90を超える査読済みの論文や本で活用されています。

eBirdは、アマチュアとプロの愛鳥家からの位置情報を活用して、生物多様性のリソースに関する広大な地図を作成していますが、Galaxy ZooやFolditなどの他のプロジェクトは、天文学や生物学に関するものです。例えば、Planet Huntersでは、惑星探査衛星ケプラーからの写真を表示し、通過する惑星を示す星の光度曲線の窪みを探すよう参加者に依頼します。複数の参加者が同じ星にタグを付けた場合、科学者が確認します。元データの生成、偶然または協働による発見、そして市民科学プロジェクトによる解明は、これらの活動の真正性を物語っています。市民科学プロジェクトは、「科学すること」の意味を再定義するのに役立っています。

テクノロジ推進派は、学習者が新しいアイデンティティを探求するための多くの場を、インターネットが提供していると主張しています。学習者は、世界各地の人々が参加しているオンラインコミュニティに参加し、役割を引き受けることができます。ブログやソーシャル・ネットワーキング・サービスへ参加するおもなモチベーションは、あなた自身の表現を公開し、別の人が見る機会があることです。あなたの考え、好み、創造性をもとに表現すると、他の人があなたと友人になれそうだと判断したり、あるいは、趣味の合わない人から批評を受けたりします。いずれにせよ、参加者は、自分た

インタフェース）を組み合わせることで、新しいサービスをつくり出すことができる。

市民科学
(citizen science)
アマチュア科学者が調査やデータ収集、モニタリングに参加する科学研究。クラウドサイエンスとも呼ばれる。

ちが本当に何を考えているのか学び、自分たち自身を公的な場で表現することで自己を認識するのです。

これまで紹介してきたさまざまな事例は、すぐそばにいない人々とコミュニケーションする理由を示しています。つまり、読み書きや、マルチメディアを用いたプレゼンテーションを制作する際に、意味ある目的が与えられるのです。セキュリティに対する懸念から、一部の学校では、生徒の作品の公開が制限されることはあり得ます。それでも、テクノロジ推進派は、テクノロジによって外部の観衆とつながることの意義を強調しています。生徒たちに、他人が作品をどのように理解するのかを学ぶ、真正な文脈を提供できるからです。

生徒たちは、コミュニケーションの新しいモデルをつくり出すことにおいては、（大人たちの）先を行っています。だからこそ、新しいテクノロジを学校に取り入れる際、生徒にリードさせるのは、理にかなっていると、テクノロジ推進派は主張します。関心ベースのコミュニティを育成する学校デザインがあれば、生徒が身につけたスキルを使って、新たに調べたくなるように動機づけることができます。このようなテクノロジの存在は、学校が受け入れられる範囲で使用方法を制限するのではなく、新しいメディアの自由な可能性を受け入れる方向に学校を変えていくだろうと、テクノロジ推進派は主張しています。

リフレクション

学習者がある状況のなかで、自分のパフォーマンスを見直したり、模範や他人のパフォーマンス、例えば学習者自身の以前のパフォーマンスや、熟達者のパフォーマンスと比べたりするとき、**リフレクション**は起こります。リフレクションは、子どもにも大人にも、学習プロセスのきわめて重要な側面として、大きな注目を集めてきました。**ドナルド・ショーン**は、複雑な活動に携わる多くの専門家にとって、実践を組織的にリフレクションすることが、いかに重要かを示しています。[☆26] リフレクショ

リフレクション
振り返り。

ドナルド・ショーン
（Donald A. Schön.

ンは、パフォーマンスのどこが重要なのかを強調します。何がよいパフォーマンスに貢献するのか、どうすれば今後改善できるのか、学習者に考えさせることができるのです。

　リフレクションには3つのかたちがあります。そのすべてが、テクノロジによって強化することができます。

①**自分のプロセスのリフレクション**：テクノロジによってパフォーマンスを記録することができるので、人々は自分がどのように課題を行ったのか振り返ることができます。学習者は、意思決定の質をリフレクションし、次の機会によりうまくやる方法を考えることができます。

②**自分のパフォーマンスと熟達者のパフォーマンスとの比較**：コンピュータ上の学習環境では、複雑な問題を解く際の学習者の判断と、熟達者の判断とを比べることができます。そのため、学習者は、どのようにしたらもっとうまくできたのかがわかります[☆27]。

③**パフォーマンスの評価規準と自分のパフォーマンスとの比較**：コンピュータシステムは、よいパフォーマンスを決定する規準に照らして、自分たちのでき具合いを評価するよう、生徒に求めることができます。バーバラ・ホワイトとジョン・フレデリクセン[☆28]は、理解の深さや創造性など8つの規準を使って、科学プロジェクトに関するパフォーマンスを生徒に評価させました。同じ課題をリフレクションなしで行った生徒より、リフレクションをした生徒は、大幅に改善することができました。

　テクノロジ推進派は、リフレクションの機会を学習環境に取り入れる際、生徒が時間をかけて、パフォーマンスをよいものにすることを、テクノロジは支援できると主張します。生徒の活動を追跡するテクノロジが、パフォーマンスを振り返りやすくしているのです。

1930-1997）哲学者。「反省的実践」の概念を提唱した。『省察的実践とは何か：プロフェッショナルの行為と思考』などが翻訳されている。

3 推進派の考える学校ビジョン

テクノロジ推進派は、コンピュータ上の環境により、産業革命によって引き起こされた革命と同じくらい重大な変革が、私たちの文化のなかで確実に起こるとみています。彼らは、学習に対して構成主義のアプローチを支持しており、教師よりもむしろ生徒が、活動の大部分を担います。

シーモア・パパート[☆29]は、名著『マインドストーム』のなかで、リオデジャネイロにおける**マルディグラ**を準備するために集まる**サンバの学校**が、学校のあるべき姿のメタファーだと述べています。大人と子どもたちを含め、すべてのコミュニティは、山車をつくり、手の込んだエンターテイメントを準備するために何か月も協力します。子どもたちは、必要があれば何でも、大人を手伝って作業します。子どもにも大人にも、豊かな学びがあります。より熟達した者からそうでない者に、いろいろな仕事のしかたを教えています。彼ら全員が、山車を見る人々を喜ばせ、コンテストに勝つという共通のゴールをもっており、それはまさに緩やかな徒弟制です。テクノロジの豊かな環境において、このような学びのビジョンを学校のなかで実現したいと、パパートは考えたのです。

テクノロジ推進派は、学校はもっとテクノロジの豊富な環境になることができるとみています。生徒たちは、強力なコンピュータ・ツールの助けを借りながら、意味のある課題に協力して取り組むでしょう。課題の多くは、子どもたちをコミュニティへ関わらせるような課題です。生徒たちは、自転車用の道路をデザインしたり、地元の湖や河で水質汚染を調査したり、企業のためにウェブページを制作・更新したりします。地域のケーブルテレビのためのプログラムを開発したり、グーグルマップを使って、町の計画を立てたりするかもしれません。

インタラクティブな学習環境は、生徒たちがコミュニティのなかで取り組むことができるプロジェクトの範囲を超えて、現実社会の課題に取り組む文脈をつくり出すでしょう。時事ニュースの報道を

マルディグラ
謝肉祭。

サンバの学校
ポルトガル語のEscola de sambaの訳語であり、ダンス、音楽隊、山車などカーニバルでパフォーマンスを行うチームのことである。

まとめたり、遺伝病を探すためにDNA配列を分析したり、宇宙で体がどのように動くかを紹介するアニメーションを制作してニュートンの法則を他の生徒に教えたりといったさまざまな活動が可能になるのです。つまり、たいていの生徒の能力を超えた複雑な問題―言うまでもなく、たいていの教師をも超えている―に取り組むために、テクノロジを役立てられるのです。

多くのテクノロジ推進派のモチベーションは、現在の教育への不満です。生徒はよい成績を得るために競争するよりはむしろ、知識をお互いに分かち合い、能動的に学習に関わる参加者であるべきというジョン・デューイの考えに、彼らは賛同しています。20世紀に登場した進歩的な改革者たちのように、テクノロジ推進派は、伝統的な学校の状況を好ましく思っていません。生徒は、じっと座って教師の話を聞き、教師と本が与える情報を記憶し、テストでそれをはき出しています。テクノロジ推進派は、このような学校は、多くの子どもたちの好奇心と、学びたいという欲求を壊してしまうと考えています。テクノロジストは、このような教育は、成功より多くの失敗を生み出すとみています。実際、この高度な競争システムでうまくやることのできない生徒が、あらゆる方法を使って逃れようとしていることは明白です。多くの進歩的な教育者が、カリキュラムの再設計や、教師教育という従来の手段を用いて、指導と学習を変えようとしてきました。一方でコンピュータは、学校についていけない子どもたちにも届けることができ、彼らを夢中にさせ、カスタマイズでき、彼らに合った学習機会を提供することができると、テクノロジ推進派は考えています。その上で、課題になるのは、テクノロジを学校における授業のコアに組み入れることです。

テクノロジ推進派が思い描いている学校は、生徒たちがリアルな課題に取り組む場所です。大人は彼らを支援する役割を担い、新しい活動へと導き、彼らが問題に直面したときに助けの手を差し伸べます。しかしながら、学校教育を変えようとする努力は、何が原因で、どのようにこれまで失敗してきたのか、長きにわたった研究があります。テクノロジ懐疑派は、学校における指導と学習の営みを根本的に変えるには、リソース、トレーニング、スキルが欠如していたと主張してきました。新しい

ジョン・デューイ
(John Dewey, 1859-1952)
アメリカの教育学者。民主主義社会を実現する個人と共同体を育てるために、子どもの個性的かつ探究的な活動を重視した。シカゴに実験学校を開くなど、進歩主義の学校改革の源流の1つになった。代表作に『学校と社会』(1899年)(日本語版は岩波書店)がある。

デジタル技術のような革命的なツールを使うときでさえ、学校は、現在の取り組みを変えることをかたくなに拒んできました。次の章では、テクノロジのパワフルさと、指導と学習との間における相互作用を理解するため、テクノロジ懐疑派の立場になってみましょう。

3章　テクノロジ懐疑派の意見

代表的なテクノロジ推進派のデイヴ・ソーンバーグとデイビッド・ダウアー[☆1]は、アメリカの教育史のなかから、新しいテクノロジに対する抵抗が特徴的に表れている発言をまとめました。これらを見ると、学校を改革する上で直面する問題を、2人がどのようにとらえているかがわかります。学校は常に変わることに抵抗し、その変化が生徒の学びに明らかに有益なときでさえ抵抗するのだと、彼らは考えています（以下の7つの引用はソーンバーグ[☆2]による）。

・1815年のある校長の出版物から：「最近の生徒たちは紙に頼りすぎです。生徒たちは石板を使うと、チョークの粉まみれになってしまいます。それに石板をきちんときれいにすることもできない。紙を使い切ってしまったらどうするんでしょう」

・1907年の全米教師協会の雑誌から：「最近の生徒たちはインクに頼りすぎです。彼らはペンナイフの使い方も知らないので、鉛筆の芯を削ることもできません。ペンとインクが鉛筆にとって代わることはけっしてないのに」

・1928年の『ルーラル・アメリカン・ティーチャー』から：「最近の生徒たちは店で売られているインクに頼りきっています。彼らは自分たちでインクを作る方法も知りません。インクを切らしたら、次に町へ買い物に行くまで、文字や数字を書くこともできないでしょう。これは近代教育に対する嘆かわしい実態を物語っています」

・1941年のPTA新聞から：「最近の生徒は高価な万年筆に頼りすぎです。これまでのインクをつけるタイプのペンで、彼らはもう書くことができなくなっています。贅沢品がなくても、現実のビジネス社会でうまくやっていく方法を子どもたちが学ばなくなるような、そんな奢りを私たち親は許してはいけません」

・1950年の『フェデラル・ティーチャーズ』から：「ボールペンはこの国の教育を破滅させるでしょう。生徒たちはこの道具を使い、そして捨ててしまいます。質素倹約というアメリカの美徳は捨て去られようとしています。商社や銀行は、そんな過度な贅沢をけっして許してはいけません」

・1987年のアップル・コンピュータ社『アップル・クラスルーム・オブ・トゥモロー』より、小学校4年生を担当している教員から：「もし生徒がコンピュータを使って課題を提出するようなものなら、自分の手と労力を使って書き直すように指導します。なぜなら、生徒たちは、自分1人の力でコンピュータで宿題ができるとは思えないからです」

・1988年の同『アップル・クラスルーム・オブ・トゥモロー』より、サイエンス・フェアの審査員から：「コンピュータを使うと有利になり、不公平です。そのため、コンピュータでデータを分析したり展示物を作ったりした生徒は、サイエンス・フェアでは受けつけません」

以上の引用から、教育者とその時代のテクノロジとの長い葛藤が浮き彫りになってきます。いかに**情報テクノロジ**が教育を変えることができるか、その可能性にワクワクしている研究者や教師や政治家がいる一方で、学校現場におけるテクノロジの可能性や価値に対して、疑問を唱える懐疑派も存在しています。学校で働いた経験のある人の多くは、授業のコアが変わることに対して、学校という制度は、かたくなに抵抗していることを指摘しています。学校へのコンピュータの導入は、懐疑派の

情報テクノロジ
11ページ訳注参照。

人々によれば、教室での豊かな多様性のある指導と学習が、まるで広がりのない暗記学習へと変わってしまう、あるいは、商業的なメディアのために学習経験が歪められてしまうリスクをもたらすとしています。いずれにしても、学校教育の保守的な勢力は、指導と学習という教育実践のコアを、気を散らせる（危険ですらある）新しいメディアの影響から守りたいと考えています。「どうなったかは、教室を見ればわかる」と簡単に言い切ってしまうより、ここでは、そのような葛藤を、検証のための糸口と考えていきます。どのようにして、そしてなぜ、学校はテクノロジに抵抗してきたのでしょうか。そして2章で述べたような新しいテクノロジの可能性は、同じような運命に直面するのでしょうか。本章で概観するテクノロジ懐疑派の代表的な主張は、新しいテクノロジも、学校制度の中心になることはけっしてないだろうということです。テレビに代表される初期のテクノロジが、推進派が予測したようには学校に浸透しなかったのと同様に。

1 硬直化はなぜ起こるか？

技術革新の結果、学校制度に大きな革命が起きるだろうと、テクノロジ推進派は長い間、予測してきました。**ラリー・キューバン**[☆3]は、ラジオ、テレビ、フィルムが、それぞれどのようにして学校教育を変えると考えられていたかを考証しています。しかし実際にはどの場合にも、メディアの革新は、指導と学習といった授業の中心には、ほとんど影響を与えませんでした。ところが、テクノロジ推進派は、インタラクティブ性とカスタマイズ性を備えたコンピュータの活用は、先発のテクノロジとは根本的に異なるイノベーションをもたらすだろうと予測しています。ラリー・キューバン[☆4]による後の研究によれば、コンピュータは、学校での指導と学習にほとんど影響を与えてこなかったとされています。学校の慣習と組織構造を考慮しない技術革新は、教育現場の指導にほとんど影響を与えないだろうというのです。それでは、学校の何が、テクノロジによる革新を困難にしているのでしょうか。

ラリー・キューバン
（Larry Cuban）
スタンフォード大学名誉教授。『学校にコンピュータは必要か：教室のIT投資への疑問』が翻訳されている。

公立学校は、すぐれて耐性のある制度です。実際、公教育の組織構造とその普及拡大は、アメリカが世界の文化に貢献した、最も価値あることの1つといってもいいでしょう。歴史的には、行政が支援する大衆教育の伝統は、比較的最近の現象です。政府は現在までのほぼ2世紀にわたり、子どもたちに教育の機会を提供してきました。それでも、1940年代までは、大半の青年が高校を卒業することはありませんでした。[☆5]公教育制度が相対的に安定していたことは、制度が変化をどの程度受容できるのかを隠してきました。19世紀終わりから20世紀初めにかけて、大きな変革の時代を経験したアメリカの学校制度は、そのとき以来の安定した構造を展開してきました。この短い期間に公立学校は、多様な環境に対応できる堅固なシステムへとまとまっていったのです。

この学校モデルは、レイモンド・キャラハンによって「工場モデル」、メアリー・ヘイウッド・メッツによって「リアル・スクール」、デイビッド・タイヤックによって「唯一最高のシステム」というふうに、さまざまなかたちで呼ばれてきました。[☆6]このモデルは、教室・学校・学区レベルで学校を組織管理し、指導・カリキュラム・教育評価・望ましい行動規範を、実践と教育目標のパッケージにまとめ上げたのです。

基本的なことからあげれば、学校は同年齢の生徒の集まるクラス単位で組織されます。各クラスは通常、1名の教師と、15～30人の生徒に編成されます。下の学年では、1人の教師が常に全教科にわたって生徒を指導します。学年が上がると、生徒は教室から教室を移動し、教師はそれぞれの専門分野を指導します。典型的な学校では、教師は専門家であり、その仕事は、講義、暗唱、ドリル練習を通して専門知識を生徒に伝えることです。カリキュラムには、生徒が何をどのような順番で学習するかが、詳しく説明されています。学校はそれぞれにカリキュラムをカスタマイズし、調整する努力が常に行われていますが、生徒が何をいつ学ぶかについては、明確かつ広く普及した教育目標が合意されています。例えば、小学校4年生では分数を学び、高校2年生では世界恐慌を学びます。テストは、指導されたことを習得したかどうかを判断するために教室で実施され、合格すれば次の学年へ進級します。その際、履修した授業と評価の記録が追記されます。

それぞれの学校、学区で、ここまで述べてきたような教育制度の特徴は互いに絡み合い、複雑なシステムをつくっています。学校制度が進化するにつれ、それぞれの構成要素は、互いに依存し合う関係を築きました。長い年月をかけて、システムの構成要素がともに安定し、要素間でのバランスをとり、均衡状態をつくり出したのです。例えば、教室での授業は、一般的なテクノロジを用いているので、教師と生徒が、教室間を自由に移動する学校のデザインが可能になります。そうなると、スケジューリングの技術が強化され、特別なテクノロジを授業に取り入れることは難しくなります。均衡状態とは、システムが動きを止めるということではありません。むしろ、システムの構成要素がバランスをとっているということです。つまり、生徒数や学校の地域性が違っていても、システムを構成する要素の基本的なあり方を変えることなく、対応できるようになったのです。一度確立されれば、ほとんどの場合、複雑なシステムを均衡状態から動かすことは難しいのです。

こうした個々の営みが互いにフィットした状態は、ラリー・キューバン[☆7]の指摘する「状況的に強いられた選択」が長い間、機能した結果です。キューバンによると、教師や管理職に与えられた選択肢は、次の2つの制約を受けます。①学校や教室の構造、②安定した構造のもとで生まれた教え方の文化。キューバンの見解では、これら2つがともに機能した結果、学校が選択できる、現実的なイノベーションの幅は制限されているといいます。システムの構成要素は、苦労して、内部でバランスを築き上げました。実証を積み重ねてきた指導と学習の環境は、多くの学校にとって快適です。このような認識は、時間をかけて、教師・保護者・生徒・学校のリーダーに共有され、守られるようになります。ですから、年間計画を定めたカリキュラムや、教室での教師と生徒の間の暗黙の了解をおびやかすようなイノベーションは、実現までには長期にわたる困難な闘いに直面します。複雑なシステムが均衡状態にあるとき、システムの一部分を変えると、常に他の部分が、元のバランスを取り戻そうと押し返してくるのです。

ジェーン・デイビッド☆8は、互いに組み合わさり、自律した学校システムを、ジグソーパズルに例えています。はめ込みずみのピースがお互いにつながりあっているだけでなく、新しいピースもまた、空いている部分に、それまでの形に合った輪郭のものだけが、あてはまるのです。例えば、新しい数学のカリキュラムを実施しようとすると、すでに普及している指導と評価とカリキュラムを押し出すことになります。教師は、新しいカリキュラムに合わせるために、研修を受けていない、あるいは自分の指導法を変える意志がないかもしれません。結果として、より多くの生徒が及第点を取れず、さらには、保護者が古いカリキュラムに戻してくれと騒ぎ立てることになるかもしれません。既存の指導システムが、新しいカリキュラムを予測可能な方法に順応させるのです。教師によっては、新しいカリキュラムを従来の授業実践に対する、外国からの侵略とみなすことすらあります。そこで、新しいカリキュラムのほうを、自分たちの実践に順応させようとするのです。専門的な研修を受けたり、授業を観察されていたとしても、一度教室に入ってしまえば、自分たちの好きなように教えることができることを、ほとんどの教師は知っています。つまり、高度に進化した複雑なシステムは、硬直化してしまっているので、変わることは容易ではないのです。

テクノロジが制度を変えようとすることと同じくらい、テクノロジが授業を変えるのは困難です。ラジオやテレビがそうであるように、授業実践を根本的に組み換える必要があるテクノロジは、テキストベースのメディアを基本とする学校組織を維持するために追いやられてしまいます。**デイビッド・コーエン**☆9によれば、テクノロジの柔軟さの程度によって、そのテクノロジはシステムに適応します。柔軟でないテクノロジは、無視されるか、周辺に追いやられるでしょう。情報テクノロジの柔軟性は、それが組み込まれた授業実践を変えるのとは、逆方向に機能してしまうのです。

コンピュータは指導と学習の新しい道を切り拓くことができます。その一方で、紙と文字の文化を守ってきたタイプライターとファイルキャビネットを置き換えることにも使用され得るのです。学校が、「コーディング」や「コンピュータリテラシー」といった科目を設置するのは、生徒に新しいス

デイビッド・コーエン
(David K. Cohen, 1934-)
ミシガン大学公共政策大学院フォードスクール教授。

キルを教えるためだけではなく、コンピュータを適切な場所にとどめておきたいからです。これらのコースの設置は、生徒にとって次のようなメッセージとして伝わります。「コンピュータは役に立つといえるでしょうが、1つか2つの科目をとれば、コンピュータについて、あなたたちが知るべきことは、すべて学ぶことができます」。

2 なぜ教育改革は失敗するのか

学校教育は、すべての子どもたちを教育することに成功していません。改革者たちは学校教育を、より排他的でなく、より変化に機敏に、挑戦することをいとわず、より責任をもつよう推し進めてきました。教育改革運動の長い伝統は、学校が社会や経済を進歩させる主要な原動力となる役割を果たせるように推進されてきました。アメリカにおける学校教育と改革をめぐるこうした伝統は、互いに密接に結び付いていることから、学校教育の歴史は学校改革の歴史ともいえます。かつて学校教育の基本的な組織は、改革の努力にこたえるように発展してきました。ところが最近では、学校教育は変わることを驚くほどかたくなに拒絶しています。多くの改革者たちがフラストレーションを抱いています。

デイビッド・コーエンによれば、学校を変えることが難しいいちばんの理由は、指導と学習のもつ性質にあるといいます。コーエンは、教師の仕事を「人間を向上させる実践」として、心理療法や看護師の仕事と同じように分類します。これらの職業では、クライアントの**ウェルビーイング**を願って努力します。その際、専門職として確立された実践方法が用いられます。教えることは「私たちの信念の生きた証そのものです。…つまり、人類を苦しめてきた問題が、長い時間をかけて整った知識やスキルになったものを伝えること[☆10]」なのです。自己改善は、たとえ最善の状況にあっても難しいものです。

ウェルビーイング
身体的、精神的、社会的に良好な状態にあること。

残念ながら、学校教育には、人間を向上させる実践に与えられるはずの、組織的な支援が欠けています。学校教育では、教師にはクライアント（生徒）を選択する権利がほとんどありませんし、クライアントにも、教師を選択する権利はほとんどありません。そして、クライアントは、教師が提供しなければいけないものを、学びたがらないことがよくあります。結果として教師は、授業実践のなかで勝ち得た、貴重な利得（成功経験）にしがみつきがちです。得られた利得は、**リー・シュルマン**[☆11]がいうところの**教授学的な内容知識**として、ベテラン教師たちの貴重な実践的知識が含まれます。そのため、教育は必然的に保守的な実践になるとコーエンは結論づけます。システムの変化から守るための制度に教授法が組み込まれたとき、保守的な実践は、保守的な制度によって強化されてしまいます。伝統的な学校教育の内容に順応するために、かなりの年数をかけてきた教師にとって、本質的に変化した教育プログラムを実践するのは難しいことなのです。

学校教育の組織構造は、指導と学習の伝統に影響を与えることなく、革新的なテクノロジを処理するために、３つの戦略を展開してきました。非難すること、取り込むこと、置き去りにすることです。

１つ目は、**テクノロジに対する非難**です。例えば１９５０年代、教育用テレビを初期に開発した人が、既存の**K－12**の学校で役立つ、革新的な放送番組を売り込みにいきました。しかし、アメリカ教員組合は、新しいテクノロジについて、これまで蓄積してきた教師の専門知識をおびやかすものとみなしました。「テレビによるマス教育は、教室で実践されてきた専門的な技術に取って代わるものとして、断固として反対する」と表明したのです[☆12]。メディアの批評家らは、新しいテクノロジに反対するには、都合のよい理由があったことを指摘しています。学びと娯楽のはざまに置かれた生徒たちの知性のために（テレビと）戦う、というものでした。多くの学校が、新しいテクノロジの可能性よりも、おもにリスクに対して反応しました。従来の授業実践にリスクをもたらすと受け取られる新しいテクノロジは、単純に禁止されています。このような新しいテクノロジを妨害する精神は、多くの学校の「使用の手引き」に見ることができます。

リー・シュルマン
（Lee Shulman, 1938-）
教育心理学者。PCKを提唱した。

教授学的な内容知識
Pedagogical Content Knowledgeを略したPCKが日本でも用いられている。授業実践を踏まえて学習内容を調整したり追加したりできるような知識。

K－12
5ページ訳注参照。

2つ目は、既存のカリキュラムの学習成果や授業構成をサポートするようなテクノロジや、指導計画に簡単に組み込める**テクノロジを取り込む**ことです。ドリル練習のプログラムは、既存の数学カリキュラムをサポートできます。同様に、コンピュータによる適応学習システムは、段階的に難しくなるカリキュラムを通して、数学、科学、社会科などの学習をより確かなものにします。第5章で取り上げますが、こうしたシステムを取り入れた学校では、従来の教材でテストを通過するのに苦労していた生徒たちにたいして、補習的な支援を行うことができます。

3つ目は、**テクノロジを軽んじる**ことです。テクノロジに関心のある教師は、一般的な学校の文脈とは別に、革新的な専門プログラムをつくることができます。そこには、同じ考えをもった教師や生徒が集まってきます。[☆13] 高校は、既存の制度を拡大する際、常に新しい専門プログラムをつけ足すことで成長してきました。コンピュータのクラスを加えたり、アートのクラスを廃止したりするように、部品を追加したり、除いたりすることは比較的簡単です。けれども、改革者たちは、教師が専門知識を生徒に伝え、彼らが授業科目を学んだかどうかをテストで確かめるといった教育の最も基本的な骨組みを変えることはできないでいるのです。子ども中心の教育を構築するための改革は、今のところ、初等教育のフレキシブルな部分でわずかに実施されるにとどまっています。

現在、K-12教育において進められている、カリキュラムと評価を標準化しようとする動きが、情報テクノロジを基盤とした新しい授業の採用に向かうことは、あり得ないでしょう。ほとんどの州で学習の**スタンダード**とされているのは、基礎的なスキルの獲得と、広範囲にわたる学問内容の理解の両方です。多くの教育現場で説明責任のプレッシャーが増すなかで、スキルの練習と、必要とされる学習内容をカバーすることに、労力の大半が費やされています。伝統的なスキルと内容理解を測定することばかりが強調されているところで、イノベーティブな授業実践が広がることはありません。

コンピュータや情報ネットワークが学習にもたらす利点を生かすには、そのためのスキルを中心に、教育を再構築することになります。ところが、既存のテクノロジに固執し続けると、再構築は妨げら

スタンダード
到達目標を定めたもの。米国では州が各教科のスタンダードを設定している。

れてしまうのです。マイケル・ラッセルとウォルター・ヘイニー[☆14]は、コンピュータでのライティングは、鉛筆と紙によるテストの得点を引き下げたことを示しています。コンピュータ上でテストした際には、改善されているにもかかわらずです。なぜなら、コンピュータ上での文章の作成プロセスは、紙と鉛筆で行う際のプロセスとはまったく異なるからです。学校がテストのスコアを上げることに注力すると、学校がテクノロジを使ってワクワクする学びをつくろうとする力と対立することになります。

3 学校におけるテクノロジ活用をはばむもの

組織としての学校教育は、既存の指導目標に役立つ道具としてテクノロジを取り込もうとしています。しかしながら、学校でのテクノロジ活用を妨げるバリアは、他にもさまざまなものがあります。

コストとアクセス

コンピュータをネットワークに接続するコストは、大幅に減少しました。それでも、コストの問題は、テクノロジが学校教育の中心となるには、大きな障害です。キャサリーン・ノリスとエリオット・ソロウェイ[☆15]は、テクノロジが本当の意味で指導に食い込むためには、生徒とコンピュータの割合は、1対1でなければならないと主張しています。1対1の割合でコンピュータを導入する学校は増加しています。2008年時点の米国での生徒とコンピュータの割合は3：1でした。クロームブックやタブレットの学校への導入が爆発的に広まった結果、多くの学校が1対1に近づこうとしています[☆16]。

それでもなお、いくつかの研究によると、情報端末の存在感が高まってきているにもかかわらず、多くの教師が授業実践を変化させることに時間がかかっています[☆17]。多くの生徒たちにとっては、**グーグルクラスルーム**で宿題をしたり、コミュニケーションをとることは日常のこととなりました。しかしながら、生徒の学習上のやりとりは、こうしたコンピュータの基本的な活用に限られたままです。

グーグルクラスルーム
20ページ訳注参照。

ラリー・キューバン[18]による、シリコンバレーのテクノロジが整っている学校を調査した結果によると、ごく一部の教師以外は、ありふれた指導法でした。講義、ディスカッション、時折、OHPやビデオ、コンピュータを使うといった具合です。

コンピュータを完全に使える状況が整い、**BYOD**を採用した学校が、教育実践をより意欲的なものにシフトしはじめるかどうか分かりません。しかし、懐疑派の意見は、端末を使用できることが指導の変化を導くことは今のところないというものです。

教室の管理

たとえコンピュータが整備された教室であっても、指導に関わる問題は生じます。デイビッド・コーエン[19]は、学校教育はクラス単位での一斉指導が主流なので、コンピュータが教室にあると、運営上の問題が生じると指摘しています。教師は一度に数人の生徒にコンピュータで学習させ、同時に他の生徒を指導することがあります。しかし、これは生徒の指導に問題を生じさせてしまいます。クラスを分けないと教師は安心できません。コンピュータが支援する個別学習では、通常のグループ指導ができなくなります。コンピュータの前に座っている生徒たちが一緒に活動する場合、騒いで他の生徒のじゃまになってしまいます。コンピュータで活動できない生徒は、取り残されていると感じます。従来の教室には、数台のデスクトップコンピュータしか置けないという単純なスペース上の問題がありますし、学習空間をつくり直すのに必要な資金は、もうほとんどありません。**ラップトップコンピュータ**やタブレットは、スペース上の問題を解決はするでしょうが、盗難や破損が使用上の問題になります。コンピュータを専用の実習室に置けば、運営の問題は解決しますが、コンピュータ室に連れていけば、教室に教材を残しておくことになりますし、他のクラスと使用時間を争うことにもなります。

スペースの問題に加えて、コンピュータを使う学習には時間と指導上の問題もあります。K-12の授業時間は、ほとんどが40~50分です。コンピュータで学習を始めるために費やす時間―例えば、ソ

BYOD
(Bring Your Own Device)
家庭で使用している、あるいは家庭で購入した端末を学校に持ち込んで授業等で活用すること。

ラップトップコンピュータ
ノート型パソコンのこと。

フトウェアのインストール、コンピュータの立ち上げ、生徒の準備など―は、教師の指導時間を奪うプレッシャーを与えます。生徒をコンピュータ室に連れていくのであれば、さらに時間がかかります。ドリル練習のように短時間でできる課題でもない限り、割り当てられた時間で多くのことをするのは難しいのです。

コンピュータが教えることができないもの

ニール・ポストマンは、多くの教育者が信じ込んでいるコンピュータの限界について、説得力のある議論を展開しています。この論点は、何がバリアとなってコンピュータが学校で優位にならないのかを教えてくれます。ポストマンは、ロバート・フルガムの著作『人生に必要な知恵はすべて幼稚園の砂場で学んだ』から引用し、人が成長する過程で学ばなければいけない、多くの課題をあげています。「すべてをお友だちと分け合いなさい、ルールを守って遊びなさい、人をたたいてはいけません、元通りの場所にもどしなさい、ちらかしたらかたづけなさい、食べる前に手を洗いなさい、もちろんトイレの後は水を流しなさい[☆20]」。ポストマンはこれらに加えて、注意深く聴きなさい、はっきりと力強く自分を表現しなさい、目上の人に従いなさい、といったさまざまな種類の知識をつけ足しました。これらのことは、子どもたちがコンピュータからはけっして学ばないことばかりです。ポストマンが指摘するように、私たちは長い年月を費やして、これらのスキルを習得しており、その多くは学校で学んでいます。

教師は、コンピュータがなじまない、多くのことを学習にもち込んでいます。最良の教師は、生徒に自分たちの可能性を信じさせ、目的達成に向けて一生懸命取り組むよう彼らを鼓舞します。保護者や子どもたち自身が気づかなかった可能性を切り拓くのです。学習者の信念に問いかけ、他の考えや、行動について考えるように励まします。教育者の立場からみればコンピュータは単なるコンテンツの提供役であり、子どもたちの成長にとって、コンテンツは最も重要なものではないのです。そのため、

ニール・ポストマン
(Neil Postman. 1931-2003)
作家。教育、メディア、文化に関する著作を多数遺した。『子どもはもういない』などが翻訳されている。

ほとんどの教師と学校長は、コンピュータはけっして教室を支配すべきでないと感じているのです。

指導方法の課題

多くのコンピュータ・アプリケーションを駆使した革新的な指導方法は、教師の仕事をより困難にしています。他の斬新なカリキュラムのときと同じように、教室でコンピュータを使おうとすると、教師は教材を準備するのに余分な時間を費やし、生徒の学習状況を把握するために従来行ってきた方略は使えなくなります。斬新なカリキュラムは、教師に高い専門性を要求するだけでなく、まだ試みていないアイデアを、たいていの場合あまり気の乗らない生徒に対して、教師は実施せざるを得なくなるのです。

パウエルンら[☆21]は、１９５０年代と１９６０年代に先導的な科学者と教育者らが開発した、新しい科学のカリキュラムがどんな運命を辿ったかについて述べています[☆20]。新カリキュラムが目指したのは、理解、思考、**ハンズオン活動**を強化することでした。しかし、学校での科学の標準的なカリキュラムから乖離していたために、うまくいきませんでした。多くの教師が新しい教材をよく理解せず、生徒に手順を機械的に暗記させたのです。教師は常に新たな教材を把握し、実際に授業で扱う際に生じる問題点への対処を知っておく必要があったので、新しいカリキュラムでの指導は、従来と比べるとはるかに困難でした。**カレッジ・ボード**は、新しいカリキュラムで生徒が何を学んだかを評価するため、テストを新しく開発する必要がありましたが、約10年後にはあきらめてしまいました。この手の問題は、不親切で、わかりにくいテクノロジを扱うときほど、深刻化します。これまで経験してきた教師たちが必要とした時間と知識を考えてみると、コンピュータがもたらす新たな課題に対して、ほとんどの教師が取り組みたくないと考えるのも、驚くべきことではありません。

ハンズオン活動
実際に手をふれるなどの体験を通じて、より理解を深めるなどの体験型学習の1つ。

カレッジ・ボード
１９００年に創設された非営利団体の大学会員組織。毎年、大学入学、ガイダンス、テスト、学資援助、登録、および教授と学習に関わるサービスを提供している。大学入試に必要なテストであるSAT（71ページ訳注参照）を運営している。http://www.collegeboard.org/

「権威」と「教える」ということ

コンピュータは、教室で教師がもっている権威―とくに正しい知識とは何かに関わるような権威―を弱めます。インターネットに接続すると、コンピュータは、さまざまな情報源から得られる、多様な情報へと教室を開きます。従来の学校では、教師が、教室のなかのオフィシャルな情報の流れをコントロールしています。ところが、コンピュータを使うと、教師がおよそ習得できる以上の情報にアクセスできるため、コンピュータを指導に取り入れることで、教師は権威を失うリスクを負ってしまうのです。教師たちは、知識や知恵をもっていることや、生徒たちを刺激し、やる気を引き出す能力によって、生徒からの尊敬を勝ち得ています。教師よりも、コンピュータでの学習環境から生徒が知識を得るようになると、教師がみずからの専門性のおかげで得ていた尊敬や権威は弱まってしまうのです。

さらにいえば、生徒がコンピュータで学習に取り組むようになると、教師は生徒の注意を引くことができなくなります。ダウアー、リンスタッフとサンドホルツ[☆22]は、コンピュータ環境の整った教室で生徒たちが活動する際、多くの教師が感じる困難さについて報告しています。教師は、生徒に自分で教えていないことに罪悪感を感じています。生徒たちが情報を共有したり、会話をすることすべてに神経質になってしまうのです。教師は、みずからの専門性を、生徒と共有することを好みます。コンピュータを頻繁に使うことになれば、教師たちは、教室という舞台の中央の位置を手放さなければならないでしょう。多くの教師が、かつて指導されたようにすること―つまり、みずからの専門性を生徒に伝えること―をしていないと感じてしまうのです。教室のコントロールを教師があきらめることを、職務怠慢だと感じさせるような制度的、専門的なプレッシャーが強く存在します。それでも、ファシリテーターとしてふるまえる教師は、生徒と強いつながりをもつことができ、生徒からの称賛を得ることができるでしょう。しかし、指導者からファシリテーターになるとしたら、彼らはそれでも教えているといえるのでしょうか。

教師は近年、生徒に対する権威を失っていると一般的に思われています。**ジェームス・ローゼンバウム**[☆23]は、教師が泣くのを見たことがあるかどうかを、生徒を対象に尋ねています。ほとんどすべての生徒が見たことがあると答えますが、50年前にはほとんどの生徒が、先生が泣く姿を見ることはけっしてなかったのです。その理由の1つとして、学校の成績が、就職活動や、多くの大学への入学に影響を与えなくなったことにあると彼は主張しています。もちろん、成績上位の生徒の間では、エリート大学に入るのに激しい競争がありますが、ほとんどの州立大学やコミュニティ・カレッジは、高校卒業資格を要求するだけです。多くの雇用者は、高校の成績は問題ではないと考えています。そのため、エリート大学へ行くつもりでもない限り、生徒は、教師を喜ばせようという動機をほとんどもたないのです。なぜ学校で学ぶことが、人生の成功に必要なのかを生徒に納得させるためにも、教師は、権威を必要とするのです。コンピュータは、教師の権威を傷つけることしかできないのです。

ジェームス・ローゼンバウム
(James E. Rosenbaum, 1943-)
ノースウェスタン大学教授。教育政策、社会の階層移動に関する研究で知られる。

評価

コンピュータが学校の学びを変えようとする可能性に対して、標準テストは抑制的なはたらきをしています。全国レベルで実施されている**ハイステイクス・テスト**では、数学とリーディングに関して、どれだけ勉強してきたのかが重視され、科学や社会科はその次です。そのため、生徒はテストに必要な、リーディングと計算スキルの練習に多くの努力を費やします。ドリル学習を提供するソフトウェアは、この種のカリキュラムに適合できます。しかし、このカリキュラムには、綿密なリサーチに取り組んだり、意味のあるプロジェクトを達成させるために使われるような、コンピュータを発展的に活用する余地は、ほとんどありません。全米に広がる標準化の動きは、結局のところ、コンピュータが最も役に立つたぐいの学習とは反した方向に進んでいます。

ハイステイクス・テスト
テスト結果が卒業要件、学区・学校もしくは教員評価に利用されるようなテストのこと。

従来の考え方では、学びの大部分は、重要な事実と概念を暗記することや、手続きを自動的になるまで練習することでした。前述したような授業実践、つまり、講義と暗唱といった指導法と、事実、概念、手続きを習得したかどうかを確認するテストには、教育の本質に対する社会的な信念が表れています。標準テストによって、教育とは、個別的な知識やスキルを学ぶことであり、調査やプロジェクトを行うものではないといった信念が強化される傾向があります。

テクノロジ懐疑派は、テクノロジのもつ物事を変える力も、学校がこれまで機能してきた方法のなかに取り込まれてしまうだろうと主張しています。デイビッド・コーエン[☆24]は、現在の学校組織を助けるようなコンピュータ・プログラムであれば、より多くの学校に取り上げられるようになると指摘しています。実際、成績評価システムや、データ保存サービスの市場は急速に広がっていますが、これらは、授業を標準化していこうとする、現在の保守的なアプローチを補強するものです。そのため、より冒険的なコンピュータ利用よりも、ドリル学習を学校は導入しようとします。したがって、コンピュータは、コンピュータ室のような学校の周辺に追いやられたままで、生徒が合格しなければならない多くのテストに必要なスキルを練習させるために、教師が生徒を連れていく場所なのです。学校は、生徒たちのテストの結果で評価され、彼らがどれだけ創造的に学んだのか、どれだけ最高の時間を過ごしたのかでは評価されることはありません。

4 まとめ：学校とテクノロジの矛盾

テクノロジ推進派の期待と、テクノロジ懐疑派の警告とを比較検討してみましょう。推進派は、デジタルメディアの物事を変える力を強調する一方で、懐疑派はコンピュータは最小限の影響しか学校教育に与えてこなかったし、今後もすぐに広く活用されることはないと主張しています。筆者らは、学校の教育実践と新たなテクノロジの基本原理との間に、深い溝があることが原因だと考えています。以下に、学校教育と新たなメディア・テクノロジが、どれほど互いにうまくいっていないかを比較します。日常生活に大きな変化をもたらした新しいテクノロジが、なぜ学校にインパクトを与えることが難しいのか、これらの溝を手がかりに説明します。

画一的な学習 vs カスタマイズ

学校教育の構造に深く根づいているのが、画一的な学習という大量生産的な考え方です。全員が同じことを学ぶべきだという信念に基づいています。特別支援教育のような革新的な実践があるにもかかわらず、一般の学校では依然として、全員が同じ教科書で学び、同じテストに合格するように科目が編成されています。この考え方は、個別の選択科目から、卒業のための必修科目にまで広がっています。全員共通の必修科目を履修しなければならないという考え方は、学校教育に深く根づいています。

一方で、テクノロジが教育にもたらす大きなメリットの1つに、カスタマイズがあります。コンピュータは、学習者の個別の興味関心や、抱えている問題にこたえることができます。中国の歴史や株式売買について学びたいなら、ウェブで多くの情報を集めることができます。学習を助けてくれるチュートリアル・プログラムを見つけられる可能性もあります。コンピュータが社会に普及し、ウェブがツールとしても、情報の量としてもますます豊かになったからこそ、教育は、必修科目と基礎スキルの習得といった固定された考え方を超えるべきなのです。しかし、それを実現するには、画一的な学習が日々の実践に当たり前のように組み込まれている学校の外に、出ていかなければならなくなります。

専門家としての教師 vs 多様な知識の情報源

教師は専門家であり、その仕事は彼らの専門知識を生徒に伝えることだ、という考え方のもとで、学校教育は構築されています。伝統的な教室での授業は、正当な知識の源である教師の専門性に基づいています。何年もの間、教師教育は、専門知識を教室で教える方法に重点を置いてきました。教科書は、このような知識ベースの教師の専門性をサポートするために書かれています。というのも、生徒が学ぶことを期待され、教師が教える責任をもつことになる、学習内容の範囲を定義するために教科書は役立つからです。教師がもつ専門知識は、学校教育という営みの中心にあるのです。

対照的に、デジタルメディアは、多様な専門知識の情報源へ、すばやくアクセスすることを可能にします。新たなメディアは、さまざまな世界観を提示する映画や番組を提供します。テレビと映画が出現する以前、親や教師は、世界についてのより広い知識によって、子どもたちに勝ることができました。ところが、ニール・ポストマン[☆25]が述べたように、このような権威は、子どもたちがテレビから学ぶようになったことで、大いに低下したのです。コンピュータとネットワークは、この問題をさらに悪化させています。子どもたちは、自分たちの部屋でほしい映像、音楽、書物を簡単にダウンロードできるのです。**カイザー家族財団**が、この傾向がどの程度進んでいるのかを報告しています。10代は、両親とは―もちろん教師とも―完全に異なるメディア空間で生活しているのです[☆26]。

教師 vs 学習者コントロール

学校での教師の仕事は、カリキュラムに沿った学びに生徒たちが集中できるよう、何をしているのかを始終、コントロール下に置くことです。学習範囲は幅広く、時間は限られています。そのため、生徒が自身の課題に取り組めているかどうかや、活動に手を動かして参加しているかどうかが、教室での中心的なゴールになります。

一方、デジタルの世界では、子どもたちは成長するにつれて、自身の関心を追求するために、自分のデジタルツールを自由に使えるようになります。彼らは、難しいゲームに挑戦していたり、面白い写真をフェイスブックにアップしたり、**ファンフィクションサイト**で物語を描いていたり、アニメーションを友だちのためにつくったりするなど、刺激的で面白いことならなんでも取り組みます。しかし、学校としての責任は、生徒たちが学ぶべきとされていることを学んでいるか確かめることにあり

カイザー家族財団
主にアメリカの医療政策に関する調査提言を行っている非営利目的の団体。

ファンフィクションサイト
22ページ訳注参照。

ます。

評価の標準化 vs 専門化

生徒の評価に用いられるテクノロジとして、客観的な点数を得るために、多肢選択式や短答式のものが用いられています。ただし、この種のテストは、どの生徒も同じことを学んでいることが前提となります。アメリカでは教育の標準化運動により、客観的手法を用いたテストが広く実施されています。本来、標準化された評価というものは、すべての子どもたちが少なくとも、共通の教育目標のもとに教育されることを保証するための取り組みです。しかし、指導に関しても標準化しようとするアプローチは、当然のことながら、許容される授業の幅を狭くします。教師は、トピックを深く追究するために生徒にユニークな方法を選択させるようなことを、ますますしなくなります。そんなことをしても、標準テストでは生徒の助けにならないからです。その結果、今日の評価システムは、生徒たちの学びを何らかの形で専門化させるのとは逆の方向に作用しているのです。

テクノロジによって、生徒が自分の方向性をもって学習を進めるようになると、学校で普及している標準化された評価と衝突してしまいます。そのため、コンピュータやネットワークの利用を厳しく制限し、生徒が標準テストでうまくいくような使い方にとどめることが、学校の関心事なのです。ですが、これではコンピュータの可能性を最大限に活用する大胆な活用法とはいえないでしょう。テクノロジ推進派が称賛するようなコンピュータの能力にふれることはありません。

知識の囲い込み vs 外部リソースの活用

教師や保護者の間には、本当に何かを学ぶためには外部の手段に頼らず、自分1人の力でやることがたいせつだという深い思い込みがあります。そのため、テストでは、たいていの場合、生徒は本や電卓の使用が許されていません。ましてや、コンピュータやウェブの利用が許可される場合はさらに少ないでしょう。グループでテストに取り組むこともなく、むしろ、生徒個別に取り組みます。実際、生徒は、他の生徒と一緒に作業を行ったり、アイデアを共有することは、学校では咎められます。外部のリソース（資源）を共有し、活用することは、カンニングだという考えが、学校文化に深く根づいているのです。だからこそ、カリフォルニア大学バークレー校でマイノリティの学生を担当したユリ・トライスマン[☆27]が実施したアジア系アメリカ人学生に関する調査が、注目を集めたのです。彼が明らかにしたのは、多くのアジア系アメリカ人学生のよい成績の理由が、科目やテストの勉強を仲間と一緒にしていることでした。そこで、授業に苦戦している学生で学習グループをつくった結果、彼らのバークレーでの学習成果は大きく進歩しました。

学校外の生活では、これとは正反対のことが真実となります。つまり、人々は外部リソースを活用し、テクノロジがそれを助けるのです。職場では、ある仕事を達成するために、リソースをどれだけ上手く活用したかで評価されることがよくあります。どこに行けば情報やサポートを得ることができるのかを知っていることは、仕事を成功させるための重要なカギとなります。ウェブは、リソースにアクセスしたり、助けを得ることをより簡単にしています。多くの人々は、直面した問題について、情報を探します。例えば、医療に関する問題では、情報を得た上で意思決定します。テクノロジがあれば、あなた自身が物事を知っている必要性は減ります。むしろ、探している情報やサポートの見つけ方を知っていればよいのです。つまり、テクノロジと学校文化では、何をもって知っている、できるとするのかが違っているのです。

知識の詰め込み vs 知識の爆発

学校は、人々が卒業後の人生において、必要とするたいせつな知識すべてをカバーすることを目標としています。知識が急激に増えるにつれ、教科書もどんどん分厚くなりました。重要な物事すべてを扱うのはますます難しくなり、カリキュラムは「広く浅く」なってしまいました。さまざまな分野の専門家が、各カリキュラムに何を入れるべきかを決定し、自分たちが重要と考える項目を入れるために互いに争っています。専門家の考えを反映させる最も簡単な方法は、生徒が習得できるであろう限界まで、ひたすら項目を加えていくことです。

知識の爆発により、死ぬまでに必要な知識すべてを学校で学ぶことは、単純に考えて不可能になりました。うまくやっている大人は、今現在もっている知識を補強するために必要な情報とリソースを、どのようにして見つけるかを学んでいます。テクノロジ時代の大人は、意味のある課題の達成に役立つ情報やツールを見つけるためにウェブを活用しています。単に見つけられるだけでなく、さまざまな情報源から得た情報をまとめる方法や、情報源の信頼性を見きわめることも必要です。さらには、情報を分析し、他の人に伝えるために、パワフルなコンピュータ・ツールを可能な限り活用します。しかしこのような学習上の課題は、後の人生に必要とされるたいせつな知識すべてをカバーしようとする学校教育の課題とは相容れないのです。学校教育は、これら双方の課題を取り扱うことはできません。なぜなら、生徒の学習にたいせつと思われる教材で、すでにカリキュラムはいっぱいだからです。

吸収する学び vs 為すことによる学び

学校文化に深く根づいているのは、生徒は、何世紀にもわたって積み重ねられてきた膨大な量の事実・概念・手続き・理論・信条・芸術や科学の業績を、読み、聞き、吸収するべきだという考え方です。教養人とは、これら人類史上の偉大な知的生産物を理解し、正しく評価できる人物とされています。このような学習観は、**リベラル・アーツ**教育によるものです。文化人としての理想像であり、だからこそ、教育目標として非常に高い地位を獲得しています。

対照的に、テクノロジが伸ばす教育は、よりハンズオンの活動に根差しています。コンピュータは、とてもインタラクティブであり、意味のある課題を達成するために、多種多様なツールを学習者に提供します。コンピュータは、現在の学校教育に浸透している「文化的知識の吸収」という教育観よりは、

リベラル・アーツ
大学での学士課程（学部教育）における人文・自然・社会科学を含む教養教育のこと。古代ギリシアの自由七科（文法・修辞学・弁証法と、算術・幾何・天文・音楽）を学び、自由人としての教養を身につけるのが元来の意味。

「為すことによって学ぶ」という教育観にぴったりなのです。両者は完全に相容れないものではありません。インタラクティブな学習環境のなかに蓄積された文化的英知の多くを取り込むことは、容易なことではありませんが、十分に可能です。しかし、テクノロジは、教育を異なる方向、つまり人工物のデザインや構築をしたり、複雑な問題や状況を分析したりするような方向へ向かわせる傾向があります。学校文化に広く行き渡っている教育観とは大きく異なっているのです。

5 テクノロジ懐疑派の考える学校ビジョン

学校は新しいテクノロジを目の前にしても変わることはないだろうというのがテクノロジ懐疑派の主張です。つまり、学校のシステムは硬直化しており、現在の均衡状態を壊すことなく、授業のコアを変えることは難しいといいます。結果として新しいテクノロジは、図書館やメディアセンター、**テック・プレップ**やコンピュータ・サイエンスの科目に採用されているにもかかわらず、学校教育のコアに浸透するのは難しいと、懐疑派は考えているのです。

テック・プレップ
7ページ訳注参照。

懐疑派による学校教育ビジョンでは、どんな場合にも、テクノロジを中心に置くことはありません。彼らにとって学校教育の重要な使命は、生徒を刺激し、人類の英知を理解させ、問題を深く考えさせ、異なる視点をふまえ、説得力と一貫性のある方法で自分たちの考え方を伝えられるようにすることだと考えています。これらの教育目標を達成する上で、テクノロジが必要かどうか、懐疑派は疑念をもっています。むしろじゃま者扱いなのです。

学校教育は、それ自体が保守的なものだと懐疑派は主張します。だれもが基本的スキルと教科の深い知識を習得すべきだという考え方に教育者は価値を置いています。最新テクノロジによるイノベーションの流行を追うことよりも、社会が歴史上積み重ねてきた重要な知識を教えることに注力したいと望んでいます。人々の進歩を促す営みとして、教師は困難な条件のもとで仕事をしています。苦労して見つけた、生徒に学びをもたらす方法を大切にしてきました。教師が知っていることを守ろうとするために、教育実践の変化に対して、多くの教師が疑念を抱いています。さらに、学校でのコンピュータの活用には、例えば教室の管理や、教師の権威の問題など、多くの障害があるのです。

学校教育の目標と、テクノロジの目標との違いについて考えるには、このキャッチフレーズが役立つでしょう。「もしものために学ぶのが学校であり、必要なときに学ぶのがテクノロジです」。学校は、この先必要とするかもしれないすべてを教えるために設計されています。しかし、既存の知識に簡単にアクセスできるツールが与えられたことによって、それらは徒労に終わるかもしれないのです。

一方で、新しいテクノロジは学習をまったく異なるアプローチでサポートします。必要なことを必要なときに学ぶのです。教育を受けることの意味を変えていくために、私たちの社会に何が求められているのでしょうか。次の2つの章では、徒弟制を基本とする教育システムから、学校を基盤とする教育システムへと変化した革命と、私たちが現在経験している、生涯学習システムへ向けた革命についてみていきます。

4章 アメリカにおける学校教育の発達

懐疑派が主張するように、制度としての学校が新しいテクノロジを取り込めなかった理由はたくさんあります。しかし一方で、推進派が主張しているように、学びやその他あらゆる生活でテクノロジが中心になりつつあります。つまり、学校が、教育の場として重要でなくなってきているのだと思われます。長い間続いた学校教育と学習とを同一視する見方は廃れ始めていくでしょう。大人向けから始まり、やがてK—12の子どもたち向けに他の理にかなった学習の場の発展が進むにつれて、そうなります。

このような教育の構造的変化は、歴史的にめずらしいことではありません。私たちが直面しているのと非常によく似た教育の変化が19世紀前半にもありました。**徒弟制**から**公教育制度**への変化です。本章では、いま目にしている変化の先例として、当時の変化を検討してみることにします。産業革命が公教育制度の発展につながったように、知識革命が生涯学習の新しい時代を運んでくると考えているからです。

産業革命によって、人々は家内制手工業から工場労働へ移行しました。それ以前は、90%の人々が農民でした。産業革命は、多くの移民をアメリカに集め、都市を急成長させました。19世紀の教育有識者であるホーレス・マンは、社会的結束をつくるために、新しい移民が共通言語をもち、アメリカの民主主義を理解する教育が必要だと主張しました。教育こそが、だれもが成功するための手段だと

K-12
5ページ訳注参照。

徒弟制
5ページ訳注参照。

公教育制度
4ページ訳注参照。

彼はみていたのです。この見識は、素晴らしい社会改革をもたらし、そこで生み出された公的機関は、時とともに、すべての人々が等しく教育を受けられることを保証するものとなりました。

1 徒弟制から公教育制度へ

長らく文明社会の象徴としてみなされてきた正規の学校教育ですが、古代ギリシアの**ギムナシオン**や、中世の大学、そして**グラマー・スクール**といった組織化された教育にいち早く取り組んだところは、エリート学生がいっとき通うだけでした。一方、作物の栽培、服の縫製、商品の生産のやり方といった実技に関する教育の場は、徒弟制が普及していました。

19世紀まで、教育は主として親たちの責任でした。ほとんどの人は農民で、子どもたちは、読み書きにしても、耕し方や縫い方にしても、必要なスキルは親や親類から学びました。このように、子ども一人ひとりが知る必要のあるすべてのことを、彼らの身近にいる人々から教えてもらうのが徒弟制システムです。人が何か別の仕事（例えば、手工芸や助産術など）を始めるには、徒弟制がその仕事を学ぶ道だったのです。親元で徒弟入りするのでなければ、たいていの場合、友人または家族の親戚に徒弟入りしました。そして、観察や模倣、ガイドされた実践を通して学んだのです。**ローレンス・クレミン**[☆1]は、こう述べています。「一般に、家庭教育での教授法といえば、徒弟による教授法でした。すなわち、模倣、説明、試行錯誤の絶え間ない繰り返しです。加えて、わずかですが、家庭でも体系的な指導や、日頃から共同体に貢献することについて教えられていました」。

19世紀初期のニューイングランド州で、ホーレス・マンが公教育運動を導き、子どもの教育の責任を家庭から州へと移行させました。アメリカの多くの初等・中等学校は１８３０年代以前に出現しましたが、教育の責任の大半は家庭にありました。初期のアメリカの制度は、イギリスをモデルにしていました。クレミン[☆2]は、イギリスの制度を次のように説明しています。「イギリスのほとんどの若者

ギムナシオン
古代ギリシアの、青年教育を施す体操場、またはその施設をいう。ドイツの中等学校（ギムナジウム）の語源。

グラマー・スクール
イギリスの中等学校。

ローレンス・クレミン
（Lawrence A. Cremin, 1925-1990）
教育史学者。『アメリカ教育史考：E・P・カバリー教育史の評価』が翻訳されている。

はまったく学校に行きません。たいていは小さな学校（または、おかみさん学校）と遠回しに呼ばれたところへ行っていました。若者たちは、1、2年間ほど、正規に養成されていないインストラクターから、読み書きを学んだのです。ほんの一部の男子だけが、地元のグラマー・スクールに通いました。課程に6年ないし7年以上在籍すれば、相当流ちょうなラテン語を身につけることができ、ギリシア語やヘブライ語もそれなりの知識を得ることができました」。アメリカの移住地でおもに再現されたのは、こうしたイギリスの制度でした。

本章で扱うのは、なぜ徒弟制から公教育制度への転換が起こったのか、そして時とともにそれがどのように発展したのかです。私たちが考えるに、アメリカの学校制度は、①印刷機の発明、②宗教改革、③アメリカ独立革命、④産業革命という4つの出来事の連鎖から生まれました。4つのうち最後のものは、産業社会のなかで、子どもたちの福祉に関心をもった人道主義のグループの間で公教育制度を推進するきっかけとなった出来事でした。まずは最初の3つの出来事が果たした役割について簡潔に述べます。次に、産業革命がいかにアメリカを変化させ、公教育制度の発展に目覚めるにいたったか説明します。最後は、公教育制度の最初の１００年で、学校がどう進化したのか論じます。

印刷機の発明

印刷機の発明は、伝統的な口承文化から識字文化への社会変化をもたらし、知識の広範囲な発展と普及につながりました。ますます多くの知識が蓄積されたので、大人の世界で成功するために、子どもたちが学ぶべきものも継続的に増えていきました。**ウォルター・オング**[☆3]によれば、「勉強」が可能になったのは書くことによる記録が生じてからだといいます。考えを書きとめることでたいていは、勉強の評価や検証が容易となり、時とともに修正して、洗練させることができました。公教育制度は、つまりは印刷機の産物であり、それゆえ、読むこと、書くこと、歴史、数学、科学といった、文字による思考の産物を中心に教育は成り立っているのです。

ウォルター・オング
（Walter J. Ong. 1912-2003）
言語学者。『声の文化と文字の文化』が翻訳されている。

宗教改革

印刷機の発明が、プロテスタントの宗教革命をもたらしたと主張したのは、**エリザベス・アイゼンステイン**[☆4]です。マルティン・ルターとジャン・カルヴァンは、聖書を手にとって読むことで、キリスト教徒自身がカトリックの教義を判断できるようになることを推奨しました。印刷機の発明によって、聖書は広く自国の言語（例えば、ドイツ語や英語）で読めるようになったのです。ルターの偉大な功績の一つは、聖書のドイツ語翻訳でした。プロテスタントの人々に聖書を読むことを推奨したことは、やがて、伝統的な権威に対して、個々人による知識の獲得が優越する初期の動きとなりました。科学革命とともに、プロテスタントの宗教改革は、知識の位置づけに決定的な変化を起こしたことで、聖職者以外が知識の発展を促進できる、新しい教育機関の必要性を生みだしたのです。

この宗教改革の精神は、アメリカの歴史に早くから刻み込まれています。マサチューセッツの清教徒（カルヴァンの支持者）たちは、メイフラワー号が着艦してちょうど22年後の、１６４２年にある法律を可決しました。子どもの教育に対して、親が責任をもつことを命じたのです。この法律は、あらゆる子どもが教育を受けられるよう保障する州の権限を主張したものでした。結果、教育は義務づけられましたが、そのための資金は学校や教師に提供されませんでした。教師は、保護者や家庭教師が担いました。あらゆる家庭は、罰金を科されることで、子どもたちを宗教的・道徳的に養育する責任を負うこととなったのです[☆5]。

公教育運動の兆しは、早くも１６４７年にもたらされました。その年のマサチューセッツ法によって、50家族以上の町では、校長を雇わなければならないと定められました。この法律は、大衆教育の完全な制度を描いていました。法律では、少なくとも50家族ごとのあらゆる郡区で、子どもたちに読み書きを教える住民一人を任命し、１００家族を超える郡区では、子どもたちが大学へ進学する準備ができるような中等学校を建てることを求めました。しかし、子どもたちが受けた教育にはほとんど

エリザベス・アイゼンステイン
（Elizabeth L. Eisenstein, 1923-2016）
フランス史学者。『印刷革命』が翻訳されている。

均一性がありませんでした[6]。

これらの法律は、植民地時代のアメリカ、とくにニューイングランドにおける、学校教育の発展を反映しています。納税者は、教育のために税金を払うのを嫌がりました。町は、子どもたちを教育する保護者の責任を、頻繁に再確認しなければなりませんでした。それでもいったん、学校が設立されれば、保護者は自宅で子どもたちを教えることよりも、喜んで彼らを学校へ送りだしていったのです[7]。

アメリカ独立革命

新しい国の設立は、建国者たちにとって、公共の利益に資する新しい制度を設計する機会となりました。ジョージ・ワシントンは辞任挨拶で、「まずもって重要なのは、知識を一般に普及させる制度の推進です。行政組織が世論に力を与えるのに比例して、世論が啓蒙されることは不可欠なのです[8]。」と述べました。トーマス・ジェファーソンが、１７８０年代にヴァージニア議会で「知識の一般的普及に関する法案」を提案した際、彼の友人Ｇ・ワイスへの手紙にこう書きました。「親愛なる閣下、無知を撲滅する運動を広げましょう。一般の人々を教育するための法を制定し、改善しましょう。この目的のために支払われる税金は、私たちが人々を無知のままにした場合、私たちのなかからのしあがってくる王、聖職者や貴族たちに支払うものの千分の一に満たないものだと国民に対して知らしめましょう[9]」。法案は議会を通過しませんでしたが、50年後には、多くの条項は実行に移されました。

アレグザンダー・ハミルトンらの連邦党リーダーは、政治権力の条件を大衆教育に依存することに躊躇しましたが、ジェファーソンら多くの共和党のリーダーは、教養ある民衆の強い擁護者でした。彼ら曰く「君主制では、人々を社会秩序における相応な立場へ位置づける教育が必要とされました。それに対して共和制では、賢明な政策決定と、私益よりも公益の選択へ動機づける教育が必要とされます[10]」。このような教養ある民衆への主張はすぐに実現されませんでしたが、19世紀における公教育運動の基礎を形成したのです。

産業革命

アメリカにおいて、公教育制度への動きは、ニューイングランドで起こり、説得力のある先駆者（例えば、ホーレス・マン、ジョン・ジョセフ・ヒューズ、キャサリン・ビーチャーら）によって広められました。しかしながら、産業革命が、公教育運動を**福音主義**的運動から実用的必需品へと一転させたのです。アメリカで産業革命は、農場から都市へと市民を引きつけただけでなく、歴史的にもっとも劇的な移住の波を加速させました。農業に産業技術を応用することにより、急速な人口増加に対応した食糧生産と、その生産に必要な人手の減少をもたらしました。**デイビッド・タイヤック**[☆11]が注目したのは「1820～1860年における都市化が、アメリカの歴史における他のどの期間よりも速く進行した」ことです。例えば、1847年の1年間で、ボストンの人口11万4千人に、3万7千人以上のアイルランド移民が加わりました。

フランク・カールトン[☆12]によれば、子どもたちの都市における居場所は、3つしかありませんでした。①工場での労働、②学校での学習、③街路でのトラブル、です。児童労働法が制定されると、都市のリーダーたちにとって教育か犯罪かの選択は明白となりました。ホーレス・マンは、1837年にマサチューセッツ州教育委員会の教育長になり、産業社会における子どもたちの運命を案じた人道的改革運動を主導しました。新しい国家にとって、教育が、いかにあらゆる人を裕福で成功した貢献者にする手段であるかについて、マンは公の場で多くの議論を生み出しました。彼がとくに関心を寄せていたのは、新しい共和国で必要とされる価値とスキルを、多くの新しい移民に準備させることでした。

州立学校は、教育の責任を家庭から引き離すきっかけとなりました。とはいえ、その引き離しに抵抗がなかったわけではありません。税収の大部分を払っている資産家たちは、州立学校にしばしば反対しました。土地を所有している農民が特にそうで、彼らは犯罪や貧困といった都市部の問題を経験しておらず、農場での生活がうまくできるよう子どもたちに準備させることが教育の唯一の目的

福音主義
キリスト教の教派の1つ。聖書に立ち返ることを目的にルターが広めた。

デイビッド・タイヤック
（David B. Tyack. 1930-2016）
教育史学者。『共通の土台を求めて：多元化社会の公教育』が翻訳されている。

フランク・カールトン
（Frank T. Carlton. 1873-1961）
経済学者。産業革命の教育への影響などを論じた。

でした。農家の家族は、子どもたちが必要とする教育をすべて（家で）提供できると思っていたため、概して農村地域は公立学校に反対だったのです。こうした親たちは、「自宅で子どもたちに教えたり、問答する重要性を強調」した植民地時代のアメリカ人の信条に影響を受けていました☆13。

しかし、産業革命が起こって以降「19世紀の親たちは、読み書きの学習は、教室で行なわれると考えていました☆14」。これは、教育が家庭の責任から州の責任へ転換したことの表れです。この転換はアメリカ人の考え方に浸透し、最終的に、教育は学校で行われるものであって、それ以外の生活ではほとんど行われないという考えにいたりました。都市部の市民は、学校の拡大を求めました。自分たちが負担をほとんど負うことなく、発展する都市における少年非行と児童労働がもたらす競争の問題に対処しようとしたからでした。結局、急成長する都市に住む人々が、新しい教育制度の実現を目指す新たなアメリカの共和制へ投票することで、農村部の人々に打ち勝ったのでした。

今日、ほとんどの人々が、公教育制度が常に自分たちとともにあると考えています。一方で、17、18世紀のほとんどの人々は、徒弟制が常に学習の支配的な方法だと考えていました。しかし長い休眠を経て、教育は、学校よりもむしろ家庭やコミュニティ、仕事場でもっともよく行われるという見方が、再び日の目を見ようとしています。

2　アメリカにおける公教育制度の確立

徒弟制時代の子どもたちは、小さな宗派が運営する小さな一部屋の校舎（**一部屋学校**）に通い、読み書きや計算を学んでいました。公教育制度がスタートした最初の頃、学校を組織・運営する方法に関して多くの発展が見られました。次々と新たな発明がなされたのです。民主的な要求と社会の成長を満たすため、学校教育の新しいデザインの要素は一貫した制度へと進化しました。けれども、取り巻く社会が進化し続けるにつれて、その制度は硬直化し、進化を止めてしまいました。そのため学校

一部屋学校
(One-room schoolhouses)
19世紀における小さな田舎町では1人の教師と1つの教室からなる小さな学校で子どもたちが学ぶことが普通だった。

は、絶えず進歩し続ける社会の要求から、どんどんかけ離れたものになっています。

　私たちが焦点を当てたいのは、アメリカの学校制度の発展物語ではありません。実験と創造の時期から、変化しづらい強固な制度へと、いかに制度が変質していったのかです。この強固さは、覆すために経済的、社会的、政治的な圧力を必要とした徒弟制の強固さに酷似しています。経済学者**マンカー・オルソン**[☆15]が明確に指摘した通り、この種の硬直化は、どんな制度においても避けられない現象と考えられます。制度の当事者たちは、はじめに環境のさまざまな側面に対処する方法を模索するため、さまざまな構造や戦略を試みます。うまくいった方法は環境の一部を形づくり、新しい構造や戦略は、この環境に適合しなければならなくなります。こうして、部分部分がともに適合し、外界の変化に対して、組織構造を維持するための戦略が確立された制度へと進化するのです。その結果、消滅の可能性を迫るほどの絶大な圧力にさらされる以外には、変化することが非常に難しくなります。

　植民地時代に、町や村は、独自の一部屋校舎を建てました。ほとんどの場合は異年齢の場で、コミュニティと密接につながっていました。学校教育がより一般的になり、アメリカの人口が増え、都市社会になったことで、学校人口もきわめて急速に増加しました。そのため一部屋校舎といった古いモデルは、取って代わられました。最初の刷新は、学年別の学校を構築したことです。生徒は次の学年に上がるために、試験に合格する必要が生じました。議論が交わされましたが、女性のなかから教師を採用するという動きもありました。同時に、教えることを生涯の仕事として、専門職化する試みがなされました。それまで若い女性が結婚までの間に勤めることが一般的だったのです。教えることの専門職化の一環として、１８３７年、マサチューセッツ州レキシントンに教師を養成するための最初の師範学校がホーレス・マンによって設立されました。

　デイビッド・タイヤックが描いた19世紀前半におけるボストンの学校のようすから、進化の軌跡を辿ることができます。１８４０年代中頃のボストンの公教育は、改革派にとって一貫性のある制度というよりも、村学校の集合体のようにみえました。そうした小学校は、子どもたちの中等学校への入

マンカー・オルソン
(Mancur Olson. 1932-1998)
経済学者。『国家興亡論：「集合行為論」からみた盛衰の科学』が翻訳されている。

学準備のために1818年に設立され、そのほとんどは、一教室、一教師の学校であり、町に点在していたのです。[16]

タイヤックは続けて、ジョン・フィルブリックというボストンの教育者が、新しい種類の学校建築の必要性を訴え、教育委員会をいかに説得したのかを描いています。後に「**卵の木枠学校**」と呼ばれているものです。1848年、フィルブリックは、新しいクインシー校の学校長になりました。建物は4階建てで、大講堂と12の教室があり、それぞれの教室は56名の生徒を収容できました。すべての教師が女性で、担当している学年それぞれ別の教室が割り当てられていました。生徒はテストに基づいてクラス分けされ、同じクラスの生徒は全員同じ科目を勉強しました。「こうして19世紀半ばのアメリカに、学年別学校だけでなく、女性たちによる集合教育が刻まれたのです。この制度は、速やかに受け入れられました」[17]。

19世紀半ばにシカゴが直面した問題についても、タイヤックは記述しています。「毎年、何千もの子どもたちが、座席不足のため学校に通うことができませんでした。1860年になると123人の教師は、教室で1万4千人という途方もない数の生徒と向かい合いました。実のところ、学校が村に分散されている旧来の形態から、次第に官僚化されていった主な理由は、数による圧力だったのです」[18]。

高等教育の構造も同じように展開しました。19世紀の終わりには、公立大学を設置する動きがありました。最初の公立大学は、ジョージア州、ノースカロライナ州、バージニア州で設立されました。州立大学設立の動きは、1862年に**モリル法**が可決されて以降拡大し、公有地の供与を受けた農業科学を研究する大学へ資金が提供されました。公立のカレッジと大学は、アメリカ教育のすばらしい発明の一つであり、アメリカ自体の発展において重要な役割を果たしました。

教育運動の第2ステージのリーダーは、ウィリアム・トーリー・ハリスでした。彼は、1868年から1880年にセントルイスの公立学校の校長と、1889年から1906年にはアメリカの教育長官になりました。彼は、「魂の5つの窓」、つまり、数学、地理学、文学・芸術、文法、歴史を中心

卵の木枠学校
四方が壁に囲まれた今日の教室のような形式の学校。

モリル法
J・S・モリル議員が提案した土地交付法のこと（1862年制定）。教育目的のカレッジ設置を条件に公有地を譲り受け、以後は補助金を受けることができた。

に据えたカリキュラムと規律を強調しました。セントルイスでは、学校に入学する何千人もの子どもたちと、極めて少ない教師・教室に直面しました。タイヤックによれば「ハリスによる解決策は、学年別の学校でした。それは年間と四半期ごとの活動で編成され、定期的かつ、頻繁な試験に基づいて生徒が進級するものでした[☆19]」。

幼児への教育は、19世紀後半には制度化されました。ドイツの教育者で心理学者でもあるフリードリヒ・フレーベルの信奉者であったマーガレッタ・シュルツは、1856年のウィスコンシン州のウォータータウンで、アメリカ最初の公立幼稚園を開きました。1900年までに、アメリカ合衆国で4500以上もの幼稚園ができました。ウィリアム・トーリー・ハリスは、幼稚園をアメリカ学校教育K—8—4プラン（幼稚園と小学校8年間とハイスクール4年）の一部に採用しました[☆20]。

ハイスクールは、制度におけるもう一つの重要なピースでした。ハリスは、1892年に合衆国教育長官として、第一級の教育者たちを**10人委員会**として組織し、ハイスクール・カリキュラムの確立を委託しました。ラテン語とギリシア語を除けば、10人委員会の確立したコア科目が、今日の普通科ハイスクールにおけるカリキュラムの大半を構成しています。これらの科目は、やがてカーネギー単位として組織されました。デイビッド・タイヤックとラリー・キューバン[☆21]によれば、1906年にカーネギー財団理事長が、**中等学校**の教科において「学年を通して毎週5単位時間のコース」を「単位」として定義しました。「単位時間」は、長さおよそ50〜55分でした。このアカデミックな算出の仕組みは強固に定着してしまったので、これまでのところ取り払おうとする試みは成功していません。

学校の物理的な組織も、しだいにかたちができあがっていきました。インディアナ州ゲイリー校の校長だったウィリアム・A・ワートは、1910年に学校を効率的に運営する新しいシステムを発明しました。「プラトゥーン・スクール（小隊学校）」と彼は呼びました。すべての部屋を常に使用できるようにアレンジしたのです。「例えば、一つのグループがホームルームで読み書き算の指導を受けている間、他のグループは音楽室、また別のグループは購買部、そのまた別のグループは運動場にい

ハイスクール
アメリカは州により学校制度が異なるが、一般には9年生から12年生までの4年間がハイスクールとされ、義務教育である。日本の高校とは位置づけが異なるため、本書では特に制度についてふれているところでは、ハイスクールとし、一般的に後期中等教育を指している部分では、高校と訳した。

10人委員会
古代ローマで設置された政治機関「十人委員会」に由来した10人構成の委員会の呼称。ここでは1892年に全米教育協会で組織された委員会を指している。中等教育における科目編成の基本原理を示した。

中等学校
日本の中学・高等学校にあたる。アメリカの学校体系は小学校が1年生から5年生までだが、義務教育としては幼稚園年長にあたる5歳から始まる。6〜8

るといった具合です。そしてベルが鳴れば、生徒は次のクラスに移るのです」[22]。この形式は、今日のハイスクールの基礎となりました。

その他に現代の教育を特徴づける状況は、20世紀初頭につくられ始めました。１９１７年から１９３３年までスタンフォードの教育学部長であったエルウッド・カバリー[23]は、現代の官僚組織をモデルとした学校の再設計を訴えました。組織化されていくことは、ある意味、「仕様を満たしているかどうか確認するため、成果を連続的に測定する」制度を開発することでもあったのです。

測定が重視されるようになったのは、教育心理学者である**エドワード・ソーンダイク**が主導した、統計に基づく測定運動の登場が背景にあります。学習の測定に統計を用いる先駆者として彼は「あの管理制度がどうの、この教授法がどうのといったあいまいな議論には、もはや満足できません。制度や方法、または人の成果を、正確に測定したいのです」[24]と述べています。統計による測定は、知能、学習、能力、指導、リーダーシップの評価まで、瞬く間に進化していきました。一方で測定は、学校経営における官僚的組織を補強し、教師たちは管理者からいっそう遠ざかりました。

現在の学校組織の多くの特徴は、最初期の間になされたイノベーションによります。その後登場したものとして、地方の学校の統合、ミドルスクールとコミュニティ・カレッジの発展、広範囲にわたる能力別クラス編成の採用、特別支援教育サービスの提供、もちろん、大学入学のための**SAT**の開発もありました。

3 学校制度の進化

公教育制度の最初の１００年で発展してきた学校の構造と制度は、国家が発展し都会化が進むことで直面した一連の問題を、非常に効率的かつ効果的な方法で解決しました。辿り着いた解決方法が、唯一可能なものではなかったとはいえ、公教育制度を生み出すうえで、アメリカが直面してきた問題

年生はミドルスクール、9～12年生はハイスクールを指すが、これらの区分については州・地域によって異なる。

エドワード・ソーンダイク
（Edward L. Thorndike, 1874-1949）
心理学者・教育学者。教育測定運動の父と言われる。

SAT
（Scholastic Assessment Test）
大学進学適性試験。エスエーティ、サットともいわれる。88ページ訳注「ACT」も参照。

には対処できたのです。本節では、公教育制度を構成するさまざまなピースが、直面した問題に対して自然な解決策だったことを示していきます。加えて、これらの解決策が、時を経て、公教育制度としてどのように統合されていったのかを明らかにします。

・**出席の義務づけ**は、公教育制度が強力に推進したものでした。新しいアメリカの共和制は、多くの人が教育を受けていない状況と、多くの新しい移民の問題に直面しました。出席を義務づけることで目指したのは、賢明な政治的判断が十分できるように大衆を教育することでした。新しい共和制において、政府のコントロールは、人民にゆだねられていたからです。そのうえ、さらなる目標として、すべての民衆が生産的な労働者となるために必要な、スキルと知識を提供することが掲げられました。国全体の繁栄のためです。そして最終的には、出席を義務化することで、生徒たちが、生まれながらの条件を乗り越えるためのスキルと知識を身につける手助けになるのだと、ホーレス・マンは考えたのです。出席の義務化は若年層から始まりましたが、国が教育拡大の必要性に気づくにつれて、徐々に16歳まで拡大されました。

・**学年別の学校**は、出席の義務化と移民の増大によって引き起こされた、生徒の膨大な増加という問題への対応策でした。同じ年齢と経験の生徒を一緒に集めたことで、教師は、生徒のニーズの解決に取り組みやすくなりました。すべての生徒に、同じレッスンを、同じタイミングで教えることができるようになったのです。あがってくる質問や問題は、クラスをひとまとめにして、その解決にあたりました。生徒の評価は、同じ教材に対して行うことができました。学年別学校は、教師の負担を軽くしたのです。同じ年齢の生徒に対して取り組むことで、教師にとってカリキュラムに関する知識の総量を減らすことができ、クラスを統制することが、より簡単になりました。後に、能力別クラス編成が広まると、生徒はさらに等質化しました。

・**テスト**は、すべての生徒を、おおよそ同じ能力をもつクラスごとに振り分けるために導入されました。学校制度を通して，生徒の進捗を追跡するのに用いられ，在籍する学年で学ぶべき内容を習得したことが証明されれば，次の学年へと進級できます。テストは，おのおののクラスに所属する生徒の均質性を維持するためには欠かせないものでした。さらに，何を学ぶことが生徒に期待されているのか定義する役目を担い，そして教師はただちに，反抗的な生徒たちが留年しないように勉強に向かわせる動機づけとして，テストを利用しました。こうしてテストは，公教育制度のシステムを維持するのに不可欠な，数々の重要な機能を果たすようになりました。

・**教科書**は，生徒が何を学ぶべきかという問題を解決するために導入されました。つまり，カリキュラムに網羅されるべきものは何かを明らかにするのに役立ったのです。全国のさまざまな学校で生徒が何を学んでいるのかに，ある程度の均一性をもたらすため必要でした。初期において，教科書の主要な目的の一つは，教えるべき知識を教師に提供することでした。１８００年代，多くの教師は，専門的な訓練を受けていませんでした。そのため，どんな情報を教師は扱うべきかを教科書が規定したのです。今日でさえ，多くの教師は，教えようとする内容をみずから学んだり，生徒に教材をいかに提示するか指針を得たりするために，教師用指導書に頼っています。

・**カーネギー単位**は，全国のバラバラな状況における統一性の問題を解決します。この制度は，教育課程が網羅すべきものを明示することによって，生徒がある学校から別の学校へ転校する際の学習内容の調整ができるようになります。とくに，カレッジと大学では，生徒が高校で何を勉強してきたのか，カレッジの教育課程を履修するのに十分な用意ができているのかどうかを判定できます。アメリカのような流動性の高い社会では，カーネギー単位によって調整が可能になることは，生徒が転校するときに欠かせないものです。

・**総合制ハイスクール**によって，さまざまなタイプの生徒に合わせて，多様なコースを提供できるようになりました。20世紀初頭のハイスクールは，産業革命以来，蓄積されてきた新しい知識とスキルのすべてを教えるために，年限を増やしていきました。新たに学ぶべき情報に対応するため、学校教育の年限は着実に延長され、現在はほとんどの生徒が、ハイスクール後も学んでいます。ハイスクールは、若者を労働人口から締め出したことで、労働組合が製造業やサービス業労働者の賃金を上げることにも貢献しました。総合制ハイスクールでは、一部の生徒は、大学進学に備えたアカデミックなコースをとることができました。他の生徒は、仕事の準備に重きを置いたコースを履修できました。総合制ハイスクールが広がることで、すべての生徒に、すべてのことを提供できる「ショッピングモール・ハイスクール」モデルが提供されました[☆25]。ハイスクールのスタッフは、教師に加えて、進路指導担当者、ソーシャル・ワーカー、職業教育担当者、警備員や給食担当者を含むようになりました。総合制学校は、多種多様な生徒の学習ニーズをいかに満たすのかという問題の解決策だったのです。

現在のこうした学校制度の特徴は、多様な民衆を教育するための公教育制度を構築するという問題を解決するための必然的な解決法でした。進化した制度は、きわめて多様な民衆を教育することに、たいへん効果的であることを示してきました。ところが、社会が変わり続ける一方、これらの特徴は70年以上もの間、固定化されたままでした。だからこそ、教育問題の新しい解決策を生み出すプレッシャーは高まっているのです。

アメリカ学校教育制度の進化の初期段階は、人口増加に伴うニーズに合致するように重要なサービスを追加し、大きな変化を受け入れられるものだったといえます。しかし、1920年以降、主要な部分で制度を変化させることが難しくなったのです。タイヤックとキューバン[☆26]は次のように述べています。「学校教育の基本的な原理（例えば教室の形態）は、数十年の間、きわめて安定したままでした。学校が時間と空間を分け、生徒を分類し、教室に振り分け、知識を『教科』に分裂させ、学習の証拠として評定と『履修単位』を授与するという方法は、ほとんど変わることがなかったのです」。

彼らはさらに、学校教育のこうした原理が、学校を改善しようと試みてきた改革派の人々を失望させてきたと主張します。彼ら[☆27]は続けてこう記しています。「いまある学校教育の原理は、歴史の産物であり、何もないところから突然、創造されたものではありません。問題を定義し、その解決策を提案することで、支持を勝ち得た人々の努力の結果なのです。……たとえば、19世紀の初等教育の急速な拡大や、20世紀における中等学校の分化といった、重大な制度変更をもたらした改革は、標準化されたひな形の一部になるチャンスを得たのです」。

革新的な取り組みから、学校組織の安定した制度にいたる学校教育の進化は、マンカー・オルソン[☆28]の主張に沿っています。つまり、時間をかけて規則や取り組みが蓄積されていくことによって、制度は成熟するものの、硬直化してしまうということです。

4 学校に対する要求はどのように変わったか

21世紀において、学校にはまだ反映されていない、テクノロジと社会のめざましい変化を、私たちは目の当たりにしています。学校は、異なる世界に向けて生徒を準備させることが期待されています。公共政策として、学校が進化することへの説明責任が求められています。学校は、多様な文化的・言語的背景をもつ生徒をより多く教えながら、国や州政府が要求する説明責任を満たせるようにはい回っています。学校への要求が、根本的変化の状況をつくり出していると私たちは考えています。それはちょうど、1800年代半ばに、現在の教育制度が成立したときと同じです。

社会におけるテクノロジの変化は、学校に対する甚大な影響を加速しています。テレビやその他ニューメディアの普及は、しだいに複雑かつ洗練されていく若者文化、すなわち若者の「早熟化」とも呼ばれるものを後押ししました。仲間文化の圧力は、学校教育を妨げてもいます。例えば、全米教育統計センター（NCES）の調査[☆29]によれば、2005~2006年で公立学校の24%で、生徒のいじめ問題が、毎日あるいは毎週のように報告されました。もう一つのNCESの調査[☆30]では、親たちが子どもをホームスクールで学ばせようとする大きな理由に、安全性、薬物あるいは好ましくない仲間からの圧力といった、環境に対する懸念を挙げています。

人口の多様性の増大により、同じ教授方略を用いて、異なる背景をもつ生徒を教えることが、ますます難しくなっています。移民は、19世紀後期と20世紀初頭に、さまざまな都市部の学校を生み出しました。しかし、マイノリティの生徒を**知識経済**に向けて教育する方向へと要求は変わったのです。公立学校は、新たに生まれた多様性、すなわち、裕福な生徒と貧困層の生徒との間で学力格差を縮めることが求められています。政策立案者や保護者たちは学校を、学力格差を縮め、食料、医療や心理カウンセリングを含む、基本的な社会サービスを提供する中核機関に変えようとしてきました。多様性は、すべての学習者のニーズや能力に対処するために教育を個別化してほしいという学校への圧力を増大させているのです。

人種・民族の多様性がもたらす政治的・社会的圧力とともに、宗教団体も、彼らの価値を反映した学校教育制度を強く求めてきました。多くの宗教グループが、信仰コミュニティに根ざした道徳的な価値や信条を、子どもたちへ教えることに支持を表明してきました。一方で、政教分離の考え方と、多くのアメリカ人が宗教的な信念と道徳を同一視していることから、ほとんどの公立学校で、明示的に道徳を教えることは避けるようになりました。結果として宗教団体は、公教育に完全に背を向けて、**ホームスクーリング**の場で、子どもたちのために学習テクノロジを活用しようとしています。☆31

アメリカ経済がより高いレベルで豊かになることで、テクノロジを活用して子どもたちへの教育をカスタマイズする保護者の能力も高まりました。社会が豊かになるにつれ、自分の子どもへの教育サービスに対して、より多くの人々がお金を支払うようになったのです。つまり、私立学校の学費、子ども向けのコンピュータやネットワークサービスの購入、家庭教師の費用、図書や教育用玩具・ゲームの購入、成人教育プログラムのコース履修などに、お金を支払う人が増えたことを意味します。同時に、会社やさまざまな組織では、従業員のためのトレーニングに、より多く出費するようになって

知識経済
知識産業が中心となった経済。

ホームスクーリング
4ページ訳注参照。

います。これらの傾向をまとめると，近年，教育への個人出費が着実に増加してきたということです。知識の指数関数的な増加によって，学校への圧力はさらに高まっています。1950年にいたるまでの人類の歴史で存在したのと同じだけの数の科学者，研究者，作家が，現在生きているともいわれています。教育者はこれら多くの知識を，市民として行政の意思決定にかかわれるよう，あるいは労働者として技術的専門知識について高まるニーズに応えられるよう，生徒に教え育てなければならないと感じているようです。学習内容を網羅するよう編成された学校のカリキュラムは，教科書を分厚くしたり，最新の話題を扱ったり，広範囲の内容スタンダードを開発したり，学校教育の年限を延長したりして，知識の爆発に対処してきたわけです。

最後に，私たちが現在経験しているテクノロジ革命は，はじめの数章で詳述したように教育制度にあらゆる影響を与えています。とりわけ，社会のルーチン的な仕事において，テクノロジが急速に人間にとって代わっているため，人々には考えること，生涯学習者となる要求が高まっています。社会で貢献するために，人々はさまざまなテクノロジを駆使して，高度な課題を解決していくことが求められているのです。これは教育に対して，事実を記憶し，ルーチンの実行方法を学ぶような伝統的な教育目標から脱するたいへん大きなプレッシャーがかかっていることを意味しています。現行の学校は人々に，新しい世紀というよりむしろ，前世紀に生きるための準備をさせようとしているのです。

5 革命のサイクル

ここまで論じてきたように，私たちが今日よく知っている教育の形態である公教育制度の広がりによる徒弟制システムの終焉は，いくつかの一見無関係な動きが後押しをしました。印刷機によって，子どもたちが世界で生き残るために得なければならない知識は一気に広がりました。宗教改革のリーダーたちは，聖書に何が書かれているのか自身で学べるように，万人に読書を勧めました。アメリカ独立革命では、人々が賢明な政治的判断ができるよう、教養ある市民が必要とされました。そして最後に、産業革命は、古くからの生活や労働の習慣を破壊しました。それによって、アメリカは、近代社会を生きる若者たちを教育するための新しいシステムの創造を迫られたのです。これらの出来事が公教育システムのかたちとなるには、長い年月がかかったのです。

公教育制度の最初１００年間のうちに導入された革新は数多くあります。これら数々の革新が、多様なアメリカ市民を教育するうえで、多くの問題に対処できる、強固なシステムへと進化しました。しかし、システムが進化したことで、さらなる革新に対する抵抗物に成り果ててしまったのです。結果として学校は、周りを取り囲むテクノロジ社会の急速な発展とは、ますます同調できなくなっています。教育について、何かを変えなければなりません。次章では、テクノロジによって変わりつつある、教育の異なる姿について検討しましょう。

5章　新しいシステムの芽生え

アメリカの学校制度の歴史を振り返ると、はじめの頃にもっていた柔軟性は徐々に硬直化し、授業のコアが新しい状況に対応できなくなってきています。しかし学校を取り巻く社会環境は常に変化しています。仕事や日常生活を一変させてしまった新しいテクノロジに対し、学校はどのように対応できるのでしょうか。

私たちが知っている学校というかたちは、すぐにはなくならないでしょう。学校は、徒弟制時代に広まっていきました。どんな新しい教育の時代が現れたとしても、学校は存在し続けるでしょう。ここで重要なのは、学校はすべての生徒や家族に対して学ぶ機会を平等に与える場所であろうとしている点です。しかし、新しいシステム（制度）のシーズ（種）は芽生え始めており、すでに学校における学びの中にも入り込み始めているのです。

この新しいシーズが芽生えているのは主に、エンターテイメント、情報テクノロジ、ソーシャルメディアの分野です。ただ、学校における授業のコアに大きく影響を与えるまでには至っていません。新しいシーズが芽生えるにつれて、教育はもっと多様で、公的で、あまり学問的ではない場所で行われるようになるでしょう。そうすると学校の役割は、もっと狭い範囲の学びに限られるようになるのかもしれません。

20世紀の後半に現れた新しいテクノロジ、とくに、映像とコンピュータは、子どもたちや大人たちが教育を受けられる新しい場をつくり出しました。公共テレビやＣＴＷ（Children's Television Workshop）が教育番組を制作し放送し始めました。たとえば『セサミストリート』や『バーニー&フレンズ』は世界中で何百万人もの子どもたちが見た番組です。それと同時に、教育用ゲームやビデオが数多く登場しましたが、それは子どもの早期教育を考えた保護者たちによるものでした。ホームスクーリングも急速に広がりました。その理由は、コンピュータとのやりとりが子どもたちを引きつけたこと、そして学校に浸透している仲間文化から子どもたちを守ることができたためです。子どもたちをより深く学ばせようと新しい方法（多くの場合新しいテクノロジを含みます）を探していた教育者にとっては、**チャータースクール**がその舞台となりました。

子どもたち向けのこうした教育の方法と並行して、もう少し年上の生徒や成人のための教育方法も考えられてきました。**バーチャルスクール**は、地域の学校では提供されていない授業を受けられるようになっています。アクセンチュア、シスコ、ゼロックスなど多くの企業が、コンピュータで学べるシステムを開発しました。それらのシステムを使って学習者は、彼らが実際の職場で直面している問題、たとえば顧客からのクレーム処理や技術的な問題の解決などといった、現実に起こっている問題の解決に取り組むのです。遠隔教育とラーニングセンターは急速に普及してきています。たとえばカプラン、シルヴァン、プリンストン・レビュー、フェニックス大学などの企業が教育市場に参入しました。こうした企業がどこで利益をあげているかというと、大学受験の対策を行ったり、生徒の苦手な分野を個別に指導したり、成人向けにキャリアアップに役に立つような授業を提供したりすることによります。これらの新しい企業の多くは自ら運用していた学生ローン制度を連邦政府が厳しく取り締まったために苦境に陥りましたが、残った企業はこの新しい制約にも適応しつつあります。

新しいメディアテクノロジの出現により、子どもたちや大人たちの学びの中で培われてきた実践はより広がり、新しい教育システムが芽生えることにつながりました。徒弟的な学びの世界、私立学校、ホームスクーリング、インフォーマルな教育の場において、新しいメディアテクノロジがもたらす利

チャータースクール
「チャーター」（特別認可）を学校区などから受けて開校する独自の方針をもつ公立学校。

バーチャルスクール
オンライン上の学校。小学校～高校まであり、地域の学校区と連携したものやホームスクーリングの一形態として機能しているものがある。

点はより受け入れられるようになってきています。遠隔学習、テレビゲーム、仮想カリキュラムなどの初期の実験的試みは、子どもたちや大人たちの学びの可能性を広げただけではなく、メディアによる学びの革新を目指した新たな市場を呼び起こしました。

情報検索や社会的なやりとりのための学びのテクノロジの開発は、企業の世界が引き受けました。今や何百万もの人々が、カーンアカデミー、グーグル、フェイスブック、バーチャルスクール、ユーチューブ、テレビゲーム、**ファンフィクションサイト**、**ファンタジースポーツ**、ツイッター、その他さまざまなものを利用しており、それによりバーチャルラーニングのエコシステム（生態系）が形作られています。これらのバーチャルラーニングを多くの人が利用することで、学習者やその家族が日々の情報に関する実践を行う場所として、学校を解放するように常に圧力がかかるだろうと考えられます。私たちが従来の学校に期待していることは、引き続き学問的知識と公平性に強く関わり続ける一方で、社会的で興味に基づいた学びのテクノロジを授業のコアに今以上に取り入れ、生徒やコミュニティの生活をサポートできるハイブリッドな場所になることです。

以下のセクションでは、学校の中と外での学びをさらに再定義するような、2種類のテクノロジ主導型のシーズを見ていきます。

第1に、学校におけるスタンダードや学習成果に関わる学びを支援するシーズについて考えます。バーチャルスクール、コンピュータ適応型学習、大規模公開オンライン講義（MOOC）などにより、従来の学校教育の目標を達成するための新たな機会が生まれています。これまで通りのスタンダードに基づいた学習成果を達成できるよう生徒を支援すべきだという圧力のもとで、これらの新しいテクノロジはどのように誕生したのでしょうか。

第2に、学校の外での学びを支援するテクノロジについて議論します。ウィキペディア、市民科学、**YMAO**、テレビゲームなど、あらゆる年齢層の豊かで、関心に基づいた社会的な学びの交流が、テクノロジに支えられて生まれてきたと私たちは考えています。フェイスブック、インスタグラム、ツ

ファンフィクションサイト
22ページ訳注参照。

ファンタジースポーツ
実在のプロスポーツ選手のデータをもとにチームを編成し、選手の成績をもとに競い合うシミュレーションゲーム。80年代にスポーツバーで流行したものがインターネット上に広まった。日本でもファンタジー・スポーツ・ジャパン社がサービスを提供している。

YMAO
（Young Media Arts Organization）
若者のメディア制作を支援する組織。

イッター、グーグルは広く利用されていますが、それによって日常的な学びが意味するものはどう変わるのでしょうか。

まとめて言えば、新しいシステムにおけるこうしたテクノロジ主導型のシーズは、伝統的な教育の世界のど真ん中で芽吹きつつあります。ただ、これらの新しいものについて紹介する前に、いくつかコメントをしておきます。第1に、こうした多くのイノベーティブな学びの可能性は、それらがかなりの部分エンタテイメントの世界に由来していることもあり、研究者によって広く研究されているとはまだ言えません。学びを支援するテクノロジの世界の成長には、学校教育ばかりでなく、教育研究もついていけていません。これらのメディアを学びのためのテクノロジとして紹介することで、研究者が新しいメディアツールに注目するきっかけになればと考えています。第2に、この成長中の世界で行われる研究が相対的に不足していることは、こうしたメディアによってもたらされる学びの「質」について多くを語ることができないという限界となります。最後に、ここで紹介するいくつかのシーズの中には、当初予測されたようなインパクトをほとんどもたらさないものがある可能性を、私たちは十分に認識しています。たとえば、MOOCの可能性に関しては、2010年代前半に大きな議論となりました。ただそれ以降この議論は下火になってきており、MOOCの仕組みや実践は、単にバーチャル教育のツールとして組み込まれるだけになるかもしれません（これらは、学びと学校教育の将来を理解しようとする時のリスクですね！）。

1 学校の学びを支援するシーズ

教育の歴史をひもといてみると、公教育制度の成立と並んで、私立学校、宗教学校、遠隔教育など、伝統的な教育にもさまざまな選択肢が存在してきました。新しいテクノロジによって、K-12段階では、これまでの学習目標を達成できる選択肢として、ホームスクーリングやチャータースクールを選ぶ家

K-12 5ページ訳注参照。

庭や学習者の割合が増加しました。また高等教育の段階では，幅広く多様な学生が遠隔教育やコミュニティ・カレッジで学んだり学位を取得したりしています。こうした学び方であっても，数学，科学，言語など，これまでの教育の場で普及してきた学問分野を学べるようになっています。

新しいメディアテクノロジにより，学問的な内容を学ぶためにより多くの人がこうした学び方を選択できるようになりました。そして，こうした新しい学び方に関する市場が大きくなり，それが技術革新を後押ししているのです。**アーニャ・カメネッツ**[☆1]は，これを教育におけるＤＩＹ（do it yourself）運動と呼んでいます。学びの環境や学び方に加えて，新たなツールを選択することは，教育テクノロジに関する新しい市場を生み出すことを意味します。その結果，新しいシステムのシーズが生み出す世界の隆盛は，これまでの学校制度の力に疑問を投げかけると同時に，新しい可能性への扉を開きます。ここでは，従来の教育の成果に学習者を向かわせる，新しいシーズとなりつつある優れたテクノロジをいくつか紹介します。カーンアカデミー，ピンタレスト，コンピュータ適応型学習システム，ＭＯＯＣです。

カーンアカデミー：すべての学習者のための動画学習リソース

カーンアカデミーのウェブサイトには，「すべてを学べる，無料で，誰でも，いつまでも」というステートメントがあります。学校教育の内容，教え方，学習プロセスは，インターネットを使うことで誰でも利用できるという新しいモデルにカーンアカデミーはなっているのです。創立者であるサルマン・カーンが，学習に動画が役立つと気づいたのは，２００４年に，インドに住む彼の姪に数学を教えていた時でした。動的な表現が良い学習につながることを，優れた教師は常に意識しているのです。カーンが考えていたのは，動画を使えばとても離れた場所であってもその表現を届けることができること，他の人が学べるように設計されたプラットフォームがあれば，教師は自作の解説動画をこぞってアップするだろうということです。

アーニャ・カメネッツ
（Anya Kamenetz. 1980-）
作家。米公共ラジオ局ＮＰＲの教育特派員。『目覚めよ！借金世代の若者たち』が翻訳されている。

カーンアカデミーの力は、クラウドソーシングによって世界中の教師に動画を作成してもらうことにありました。カーンアカデミーは何千ものユーチューブ動画を集めました。それらは、数学、科学、工学、歴史、芸術、金融、その他数十もの学問分野の短い授業でした。動画では、教師を映すのではなく、彼らがアイデアや表現を説明しているときに書く黒板を撮影しています。動画は、学習目標に向けて内容が次第に複雑になるよう順番に配置されています。また、動画にはアセスメントへのリンクが設定されており、学びに対して迅速にフィードバックを行えます。学習者はどのような順番でも動画を操作することができますが、システムが提案する順番に動画の授業を進めることで、従来の学習成果を改善することもできます。このサイト上で宣伝されていた調査によれば、カーンアカデミーの利用者は、州のテストの成績がおよそ2倍伸びたとのことです。[☆2]

もちろん、カーンアカデミーのやり方には限界があります。たとえば、数学や科学の授業で多く使用されているのは、対話的ではない授業のやり方です。後で本章のコンピュータ適応型学習ツールのところでも議論しますが、こうした古くさい教育方法は、これまでの学校にあった「座って聞く」経験のデメリットの多くを再現してしまいます。しかし、動画とカスタマイズされたアセスメントを合わせることで、カーンアカデミーでの体験は多くの学習者にとってよりパワフルなものとなるでしょう。動画では科学や数学の専門的な内容を取り扱っているため、これらの分野の専門知識があまりないかもしれない、ホームスクーリングの子どもの保護者（教師もですが）にとっては、それらが良い補足資料になります。

カーンアカデミーは今や、多くの公立学校の教室では必需品となっています。子どもたちが、すでに学んだ部分を個人で学習するときに、無料で使える教材として利用されています。たとえば**フロリダ・バーチャル・スクール**やK-12スクールのように、他のバーチャルカリキュラムの教材を使っている学校や教育者であっても、カーンアカデミーの活気ある利用者コミュニティには価値があると感じています。カーンアカデミーで取り扱う話題の範囲は幅広く、ユーチューブや他のウェブサイトで

フロリダ・バーチャル・スクール
1997年設立の米国最初の州全域を対象としたバーチャルスクール。2019年時点で20万人以上が在籍している。

数多くのライバルを生み出すことになりました。またそのことは、現実世界の学校であるカーンラボ・スクールの開校につながりました。カーンラボ・スクールは、学習者が自分で目標や学習方法を選択できることが学習成果の達成のために必要だという考えに基づいて設立されました。カーンアカデミーは、ウェブサイト上で体系的な授業を提供することで、広く受け入れられている学問的な成果に学習者を導くことができるという可能性を示したのです。

ピンタレスト：授業デザインのクラウドソーシング

インターネットの可能性に関する初期のビジョンの一つが、知の博物館という夢です。WELLなどのウェブサイトは、クラウドソーシングの先駆けでした。つまり、ユーザーの投稿を集めて、公に利用可能な知の情報源としたのです。現在、レディット、ウィキペディア、インスタグラム、ツイッター、そしてピンタレストなどのウェブサイトは、非常に広範な知識や情報源に関する投稿をまとめ、アクセスできるようにしていますが、これは初期の頃に言われていた、ユーザーが作り出す博物館を現実のものとした例と言えます。

とくにピンタレストは、学問的な学びの環境を強化するという私たちの議論に関心を持っています。ピンタレストは、自分の好きなウェブサイト上の情報源をユーザーがオンラインでシェアするサービスとして、2010年に登場しました。登録されたユーザはボード（仮想の掲示板）を使うことができます。そしてそのボードに、情報源を表現するもの（たいていは画像や文章やリンクです）を「ピン」することができます。ピンされたものはメタデータとして記述されるので、他のユーザーが同様に検索して、そのユーザーのボードに「リピン」することができます。ピンタレストではピンの数やボードの人気を公開して追跡しており、情報源の共有頻度を測ることでその情報の質の参考としています。ユーザー自身がピンによってタグ付けする仕組みによって、ピンやボードはユーザーの好みを最もよく反映したものになります。ピンタレストの勢いは、知識の交換を通じたソーシャルネットワ

WELL
（The Whole Earth 'Lectronic Link）
1985年に設立された、最も古いバーチャルコミュニティーの一つ。

ークの発展がその要因です。

校内・校外のどこにいても教師たちは、ピンタレストの重要なユーザーグループです。教師はピンタレストを主に、授業計画を見つけて共有することに利用しています。よくピンされるものとして、授業を説明する図表（ワークシートとしてコピーされることが多い）、授業の過程を説明した文章、効果的に活用するためのヒント、その他の情報源へのリンクなどがあります。このタグづけされた情報により、教師は希望する授業を正確に検索できます。たとえば「5年生の算数の分数」「金融リテラシーのためのゲーム」「クエン酸回路」などです。ピンの評価はユーザーにとって質の指標になりますし、人気のユーザーのボードはピンタレストにおいての貴重な情報源となります。

アメリカの教育者1000名を対象にした2016年の調査によれば、67％の教師がピンタレストを毎週、自分の仕事の目的で活用しています。☆3 ピンタレストによれば、毎日130万もの教育ピンが設置されています。さながら、数百の掲示板と16万人近いフォロワーを持つ「ピンタレスト教師」です。ボードは伝統的な授業科目のために利用できます。数学、科学、リテラシー、社会、史学、そしてその他ほとんどの科目において利用できるのです。なぜなら、ピンタレストは無料の情報源であり、公に開かれており、ユーザーが教育専門家である必要もありません。教えることや学ぶことに興味があれば誰でもいいのです。

カーンアカデミーのように、ピンタレストは学校内外で教える教育者に、学問的な学びを支援するための膨大な情報源を提供します。そしてやはりカーンアカデミーのように、独自の情報源としてのピンタレストには、明らかな限界があります。ユーザーのキュレーションに依存しすぎると、情報源の質が信頼できないものになってしまいます。教師の中には情報源の共有に対する報酬を受け取るものもいます。しかしほとんどの教師は、個人が自由に労働を提供し合うシェアリング・エコノミーの枠組みで活動しています。ピンタレストを、専門的能力開発のコアとなる実践としてではなく、教育の補完的な情報源として見てみましょう。そうすれば、オープンネットワークの情報源を共有するとくるはずです。

いうこのやり方が、学校内外の教育を再形成するための新たな可能性であることがはっきりと見えてくるはずです。

コンピュータ適応型システム：個別最適化された学習方法

コンピュータ適応型学習ツールは、学習者のニーズを診断し、さまざまな領域にわたる学びの道筋をカスタマイズするオンラインシステムです。学習者のニーズに合わせて内容を組み立てることができるティーチングマシンという夢は、少なくとも1920年代からありました。コンピュータ化によって、指導することなしに、複雑な内容を学習者に学ばせることができるという夢のシステムが実現したのです。現在商用の学習システムでは、学習支援のためのフィードバックが直接、各学習者に合わせて行われるため、学習者の学ぶ速度や方向性をコントロールできるようになりました。

ジーン・マーロフが自著『一つの教室：オンライン学習が学校と大学を変える』[☆4]において指摘したのが、コンピュータ適応型学習システムのようなテクノロジについてです。オンラインシステムによって学習者のニーズを予測しそれに対応する1対1の教育という夢を実現できるというのです。その当時の学習テクノロジの市場は、批評家が「ページめくり」と呼ぶソフトウェア、つまり、単純に教科書の内容をヴァーチャルなメディアにコピーしただけのものが圧倒的でした。1990年代はじめから2000年代はじめにかけて、認知科学者たちは知的学習支援システムについて研究していましたが、それがコンピュータ適応型学習の最初期のブレイクスルーとなりました。

知的学習支援システムのモデルは4つの部分から成り立っています。それらは、①学習内容の構造や順番を表した「領域」モデル、②学習者がすでに知っていることや学習のニーズを表した「学習者」モデル、③学習者が学習を進める上で必要なフィードバックの種類を定義した「チュータ」モデル、④学習過程を通じて学習者を導くための「インターフェイス」モデルです。[☆5]近年の研究では、学習者がある学問領域の中で自然に学習を進める際の構造として「学習軌跡」の概念が話題になってい

ジーン・マーロフ
(Gene I. Maeroff, 1939-2014)
ニューヨークタイムズの教育特派員などを務めた。

ます。[☆6] 学習軌跡の研究を通して、知的学習支援システムにおける領域モデルの強化と、学習者モデルにおいて学習者が取るであろう経路の予測の両方ができるようになるでしょう。

これらの研究から、２種類のコンピュータ適応型テクノロジを利用した学習に関する成果が示されています。

コンピュータ適応型テストシステムは、学習者の学習目標に対する進捗状況を即座にフィードバックするように設計されています。**ベンチマーク評価**とも呼ばれるコンピュータ適応型テストでは、学習者のその時点までの解答レベルに基づいて、テスト項目が選択されます。学習者がある難易度の問題に解答できなかった時は、システムはより簡単な問題を出し、学習者の現在のレベルを決めます。メジャー・オブ・アカデミック・プログレス（ノースウェスト評価協会）、ＳＴＡＲ（ルネッサンス・ラーニング社）、ＡＣＵＩＴＹ（マグロウ・ヒル社）などは学校内外で広く使われており、学習者に学習の進捗状況についての、標準に準拠した素早いフィードバックを行なっています。同じく、コンピュータ適応型テストは、現在、**ACT**や**GRE**などの大学や大学院の入学試験としても広く使われています。

コンピュータ適応型教育システムは、評価と学習軌跡とを合わせることで、複雑な内容であっても学習者の経路を個別化することができます。READ180はこの成功例でしょう。このプログラムは、１９８０年代にヴァンダービルト大学で行われた、読解学習をコンピュータが支援する方法の研究から始まりました。現在のREAD180プログラムは、読解指導のための知的学習支援システムに加え、大小のグループ指導や個別読解指導も含むブレンデッド型のカリキュラムです。READ180によって、リテラシーテストの成績が改善されたとする研究もあります。[☆7]

アレックス（マグロウ・ヒル社）やテンマークス（アマゾン社）、ドリームボックス・ラーニングなどの商品は、非常に幅広い多様な科目に関する個別学習システムを提供しています。ニュートン社やエドメンタム社のような企業は、より洗練されたコンテンツモデルを開発しています。例えば、専

ACT
アメリカの大学進学適性試験。大学進学時に、SATとどちらかの点数の提出が必要となる。

GRE
教育試験サービス（ETS）が実施するアメリカやカナダの大学院へ進学するために必要となる共通試験。一般知識を問うGeneral Testと専門知識を問うSubject Testの２種類がある。

門領域のコンテンツ構造をもとに、利用者が実際にシステムとどのようにやりとりしたかによって調整されるクラウドソースモデルなども視野に入れています。

　コンピュータ適応型テストと教育システムに対する批判のほとんどは以下のようなものです。教師や学校の代わりになるためには、これらのシステムだけでは限界があるということ。そして、システムを使うと学びと見なされるものの範囲が狭まってしまうことです[☆8]。よくある批判は、こうした商用の製品に投資することで、公教育を改善するために必要な価値やリソースが損なわれるのではないかというものです。ジェームス・ポール・ジー[☆9]は、学びの個別化によって、学習者にとって習得が最も難しい過程、つまり、何を学ぶべきかを選ぶ過程が省略されてしまう、と主張しています。学習内容がすでにお皿に乗せられて提供されていれば、学習者はテストに合格することはできるかもしれません。しかし、学ぶ価値のあるものを自分で決めるという、難しい課題には取り組むことができないのです。

　これらの批判それぞれは確かに考えさせられるものです。コンピュータ適応型学習システムを支持する人は、通常、そのツールをハイブリッドな（バーチャルの部分と対面の部分がある）学習環境に統合することを推奨します。ただ、システムの支持者と批判者にはこれらの新しいツールに関して意見の相違が見られます。その相違の多くは、支持者がツールの実行時に何が「起こるべきか」を記述するのに対して、批判者は、実行時に何が「起こったか」を記録するために起こります。そうした限界にもかかわらず、コンピュータ適応型学習支援システムは広く使われており、現在のテストに大きな影響を与えています。

MOOC：遠隔教育の新たな道

　MOOC（ムーク）は、高等教育をすべての人にオープンにする運動における最新の出来事です。遠隔教育は、高等教育を受けるためのもう一つの方法ですが、MOOCはその集大成と言えます。M

OOCは、学習管理システムとカリキュラム配信のテクノロジを統合し、誰もが利用可能なコースにすることによって、遠隔教育の幅を広げました。これらのコースは通常、テキスト、デジタルメディア、評価などの従来のカリキュラムリソースを中心に構成されています。しかし、受講者の参加をより促進するために、**ディスカッションフォーラム**や会話型シミュレーション、そのほかのメディアが含まれることもあります。

2011年、スタンフォード大学教授のセバスチャン・スランとピーター・ノーヴィグは「人工知能入門」という名のMOOCを立ち上げ、16万人の生徒が受講しました（もっと多いという意見もあります！）。スランはこの初期の成功に基づいて、ユダシティを立ち上げました。これは、営利目的のMOOCプロバイダで、他の大学と連携して質の高いコースを低価格で提供することを目指していました。マサチューセッツ工科大学（MIT）とハーバード大学は、2012年に協力してedX（エデックス）を立ち上げました。エデックスは非営利団体で、カリフォルニア大学バークレー校、テキサス大学、その他世界中の大学と協力関係を築きました。コーセラやピアツーピア大学のような企業も採用レースに参加するなど、しばらくの間、高等教育機関の誰もがMOOCの爆発的広がりに加わろうと準備をしているようでした。

MOOCが拡大していく物語は、ある意味では、教育向けの誇大広告の物語でもあります。その破綻は、最初の興奮のわずか2年後に起こりました。2013年、サンノゼ州とユダシティは画期的な契約を結び、150ドル分の大学の授業がより多くの学生に提供されることになりました。しかしその結果としては、合格率がより低下し、早い段階で9割もの学生が脱落してしまうというものでした。[☆10]さらにMOOCが批判された点は、すでに高い品質の学習資源にアクセスできる学生を対象としていること、教育のための言語として英語を重視していること、講師とのやりとりがほとんどできないことなどです。[☆11]こうした批判は、MOOCに対する信じられないくらい高い期待を打ち砕くものでしたが、MOOCが幸先よくスタートを切った直後の出来事でした。

ディスカッションフォーラム
電子掲示板。

しかしその後の数年間は、ＭＯＯＣの開発は教育界全体から大きな注目と支持を着実に集めています。業界の報告書によれば、２０１６年までに、ＭＯＯＣに参加した学習者は５８００万人を超え、７００以上の大学がおよそ７０００のＭＯＯＣ講座を提供したとのことです[☆12]。学習者の大部分は学習管理システムと静的な授業内容からなるＭＯＯＣを利用していますが、革新的なアプローチを用いて設計されたＭＯＯＣがいくつも現れ始めています。コネクショニストＭＯＯＣ（ｃＭＯＯＣ）では、オープンエンドの問題を持ち寄ったり、解決したりする際、学習者自身がリソースや専門知識を提供します[☆13]。まともな高等教育機関のほとんどない途上国では、高等教育の学習リソースにアクセスするための手段としてＭＯＯＣが使われています[☆14]。前述したシーズと同じように、ＭＯＯＣというモデルが既存の教育機関のリソースに取って代わることはないでしょう。しかしＭＯＯＣは教育者にとって、もう一つの学び方を実験するためのデザインスペースであり続けるでしょう。

20世紀において、ホームスクーリング、私立学校、チャータースクール、遠隔教育は、従来の教育の目的を達成するためのもう一つの方法でした。これらの営みが生み出した場所で、新たなメディアテクノロジは発展していきました。その中でパワフルな学習ツールが生まれ、それがイノベーションの新たな可能性を生み出しています。カーンアカデミー、ピンタレスト、コンピュータ適応型学習ツール、ＭＯＯＣといった新しいテクノロジが、教育機関に直接的な影響を与えたとは言えないでしょう。しかし、これらのシーズはすでに、自分の学習環境を構築するのは学習者自身であるという、新しい教育の世界に向けた状況を作り出しています。次のセクションでは、デジタルの**ワイルド・ウェスト**であるソーシャルメディアとエンターテイメントメディアの世界に目を向けます。そして、関心に基づいた学習における新しい芽生えについて理解を深めます。

ワイルド・ウェスト
開拓時代の米国西部地方。

2 関心に基づく学習環境の地平

アメリカ人の10代のうち92％は、毎日ネットに接続しているという調査があります。75％以上の10代は、モバイル機器を利用してネットに接続したり、コミュニケーションしたり、交流したり、ゲームをプレイしたり、（たまに）勉強したりします。ネット利用者の人口統計によれば、アフリカ系アメリカ人の10代の85％がスマートフォンを使ってネットに接続しているのに対し、白人とラテン系アメリカ人の10代は71％でした。これらの10代の多く（66％）は、友人と連絡を取るためにフェイスブックを少なくとも1日1回は使用しています。スナップチャットとインスタグラムは、とくに10代の半ば以上で急速にシェアを伸ばしています。10代がバーチャルでの交流に注目するようになったことで、従来からあるテレビや音楽に彼らが費やす時間が減りました。[15] それはまた、10代の不安や抑うつを増加させたようにも思えます。[16] アメリカの10代のほとんどは、生活のあらゆる側面に浸透している、多様なデジタルの世界で育っているのです。思春期におけるバーチャル世界のこのような変化は、最近の世代、実際にはこの10年の間に起こりました。

若者の関心の変化は教育にとってどのような意味があるでしょうか。一見したところ、テレビは子ども時代の喪失につながるというニール・ポストマンの批判[17]が現実になったかのように思えます。テレビと音楽が大衆メディアの中で消費されることで、子どもたちは大人の世界を身近に感じていたとポストマンは指摘しました。今では、インターネットに浸ることによって、子どもと大人の垣根は消え去ってしまい、誰もがいつでも何に対してもむき出しの状態です。しかし同時に、インターネット上でものを作り、批評し合い、知識を還流させようとする、インターネットにおけるものづくり文化が発展しました。これにより、消費とものづくりとの関係が再定義されたのです。[18]

仮想世界の拡大により、思春期の若者たちは、他者との交流、消費、そして最も重要であるものづくりの主体となると同時にそれを調整する役割も持つようになります。イトウら[19]は、若者がバーチャルメディアに参加する段階を、たむろする、いじくり回す、夢中になる、という言葉を使って描き出しています。

たむろするというのは、10代の社会生活の延長として、フェイスブックやインスタグラムやスナップチャットのような新しいメディアを使って、友人とともに過ごすことを意味します。10代が直接やりとりをする機会はとても限られていますが、これらのメディアを使えば、自分で社会的な交流ができる空間が生まれます。また、場所の制約を超えて、10代が友人や知り合いの幅を広げたり深めたりすることができるようになります。たむろすることによって10代は、これまでとは違う社会的性質を持つ友人グループを試してみたり、広く分散したソーシャルネットワークで、他の仲間が興味を持っていることについて学んだりすることによって、自分自身の可能性を試すこともできます[20]。

いじくり回すというのは、**エンゲージメント**やインタラクションを引き出すメディアを10代が試すことです。彼らがメディア環境をいじくり回す時は、まず、新しいメディアスペースを探索します（周りを見て回ります）。次に、好みやアイデンティティを反映させて、馴染みのスペースに変えていきます。ソーシャルメディアの初期の頃、**マイスペース**は、環境設定をいじってユーザの好みや個性を反映できました。それ以降、多くのメディアスペースはユーザーのニーズをより適切にサポートできるよう、舞台裏へ招待しています。10代がオンライン環境のカスタマイズに必要なツールに習熟するにつれて、いじくり回す行為が制作への第一歩になります。このことが、新しいメディアテクノロジがどのように機能するかを理解するきっかけとなるのです。

夢中になるというのは、10代がメディアの消費者から制作者に完全に変化することです。その変化が起こるのは、10代が新しいメディアを使って、関心に基づいて相互作用を追求する時です。夢中になることは、ジェームス・ポール・ジーとベッティー・ヘイズ[21]が**アフィニティスペース**と呼んだもの、言いかえれば、人々や実践が関心に基づいてネットワークになったものをベースに生じています。10

エンゲージメント
物事に熱中・没頭して取り組むこと。

マイスペース
2003年設立のSNSサービス。若者を中心に2億ユーザーが参加した。

アフィニティスペース
(Affinity Spaces)
共感空間、関心共有空間などと訳される。本書では和訳せずそのまま使用した。

代が夢中になる時、彼らはクリエイティブなツールを使い、独自のメディアを制作します。専門家によるガイドや、メディアスペースで利用可能な事例が手がかりになります。

これらの段階は、若者の生活の中でどのように現れるでしょうか。例えば、マヤは12歳の少女ですが、彼女が友人とのやりとりをきっかけにゲームに興味を持つようになった事例を考えてみましょう。マヤが友人とたむろしていたのは、放課後の教会クラブと、その後のフェイスブックです。彼女はそこで、友人がプレイしていたテレビゲームである『**マインクラフト**』の存在を知りました。マインクラフトは、信じられないほど人気のあるゲームです。プレイヤーは、最初にバーチャル世界を移動することを覚えると、その後すぐにゲーム内でものづくりができるようになります。マヤはまずゲームのダウンロード方法を理解し、次に無料版でプレイする方法を学びます。ついには、ゲームを続けるために登録料を支払うよう、両親にお願いするのです。

ゲームに慣れるにつれてマヤは、新しい言葉とゲームに必要な戦略を学んでいきます。例えば、「モブ」は、定められた特性を持ったゲーム内キャラクターであることを知りました。また、「クリーパー」と呼ばれる特殊なモブがいることを聞きます。それはプレイヤーに忍び寄り、プレイヤーが建設したものを吹き飛ばしてしまいます。ゲームで用いられる言葉を知ることで、彼女がどのように友人とたむろするかが変わり始めます。彼女は、マインクラフトをいつもプレイしている友人の話をよく聞くようになりました。友人の一人であるサラは、自分がゲーム内で建設している建物についての動画をユーチューブに投稿しています。マヤはこの仕組みを知りませんが、友人の技術力には感心しています。サラはマヤに、マインクラフトのプレイヤーが集まるオンラインのユーチューブコミュニティを紹介します。そこではゲームをカスタマイズするために設定をいじくり回すことについて議論されています。

マヤは（テレビの代わりに）マインクラフトのユーチューブ動画を観るようになり、バーチャルのアフィニティスペースでプレイヤーたちがどのようにやりとりをするのかを学ぶようになります。ま

マインクラフト
全世界で1億人以上がプレイしているサンドボックス型ゲーム。サバイバル生活やブロックを自由に配置した建築等を楽しめる。

た彼女はマインクラフトを「**サンドボックス**」として、つまり、現実世界の建物のモデルを作ることができるオープンなデザインの場として利用することが気に入りました。彼女は、プレイヤーがゲームの設定をいじくり回すことができるゲーム内のコマンドプロンプトの開き方や、ゲーム内でより多くのリソースやライフを得るための「**チート**」の使い方を学びます。ユーチューブで見るプレイヤーたちは、チートとコマンドラインのインターフェースを頼りに、自分の目的やプレイスタイルに合わせてゲームを作り変えています。ユーチューブ上のアフィニティスペースで提供されたヒントを参考にしながら数か月間いじくり回した後、マヤは、自分自身のプレイスタイルを確立し始めており、ゲームをどのようにしたいかを計画しています。

父親と一緒にSF映画『フィフス・エレメント』を見たマヤは、映画に出てくる建物にインスパイヤされ、それをマインクラフトでも作りたいと思います。これはマヤがイトウらの言う「夢中になる」段階にまで発展したということです。彼女は、有名なSF映画のシーンをプレイヤーが再現するユーチューブチャンネルを見つけ、プレイヤーがマインクラフトの一連のイベントをキャプチャーしてナレーションをつけたり、映像を短い動画に編集したりできるツールを使いながらゲームをプレイし始めます。「**モド**」（改造）に特化したユーザーコミュニティに飛び込むニーズがマヤに生じました。ゲーム内のデザインツールを使い、自分の計画を実現するためにゲームの世界を修正したくなったのです。彼女が参考にするサイトは、ゲーム内カメラを使って新しい風景を撮影したり、映画の場面を再現できるキャラクターを作成したりする方法を説明しています。自分のコンテンツを開発していくうちに彼女は、視聴したユーチューブ動画にフィードバックをしたり、自分の動画を投稿したり、自分のチャンネルのフォロワーを増やしたり、他のユーザーからの技術的なプロセスに関する質問に答えたりするようになりました。マインクラフトから映画を制作するという新しい活動に夢中になったことで、新しいメディア環境で若者が経験する消費から制作へのサイクルをマヤは完成させたのです。

たむろする、いじくり回す、夢中になるというサイクルは、新しいメディアスペースにおけるイン

サンドボックス
砂場。ソフトウェア開発等で制作したものが他に影響を与えない閉じられた場所の意味で使用される。

チート
ゲーム制作者が意図しない使い方で、ユーザーが有利になる方法。裏技。

モド
モッドとも呼ばれる、あるゲームのグラフィックやデータを改造するプログラムやファイルのこと。

フォーマル学習の過程として広く経験されるものです。それが形作るものは、若者のためだけではなく、すべての年齢層の人々のための学校外の学びです。アフィニティグループは、ほとんどすべての話題についてオンライン上に存在しています。初心者や、ちょっと立ち寄った人が知識の情報源としてアクセスできますが、少数のユーザーによる制作コミュニティとも繋がるものです。マヤの例が示すのは、新しいメディア環境がいかに、学習者を情報や製品の消費者から制作者への移行を促進するかという点です。

以下では、ウィキペディアやユーチューブの世界が、どのように学習者がイトウのプロセスを経験することを支援しているのかについて焦点を当てます。

ウィキペディア：世界一大きな共同執筆プロジェクト

1日に約4億件のアクセスがあるウィキペディアには、4600万件以上の記事が299の言語で掲載されており、そのうち550万件が英語で書かれています。7万人もの執筆者が1日あたり何千ページも記事を書き、古くなった1000ページあまりの記事を毎日削除しています。世界中から集まった執筆者は「ウィキペディアのスタイルマニュアル」を活用して執筆していますが、これは人類史上最大の共同執筆プロジェクトなのです。

ウィキペディアがスタートしたのは2001年です。初期の頃ウィキペディアの記事は、教師や図書館司書から、その正確性について批判を受けていました。その後、記事の質はライバルである『ブリタニカ百科事典』に匹敵することが示され、ウィキペディアが扱う記事の範囲は、他のどの百科事典よりもはるかに広がりました。[☆22] フェイスブックやグーグルのように、ウィキペディアも独自の言葉やテクノロジ（ウィキ）を生み出しました。ウィキは、シンプルなテキストエディタとスレッド形式による、非同期のユーザー投稿や共同作業を支援するツール群の名前となりました。

ウィキペディアは多くのユーザーにとって、基本的な知識の情報源です。ライトユーザーは、論争の解決や質問に答えたりするためにオンラインをうろうろしている間に、ウィキペディアを検索します。21世紀において、ウィキペディアの閲覧の渦に巻き込まれることは、公共図書館の書庫で迷子になることと同じです。ウィキの記事を見るだけの人が執筆者に変わることは、何年にもわたってシームレスに行われてきました。ウィキの編集者として登録するのは簡単ですし、大勢のアマチュア編集者が、新しい編集者が行ったすべての変更を定期的にレビューしています。ウィキのオープンな編集環境では、間違いが見つかった時にユーザーが記事を訂正できます。ウィキペディアをいじくり回すことことは、編集ツールを試したりユーザープロフィールを作成したり、専門家の編集者によるレビュー変更点を登録したりすることを意味しています。

ユーザーが世界規模での共同編集の精神に魅了されると、エキスパートによる編集ゲームに夢中で参加するようになります。編集者が専門知識を獲得していく過程には、ページの内容をより細かく管理できるようになることや、確認済みのユーザから始まり、管理者、他のユーザーのアカウントを管理できる**ビューロクラット**へ昇格していくことが含まれます。自身が実行した編集の数と質が記録されたスコアボードにより、個々の編集者の貢献度が評価されます。ウィキペディアとそこから生まれたツールやコミュニティは、フォーマル、インフォーマルな学習環境を超えて、ユーザーが生み出した知識やコミュニティの構造を組織化し、流通させるためのパワフルなシーズです。

ビューロクラット
上位の管理者。

ユーチューブ：誰もが動画を観る、つくる、共有する

ユーチューブは世界最大の動画共有サイトです。２００５年に始まりました。ユーザーはビデオを観ることができますが、無料の、簡単に使えるツールを使って、動画をアップロードしたりユーザーアカウントを管理したりできます。ユーチューブは２００６年からグーグル社の一部になりました。
そしてウィキペディアのように、名詞としても動詞としても広く使われるようになりました。ユーチューブ上のほとんどの動画は無料で閲覧できます。先述したカーンアカデミーや、ゲームのプレイ動

画なども含まれます。毎分、400時間以上の動画がユーチューブにアップロードされており、1億時間の動画が毎日ユーチューブで閲覧されています。

ユーチューブはインターネット上でインフォーマル学習を行うための主要な方法の一つとなりました。ハウツー映像やドキュメンタリー、ニュース、古くて貴重なスポーツイベント、ほとんどすべての種類のこれまで録画されていた映像が、無料またはユーチューブに料金を支払って閲覧することができます。ミレニアル世代はテレビよりユーチューブを2倍ほどの時間見ています。[☆23] こうした若者の視聴習慣は、ユーチューブのチャンネル登録者数や「高く評価」の数が多いスターを生み出しました。テレビゲームをプレイしてコメントする**ピューディパイ**のような有名人は、5400万人の登録者数を誇り、広告収入によって年間1500万ドル以上を稼いでいます。他にもスターユーチューバーたちは、コメディ、ゲスト、早口コメントなどのコンテンツで何百万もの視聴者を生み出しています。

新しいメディアであるユーチューブのスターたちがステータスを築いたことで、若い世代は、彼ら自身がスターユーチューバーになるために、いじくり回したり夢中になったりしています。ユーチューブ内部の価格体系では、十分なレベルの「高く評価」と登録者数を生み出したユーザーに、十分な広告収入が入るようになっています。自分の気に入った動画を観て、自分の動画を制作し、フィードバックし、動画作成スキルを向上させるような若者にとって、ユーチューブは巨大なアフィニティスペースになっています。スマートフォンを持っている若者は誰でもこのアフィニティスペースに入ることができます。そこでは、ペース配分、編集、話術、コメディ、特殊効果、トランジション、公開、マーケティング戦略に関するガイダンスが豊富に用意されています。

ユーチューブ（13億人のアクティブユーザー）、レディット（月に5億4200万人）、ツイッター（月に3億2800万人）、インスタグラム（日に5億人）、スナップチャット（日に1億5000万人）などのサイトのユーザー数を見ると、新しいメディアサイトが日々の生活にどれだけの足跡を残して

ピューディパイ
スウェーデン出身のユーチューバー。

いるかが分かります。それぞれのサイトは、ユーザーが、意見、写真、ミーム（情報）、コメントの消費者から制作者に変化するための道筋を示しています。この種のサイトは多様であるがゆえに、扱いづらく、偏ったメディア世界になりがちであり、何が事実であるかについて、理解の共有はおろか認識の共有すら妨げられてしまうくらい断片化されている課題があります。しかし、学習の観点から見ると、これらのサイトはユーザーが学ぶための明確な道筋を示しています。すなわち、すでにあるコンテンツだけでなく、オープンソースのツールを使って自分自身のコンテンツを制作し普及させる方法を学ぶという道筋です。ウィキペディア、ユーチューブや同様のサイトが示していることは、学校外の学習のための新しい道筋として、新しいメディアがその強力なツールになるという十分な証拠なのです。

メーカースペース：物質世界において制作すること

本章において、人気のある、関心に基づいた学習環境の最後の例は、バーチャルなスペースではありません。しかし、技術的なことやものづくりを学べるオープンソースな場所です[☆24]。メーカースペースは、「ハッカースペース」「ファブラボ」とも呼ばれ、「芸術、科学、工学において創造的な製品を作るためのインフォーマルな場所で、全世代の人々がデジタル技術と物理的な技術を融合させながら、アイデアを出し、技術的なスキルを学び、新しい製品を生み出しています[☆25]」。メーカースペースは、集まって、ものを作り、アイデアを交換する人々のための、共有の公共空間なのです。

メーカースペースには、プログラミングや電子回路に焦点を当てたものもありますし、音楽やメディア制作、また、陶芸や編み物や縫製などの分野のものもあります。これらのスペースには通常、短期間のクラスや、多様な能力レベルの作り手のコミュニティがあり、さまざまなプロジェクトが展開されています。初心者がツールを使ったり考えたりする際には、プロジェクトにいる経験豊富な人が助けてくれるでしょう。成功しているメーカースペースは時間をかけて、新しい参加者がものづくりを学ぶことを推奨すること、熟達した作り手が長期化的なプロジェクトに取り組むために共有スペースを提供することという、両方の文化を発展させていきます。

メーカースペースは今や国際的な活動になっています。世界中で約１５００のメーカースペースが運営されており、図書館、博物館、学校、コミュニティセンターなどでは毎月のようにスペースが設置されています。[26] メーカースペースが設置されているのは、図書館や学校といった公共施設のこともあれば、博物館のように有料施設のこともあります。また、施設とは無関係に、多様なものづくりの形態に特化し、独立して設置されることもあります。無料でプロジェクトに参加できるメーカースペースもありますし、会費を徴収したり、新人のためにメンターとしての義務を課すメーカースペースもあります。

多くのメーカースペースのコミュニティは、ソフトウェアの開発と修正の際に形成されたオープンソースの世界に範をとっています。ファブラボは、**デジタルファブリケーション**のためのメーカースペースのうち最も早く組織化されたものですが、２０００年代初期、ＭＩＴの**ニール・ガーシェンフェルド**[27]による取り組みがきっかけとなっています。ファブラボは、工学やロボット工学、デザイン、プログラミングを教えるためのツールとプランのパッケージを提供することで、一般の人々がそれぞれ直面している問題を解決することを可能としています。世界でおよそ５００のファブラボが運営されていますが、世界中のK-12の学校にも導入されています。

ファブラボモデルに基づいたメーカースペースが提供する主な支援は、オープンでユーザ作成型である設計図ネットワーク（例えばthingiverse.comやinstructables.comなど）へのアクセスです。ここを見れば、家具から発電機までなんでもデザインできます。**メーカーメディア**は、ウェブサイトや従来の出版物（『メーク』誌）を通して設計図へのアクセスを提供しています。さらに、メーカーフェア（２０１６年のベイエリアメーカーフェアには12万人以上が参加しました）を介して、全国的なユーザーコミュニティを提供しています。[28]

デジタルファブリケーション
デジタルデータをもとに創造物を制作する技術のこと。

ニール・ガーシェンフェルド
(Neil A. Gershenfeld. 1959-)
MITビッツ・アンド・アトムズセンター所長。『ものづくり革命 パーソナル・ファブリケーションの夜明け』が翻訳されている。

メーカーメディア
デール・ドーハティによるメーカースペース。２０１９年にMake Communityへと移行した。

郵便はがき

料金受取人払郵便

京都北郵便局承認

2139

差出有効期間
2021年12月31日まで

切手は不要です。
このままポストへ
お入れ下さい。

6038789

028

京都市北区紫野
十二坊町十二—八

北大路書房
編集部　行

（今後出版してほしい本などのご意見がありましたら，ご記入下さい。）

《愛読者カード》

書名	
	購入日　　年　　月　　日
おところ	(〒　　－　　)
	(tel　－　－　)
お名前（フリガナ）	
	男・女　　歳

あなたのご職業は?　○印をおつけ下さい

(ア)会社員 (イ)公務員 (ウ)教員 (エ)主婦 (オ)学生 (カ)研究者 (キ)その他

お買い上げ書店名	都道府県名(　　)
	書店

本書をお知りになったのは?　○印をおつけ下さい

(ア)新聞・雑誌名(　　) (イ)書店 (ウ)人から聞いて
(エ)献本されて (オ)図書目録 (カ)DM (キ)当社 HP (ク)インターネット
(ケ)これから出る本 (コ)書店から紹介 (サ)他の本を読んで (シ)その他

本書をご購入いただいた理由は?　○印をおつけ下さい

(ア)教材 (イ)研究用 (ウ)テーマに関心 (エ)著者に関心
(オ)タイトルが良かった (カ)装丁が良かった (キ)書評を見て
(ク)広告を見て (ケ)その他

本書についてのご意見（表面もご利用下さい）

このカードは今後の出版の参考にさせていただきます。ご記入いただいたご意見は無記名で新聞・ホームページ上で掲載させていただく場合がございます。

お送りいただいた方には当社の出版案内をお送りいたします。

※ご記入いただいた個人情報は、当社が取り扱う商品のご案内、サービス等のご案内および社内資料の作成にのみ利用させていただきます。

YMAOは、デジタルの音楽や映像制作に特化した特殊なメーカースペースです。そこで若者たちは、メディアツールを使って、自分たちの生活や世界についての映画、音楽、ポッドキャストといったデジタルアートを制作する方法を学びます。YMAOは一般的に、学校外の文脈でよく使われています。そこは、制作者やパフォーマンスをするアーティストが若者とともに仕事に取り組む、協調的にデザインされた環境です。これらの組織には通常、仮想のチャンネルがあり、そこで作品の公開をすると、本物の視聴者による批評やプロモーションが可能になります。[☆29]

シカゴ・デジタル・ユース・ネットワークは、長く活動が続いているYMAOの好例です。2005年に開始された当初は放課後プログラムでしたが、そこから、マッカーサー財団が資金提供するシカゴ公共図書館とのパートナーシップへと発展し、都市部の若者がメディア・アートを行うための空間を創出しました。[☆30] ネットワークのメンバーは、自分の経験や、仲間やメンターとのワークショップで生まれたアイデアに触発されて、音楽、映像、物語を制作しています。各メンバーはオンライン環境を利用して、学習リソースにアクセスしたりメンターとのやりとりができるようになっています。この過程において、現実世界では芸術コミュニティにいるメンターに指導を受けることで、ものづくりに関する社会的相互作用が、真の参加型文化へと変わっていきます。ユースラジオ(youthradio.org)、アパルショップ(appalshop.org)、リールワークス(reelworks.org)、インプログレス(in-progress.org)などのYMAOは若者たちが自身の生活やコミュニティについて、洗練されたメディアを制作することを指導する共通の構造があります。[☆31] YMAOのようなメーカースペースは、物理的な空間を提供しているだけではなく、情報源へのアクセスも提供しており、制作を通して新しいリテラシーを身につけることができるのです。

メーカースペースはどこにいても関心に基づいた学びを実現できる、実行可能なモデルを提供しています。作り手は同じ志を持った仲間とたむろしながら、ツールを試したり、初心者向けのワークショップに参加したりします。それは、コミュニティの実践になじんでいく道のりでもあります。自分のプロジェクトでツールをいじくり回し、与えられたメディアで何ができるかを探り、新しい形のテクノロジスキルを身につけます。ひとたび表現の基礎を身につけると、作り手は夢中になって、そのメディアの定番となるような実践を創造し、新たな定番を生み出し、実践のコミュニティの中で他の人を助けたりするようになります。

テレビゲーム、ウィキペディア、ユーチューブ、メーカースペースなどの新しいメディアテクノロジは、関心に基づいた学習のための全く新しい道を開いています。インターネットが登場する以前は、関心に基づいた学習の範囲は、地域社会の人々と公共図書館の書籍に限られていました。皆が同じ関心を共有しているにもかかわらず、図書館の予算が少ないコミュニティでは、追求できる関心の範囲は限られていたのです。

インターネットへのアクセスにより、追求できるトピックの幅は飛躍的に広がりました。それだけでなく、コンテンツを作り出す新しいメディアツールも同様に、学習を促進するための仮想的な社会環境をユーザが構築するのにも役立っています。イトウら[☆32]が示唆するように、この種の仮想環境によって、学習者が知識の消費者から制作者へと進んでいくために、自身の関心に基づいて学習することを可能にする、一連のインフォーマルな段階が生み出されてきました。

3 結論

本章の目的は、発展途上にある新たな教育システムのシーズに光を当てることでした。既存の公教育制度は、20世紀のすべての子どもたちに教育を提供する必要性を満たすために採用されたことを前章で明らかにしました。しかしながら、多くの成功した制度と同じように、公教育のコアとなる構造は硬直化し、さまざまなコミュニティや家庭からのニーズに対応する柔軟さは失われていきました。21世紀である現在、新たなメディア、情報テクノロジの進展により、学習における課題は変化しつつあります。新たなツールを教育実践のコアに取り入れることに対して，多くの学校が難しいと気づいています。

その結果，生徒たち，家庭，教師の日常は，学校のコアとなる教育実践を支えるテクノロジと，生活の中のテクノロジの2つに分断されています。本章では，新たなメディアやテクノロジが，どのように新たな学びへの道を切り開いているのかを示しました。カーンアカデミー，ピンタレスト，コンピュータによる適応学習システム，MOOCなどのツールは，既存の学校の教育実践を拡張し，学習者が伝統的・学校的な学習目標に到達することを助けます。ゲーム，ウィキペディア，ユーチューブ，メーカースペースなどのツールは，学習者が自身で定めた関心に基づく幅広い学習目標を追求することを促進します。個別的にみるとそれぞれのツールは，制度が定めた学習成果か，学習者が定めた学習成果のいずれかを達成する手段としての違いが見られます。それでも，総じて言えば，何を学習環境とみなすのかについて，インターネットが根本的な拡張を促す保育器のような役割を果たしたことを，私たちは目の当たりにしています。フォーマルかつ制度化された学校と，インフォーマルかつ学校外の学習機会のブレンドが起きているのです。次世代の学校教育の目標が，複雑な問題を発見・解決できる21世紀を生きる学習者を育てることにあるのであれば，これらの新たなメディア・ツールは，これから始まる新たな学校制度の重要な要素となるでしょう。

6章　教育における3つの時代の変化

生涯学習という教育の新たな時代を迎え、新しい教育システムのシーズが発達しています。**徒弟制**時代と**公教育制度**時代を経て、新しい教育システムのシーズを生み出してきたテクノロジが、この新時代を実現させています。これら3つの時代は、さまざまな側面で違いがあります。ある意味、生涯学習時代は、初期の徒弟制時代の要素を反映しているようにもみえます。

徒弟制時代から公教育制度時代へと移行したのは、複数の側面で変化があったからです。子どもたちの教育の責任を負うのはだれか、教育のねらいと内容は何か、どのように教え、評価するか、子どもたちに何を学ぶことを期待するかといった側面の変化です。また、学びが生じる場所が変わり、学びが生じる文化が変わり、教師と学習者の関係が変わりました。生涯学習時代への移行とともに、これらの側面はすべて、もう一度変わろうとしています。

徒弟制
5ページ訳注参照。
公教育制度
4ページ訳注参照。

1　責任：保護者から政府へ　そして学習者自身と保護者へ

ホーレス・マンらが推し進めた最も革新的なアイデアと思われるのは、子どもたちに教育をする責任を、保護者から政府に渡したことです。徒弟制時代では、子どもたちが何を学ぶかは保護者が決めていました。保護者は、子どもがどの職業を目指すのか決めていて、もし男の子が父親と同じ道を進むのであれば父親が訓練し、そうでなければ、男の子は仕事を学ぶため親戚か知り合いのところに弟子入りしていました。女の子は、母親から家事やその他の雑務を学びました。ごく一般的な牧場で暮らしていたら、母親は女の子に乳牛の乳搾りなど、牧場の仕事を教えたでしょう。家族で商売をしていれば、母親がお店を経営することが多く、女の子はそれを学んだでしょう。母親が助産師であれば、女の子は母親を観察して助産術を学び、仕事の一部を少しずつ引き受けていったでしょう。徒弟制時代に学んだ人々の多くは、**エイブラハム・リンカーン**が夜、ロウソクの灯りで読書をしていたように、ほとんどは独学でした。

産業革命の始まりとともに、移民の子どもたちにアメリカの価値観と言葉を学ばせることが懸案事項となりました。保護者ではなく、政府がその責任を負うべきではないかという意見がありました。改革者たちは、適切なアメリカの価値観を移民の子どもたちに教える必要があると考えていたのです。そのため、改革者たちは教育の管理を保護者から離し、政府に渡すことを主張したのです。それは、子どもたちに保護者がもっていない態度や価値観を育てることでもありました。**リチャード・ロドリゲス**の自伝本『記憶の飢え』に、この過程が詳細に、かつ美しく述べられています。両親の価値と学校で習得したアメリカの価値の間で、彼がどう引き裂かれたかが描かれています。[☆1]

生涯学習時代の現在、教育に対する責任は政府から、保護者（小学生までの子どもたちの）や、学習者自身（中学生以降から大人）に戻ろうとしています。この動きは、特定の学習者のニーズや興味、能力に応じて教育をカスタマイズする重要性を反映しています。第5章で紹介しているように、新しい教育システムの仕組みが発達しています。ますます多くの保護者たちは、カーンアカデミーやコンピュータツールなどのサポートを使って、保護者たちが重要だと考えていることを教えたり、子どもたちの興味に応えるためにサマーキャンプや放課後の活動に投資するなどして、子どもたちの教育をコントロールしています。大学卒業後も、ますます多くの成人たちは、キャリアを発展させたり深く関心を伸ばす機会を追求しています。ＤＩＹ的に自分で学びを組み立てていくようなこの動きは、10

エイブラハム・リンカーン
(Abraham Lincoln, 1809-1865)
第16代アメリカ合衆国大統領。

リチャード・ロドリゲス
(Richard Rodriguez, 1944-)
メキシコ系アメリカ人の作家。メキシコからサンフランシスコに移民として移住した経験をもつ。アメリカ人と同化の問題を取り上げた。『記憶の飢え』は1982年に出版した自伝である。

代の頃から高等学校の学校外で始まります。**ビル・ゲイツ**が高校時代、コンピュータのプログラミングに時間を費やしていたのは有名です。高校ではいくつかの選択肢が用意される程度ですが、テクノロジは10代の個人的な熱い思いを追求する活動を容易にします。

ビル・ゲイツ
(William Henry "Bill" Gates III, 1955-)
マイクロソフトの共同創業者兼元会長兼顧問

2 期待：社会的再生産から全員の成功へ　そして個人の選択へ

産業革命以前、保護者は、子どもが親の仕事を継ぐことを望んでいました。したがって保護者が期待した子どものための教育は、保護者が習得したことと同じ教育でした。もし、農家だった場合、子どもは、農家になるように学ぶことが期待されました。もし商売や工芸の仕事をしていた場合、子どもは、商売や工芸を引き継ぐように学ぶことが期待されました。聖書を読む仕事であれば、子どもは、読めることが期待されました。

これらの期待は、階級的格差の再生産を支えてきました。よい教育を受けさせることで、子どもたちを進歩させるといった社会的流動性は、ほとんどなかったのです。保護者たちが子どもたちにより良い機会を求めていたとしても、既存の階級構造ではわずかな出世の余地もなく管理されていました。経済成長という視点を欠いた安定した社会の中で、子どもたちは保護者が向き合ってきた人生と同じような人生を送りました。つまり目標は、保護者と同じスキルをもつ子どもを育てることでした。

産業革命後、特に移民のアメリカ人に対する経済的機会と社会的流動性の開放は、真の社会的流動性に対する要求を高めました。ホーレス・マンは、教育によって、全員を共通してハイレベルの成功へもち上げることができると考えました。彼は、さまざまな国々から移民としてやってきた子どもたちが、アメリカンドリームを成し遂げられるようにしたかったのです。重労働とよい教育が、社会的・経済的ステータスの向上をもたらすという約束のもとに、アメリカンドリームは成り立ってきました。アメリカ社会には、だれでも進歩できる、社会的流動性があったのです。構築された共通の教育システムは、子どもたちにとって社会的流動性で優位になるための主要な道となりました。これは、教育による公平さに関する考え方であり、「すべての子どもが学ぶことができる」というフレーズがその前提にあります。

やがて、多くの移民たちがこの信念を受け入れ、子どもたちがよい教育を受けられることを期待するようになりました。産業革命後の初期の数年間は、ネイティブ・アメリカンや有色人種の人々は学校制度から締め出されていました。アメリカ人の就学状況の実態は今なお、偏りがあります。多くの保護者たちは、自身は高校を卒業していなかったり、大学に行っていなくても、我が子が国のエリート大学に通うことを期待し続けています。

現在、教育に対する期待は、もう一度変わり始めていると私たちは考えています。全員の成功を目標とした教育は、現在まだ広く存在しています。しかしながら、10代や大人たちは自身の生活や教育に対する責任をより多く引き受けているため、多くの学校はあらゆる家庭に対して、より良い教育機会をつくり出すことに苦労しています。彼らはしばしば、学校が提供する内容を拒否し、彼ら自身が興味をもったことや、自身のキャリアを進歩させるために必要と考えていることを追求するほうを選びます。教育者たちが言うような、カリキュラムスタンダードの下で教育を受けた者が何を知っているべきか、といった期待を受け入れることに彼らは消極的です。もっといえば、学びをカスタマイズするという精神をもち、多くは、何が彼らにとって学ぶ価値があるのかを考えながら、自分自身の教育の道を追究しています。チャータースクール、豊富な選択式のカリキュラム、バーチャルスクールといった選択肢が、普及してきています。ホームスクーリングは、「保護者が子どもに何を学ばせるかを決めるべきだ」と考えている保護者たちの方法です。遠隔教育、ラーニングセンター、技能認定の急増といったことはすべて、人々が学ぼうとする選択肢を広げる役割を果たしています。こうしてみると、スタンダード化の動きというのは、カスタマイズの広まりを保守的に抑止するものとみなすことができます。

アーニャ・カメネッツ☆2のDIY教育という考え方は、学習者がさまざまな機関や組織から自分なりの教育プログラムを組み立てる方法です。もちろん、様々な選択肢から選ぶうえで、経済的な要素は重要です。自分なりの道を選択する多くの人々は、彼ら自身の条件にあった教育システムは何なのか、興味のある学習を選択することができるというアドバンテージをすでに持っています。グレイグ・ダンカンとリチャード・マーナン☆3は、学校教育の限界について調査したところ、裕福な保護者や学習者向けのマーケットが新しい学びの道を開くことは、学業成績の不平等の原因の一つとなっていることを示しています。生涯学習時代では、人々が、どのような種類の教育を受けるのかを自分で選ぶような状況に時代が向かいつつあります。学校は、正規の学習を担う重要な役割を維持し続けますが、あくまで一部分となるでしょう。

3 内容：実用的スキルから学問的知識へ　そして学び方の学習へ

産業革命以前は、子どもたちを教育するおもな目的は、宗教的な救済と、大人になったときに仕事ができるよう学習を支援することでした。教育の内容は、読み書きと、保護者もしくは交渉して弟子入りした場合は親方のスキルや技術が中心でした。当時の学校では、読み、書き、計算のような基本的なスキルなどを教えていました。子どもたちが聖書を読んだり、物を買ったり売ったりするのに必要なものだったからです。ただし、1年、2年と学校に通う生徒はほとんどいませんでした。しかしながら、子どもたちは保護者の仕事や、家の雑用を手伝うなかで多くのことを学んでいました。ほとんどの子どもたちは、保護者から生活していく方法を学びました。子どもが工芸や商売に弟子入りしたときには、親方が保護者の役割を引き受けました。したがって、子どもの教育の主要な部分は、生活していくための実践的なスキルに向けられていたといえます。いくつかのエリート学校はリーダーに期待される知識やスキルを教えましたが、これらの学校へのアクセスは社会階級の違いによって厳しく制限されていました。

産業革命に伴い、教育の重要な目標は、社会的なつながりや、アメリカの社会で子どもたちが生活していくための準備になりました。大衆公教育は、宗教と職業に関する教育内容を扱わなくなり始めました。学校は、子どもたちが知的な市民や労働者となるよう、世の中で使える知識（とくに読み書き計算）の共通部分を学ばせることを重視しました。学校教育が高校まで延長されたのに合わせて、カリキュラムには、近代に入って登場した、新しい領域の知識がつけ加えられました。歴史、国語、公民は、生徒をよい市民にするために重視されました。代数や幾何のコースは、金融や工学、科学の専門家のような数学的訓練が求められる専門家に子どもたちがなれるよう、つけ加えられました。１８９０年代に招集されたアメリカの**10人委員会**では、すべての高校生に、大学で重要だと思われる分野を反映させて、国語、数学、ラテン・ギリシア語、歴史、科学、地理を扱うことを決めました。この委員会の推薦で、20世紀の高校カリキュラムの大部分が決められたのです（ラテン・ギリシア語は、現代外国語に置き換えられましたが）。

大人が必要とするすべての知識を、学校が人々に教えるのは不可能です。新しい知識の増大や、教育に対する需要の高まりに対して、毎年のように学校を拡張していくことは、現実的ではありません。それゆえ、学び方についての学習と、役立つリソースを探す方法を学習することは、教育目標として最も重要になっています。したがって、さまざまなメディアを用いた問題解決やコミュニケーションのスキル、さまざまなバックグラウンドをもつ人々と対話するための対人スキル、課題を成し遂げるために必要とされる情報やリソースの探し方の学習といった、より汎用的なスキルが注目されています。このような考え方は、１９９１年にアメリカ労務省から発刊されたスキャンズ・レポートで概説されています。[☆4] レポートでは、21世紀社会で働くための準備をさせるために、コア・コンピテンシーとよぶ、以下に記した５つの領域を人々は学ぶべきだと主張しています。

10人委員会
70ページ訳注参照。

- **リソース**：リソースを見定め，整理し，企画し，配分する
- **人間関係**：他者とともに働く
- **情報**：情報を収集し活用する
- **システム**：複雑な相互関係を理解する
- **テクノロジ**：さまざまなテクノロジを用いて働く

スキャンズ・レポートでは，これらの新しいコンピテンシーは，基礎スキル，思考スキル，そして責任感や誠実性などの資質を土台として構築していくべきだと主張しています。このレポートは，教育に対して変化を求めるきざしの1つといえるでしょう。時を経て，スキャンズ委員会のレポートに記載されたこれらのスキルは，今日の世界で成功するために必要な21世紀型スキルをめぐる活発な国際的議論へと発展しました。

学問的知識から学び方の学習への移行は，労働環境の変化の中で強く感じられます。労働環境に関する専門家たちは，今から20年後から30年後と言わず，5年後ですら，人気の職業が何かを予測することは不可能であることを強調しています。情報テクノロジが教育を覆しているのと同じように，雇用のありかたについても大混乱を引き起こしています。例えば，コンピュータによる自動化は，20世紀の後半の間に，アメリカのブルーカラー労働市場の大部分を削減しました。現在，人工知能と物流の進歩が，多くのルーチンワークを脅かしています。トラックの運転手も同様です。前世紀では必要であった仕事がなくなり，柔軟性や思考力の需要が高まりました。仕事を見つけることができる人々は，暮らしや仕事が変わり続けていく生涯を過ごすために，新しい知識やスキルを学び続ける必要があります。[☆5]

4 方法：徒弟制から講義形式へ　そして相互作用へ

徒弟制の教育方法には、モデリング、観察、コーチング、練習などがあります。大人は、物事の見本を示し、学習者が経験するだけでは気づかないところを支援しながら、学習者が試みている様子を見守ります。徒弟制は、商売や工芸のみを教授する方法ではありません。牧場や店を経営する方法、助産師になる方法、家事のしかた、さらには読み書きであっても、それが家で教えられるのであれば、子どもたちの学び方は徒弟制だったのです。1対1の状況で、人が他の人に何かを教えるというのは、自然な方法です。徒弟制は、いつも2人か3人の学習者のために知識をもった大人が対応するので、多くのリソースを投入しているといえます。それでも、近い関係で手ほどきを受け、ほとんど全員が学ぶことができるため、効率的でもあるのです。家族内では、年上の兄姉が、教える役割のいくらかを担うことがあります。商売では、親方についている専門レベルの異なる何人かの弟子が、親方が初心者に教えるのを助けていることもあります。

徒弟制は、大衆教育で実施できる方法ではありませんでした。学校が生徒でいっぱいになったとき、教師に対する生徒の割合がとても多いなかでも教えられるよう、マス教育の方法を発展させる必要がありました。産業時代の学校の教育方法は、少人数の教師が大人数の子どもたちに知識やスキルを教えるための方法でした。すなわち、子どもたちに質問に答えさせたり、宿題を行わせ、その後で、教えたことについて学んだかどうかをテストで測るといった形式です。教師にとって講義は、自分の知識と、話すために必要な能力以外にリソースを必要としない、最も効果的な教育方法でした。進歩主義の教育者は、子どもたちが教師から話を聞くよりも、活動させるほうがより学べると主張しました。生徒が参加するかたちの新しい指導方法は、これまで何度も試みられています。子どもたちが質問に答えたり、学習した事柄を暗唱したり、ワークシートに書き込んだり、宿題をしたり、プロジェクトやディスカッションに取り組むといった方法がありました。ラリー・キューバン[☆6]が記した、アメリカの東海岸に沿ったすべての港の名前を順番に暗唱するような初期の頃から、学校の教育方法は、長い時間をかけて発展してきたのです。しかしながら、公教育の教授法は、大量生産の考え方に基づいており、質の管理は限定的です。

生涯学習時代の教育方法は、**インタラクション**（相互作用）を活用する方向で発展しています。これには、チュータリングシステムやテレビゲームのような優れたテクノロジ環境下でのインタラクションや、ネットワークを介した対人間のインタラクションもあります。**コンピュータ・チューター**を用いた教育方法は、学習者個人に合わせた課題を用意したり、課題に取り組む際にガイダンスやフィードバックをするなど、徒弟制モデルをまねています。このタイプの教育方法は、コンピュータ・チューター以外にも広がっています。例えば、関心別の掲示板グループでは、テレビゲームパズルの解き方や、野球選手の仮想トレード、ポートフォリオのバランスを取るために購入すべき株の量など、特定の話題ごとにアドバイスが提供されています。他にも、遠隔学習の教師が、生徒たちが各グループで割り当てられたプロジェクトの進捗状況を把握するようなこともあります。

コンピュータは、1対1の社会的なインタラクションの豊かさや細密さを置き換えることはできません。しかし、ネットワークは、大量生産型の教室には欠けている社会的なインタラクションの一部を提供することができます。**ファンフィクションサイト**などのネットワークでは、徒弟制のコミュニティでみられたような、個別の対話をサポートする学習コミュニティへのアクセスが提供されています。

5　評価：観察からペーパーテストへ　そして状況に埋め込まれた評価へ

徒弟制時代のメンターは、学習者を注意深く見守っていました。寄り添いながら指導し、できそう

インタラクション
5ページ訳注「インタラクティブ」参照。

コンピュータ・チューター
コンピュータが教師の代わりの個別指導者となって教授するシステムのこと

ファンフィクションサイト
22ページ訳注参照。

な課題を与え、成功を見届けていました。この見守りとフィードバックが密接となったサイクルは、学習者が失敗から学ぶためにも役に立ちました。このサイクルにより、メンターは学習者の能力を理解し、学習者が新しい状況で抱える可能性のある多くの問題点を把握することもできました。学習者が退屈するほど簡単ではなく、彼ら全員が失敗するほど難しくもない、適度な課題を出すことで、失敗を回避させながら指導することができます。この文脈での評価とは、進級したり、テストで落第するといったことは含まれていません。学習者の取り組みに対するシンプルなフィードバックであり、よりよくするための提案なのです。メンターは、それぞれの弟子にどんな能力があるのか、評価から明確に理解します。学習者もまた、何をまだ学ぶ必要があるかについての明確な評価を得ているのです。

学校時代に入ると、観察したり、フィードバックを行ったり、何度も試したりするようなプロセスは、マスを対象とした教育では高コストでした。テストは、教えられたスキルや知識を習得したかどうかを判断する手段として生まれました。徒弟制時代の指導者の役割は、形成的に生徒を観察し、学習の進捗に対して直接的にフィードバックを提供することでした。けれども、教師にとって、時間をかけてカリキュラムを積み上げた効果を評価することは困難です。そこで、生徒が次のレベルに進むのに十分学んだかどうかを追跡するために、テストが開発されたのです。テストは、教室にいる生徒が同じレベルにいるかどうかを確かめるためにつくられました。20世紀の終わりには、生徒の進捗を評価するように、テストは学校や教師の質を評価するために使われ始めました。テストは、ある種の線引き行為が常に含まれているため、合格・不合格という考え方がもたらされました。生徒は順位づけされ、ついには、他の人と同じように自分が簡単に学べないことに対して、挫折感を生じさせることになりました。

生涯学習時代では、評価は再び徒弟制のように、学習者の関心や能力をカバーするようになり始めています。これは、特にコンピュータベースの学習環境で当てはまります。第5章で紹介したように、この種の評価には2つの形式があります。1つめは、コンピュータ適応型学習システム内の評価です。

学習者が希望の目標を達成したかどうかを判断し，継続的なサポートを提供できる課題の進捗状況に基づいて評価します。この種の評価は，評価が継続的に行われて学習にしっかりとつながっている，徒弟制の場での評価に似ています。学習者が助けを必要としたときには，コンピュータはヒントを出したり，取り組み方について助言するでしょう。生徒がミスをしたときには，コンピュータは間違いを指摘したり，正しい答えに向けてガイドしたりするでしょう。

2つめは，ファンフィクションサイトや，**メーカースペース**のような，仮想のアフィニティグループ内の出来事で評価を行うことができます。参加者は，何か制作物に取り組み，グループ内の他のメンバーから評価を受けはじめたとき，より活動が促進されるよう，作品がいかに良いかの価値に関するフィードバックをもらえます。アフィニティグループの参加者としてフィードバックを受け取るには，他のユーザーにフィードバックをする責任があります。どちらのケースにおいても，コンピュータの利用によって，個々人の学習者の継続的な学習プロセスのために評価をカスタマイズすることが簡単にできます。この種のカスタマイズされた，即時フィードバックは，失敗から学びやすくなります。コンピュータが適切な支援を提供できれば，みんなが成功し，達成感を味わうことを保証できるのです。

メーカースペース
3Dプリンター等の創作活動のための様々なリソースを準備し，何かを創造したり，そこに集まる人々の知識を共有したりする空間のこと。5章99～102ページも参照。

6 場所：家庭から学校へ　そしてどんな場所でも

徒弟制時代，ほとんどの仕事は，地元で成り立っていました。農場，町，村から遠く離れて移動することは，ほとんどの人にとって法外に高コストでした。その結果，徒弟制では地元の家庭や地場産業で利用可能な仕事に集中していました。子どもたちは，両親や親戚から大人の仕事を真似することで学んでいました。町や都市では，子どもたちは1年から2年，学校に行かされたこともありましたが，家庭や地場産業を維持するという要求によって，子どもたちはすぐに仕事に就きました。

産業革命により、多くの親は都市に引っ越し、工場で働き始めました。当初、子どもたちも大人の工場での仕事に加わることが期待され、小さいことが有利に働く仕事に割り当てられました。19世紀後半に、アメリカやイギリスの社会改革者たちは、工場での児童労働虐待の様子を報告し、子どもたちのためだけの場づくりを推進し始めました。児童虐待の話が世間の注目を集めるだけでなく、誰に対しても教育を提供していく取り組みは、農場や工場で働いていなかった子どもたちが何をすべきかについての解決策を提供することにもなりました。

改革者たちは、市長たちと協力して、子どもたちが新しい都市や産業文化の市民になるための知識とスキルを学ぶための学校をつくりました。しだいに、学校は教育を行う主要な場所としてみられるようになったのです。まもなく、他の教育を行う機関が、組織化された学習を実現する場として学校モデルを採用し始めました。病院、職場、軍隊、企業は、なんらかの課題についてトレーニングするときには、学校のような環境がつくられました。これらの教育機関は学校の考え方を採用しただけでなく、それに伴う多人数を教育する教育方法も採用しました。**ノーマン・フレデリクセン**[☆7]は、第2次世界大戦中の海軍で、砲手の同僚に対する評価方法の改善を頼まれた際の出来事を述べています。軍艦に搭載された銃器を掃除したり、メンテナンスする仕事が含まれますが、彼がそこで見たのは、講義形式の授業と、紙と鉛筆によるテストだったのです。彼は、兵器を操作する人が実際に行う行動に基づいて、パフォーマンステストを実施することを提案しました。インストラクターは、学習者たちは失敗すると思い、異議を唱えました。予測通り、すべての学習者が、パフォーマンステストに失敗しましたが、フレデリクセンは、この新しいテストを続けるよう要求しました。学習者らは失敗を経験した後、テストをされるだろう課題を実際にやる方法を教えるよう要求しました。彼らはすぐに、パフォーマンステストに対して、紙と鉛筆テストのときと同じくらいうまくできるようになりました。この話は、どれほど学校教育が組織化された学習のメタファであり、実践的なスキルを教えるには効果のない方法であることを示しています。

ノーマン・フレデリクセン
（Norman O. Frederiksen, 1909-1998）
心理学者。パフォーマンス評価を推進した。

今、教育はさまざまな場所に移されようとしています。コンピュータとウェブから教材にアクセスできるためです。対面での人対人のインタラクションは、あらゆる形態の学習において引き続き重要な価値を持ち、バーチャルな学習に完全に置き換わることはありません。それでも、オンラインで学習環境にアクセスできるようになり、教育が行われる場所の概念が大幅に拡大しています。生涯学習者は、スマートフォンなどの新しいメディアテクノロジを使用して、学習環境やコミュニティにアクセスするようになっています。多くの街やビルでは、無線ＬＡＮが提供されていて、アクセスポイントは急速に広がっています。人々が、いつでも、どこでも、学びたいときに学習できる時代が近づいています。

7　文化：大人文化から仲間文化へ　そして年齢ミックス文化へ

産業革命以前には、大人が文化を定義していました。子どもたちは、その地域の大人たちの文化を学ぶ必要がある小さな大人として見られていました。子どもたちは兄弟姉妹や仲間の弟子たちと緊密な絆を築いていく一方、子どもたちの仕事は真剣そのものでした。仕事をすることを学ぶことは、家族が生計を立てるために欠かせなかったからです。独立した若者文化あるいは発達段階としての青年期すら、徒弟制時代には存在しない考え方だったのです。そこでの若者文化は、大人が適切だと思う行為や経験を多分に反映していました。

ジェームズ・コールマン[☆8]は、若者の仲間文化は、産業革命時代の学校教育の到来とともに出現したといいます。この新しい仲間文化は、10代の主張が反映され、20世紀の間、しばしば大人文化の期待や価値に背きました。中学校や高校では、同じ年齢の子どもどうしが集まり、仲間文化を発展させていきました。独自の価値や信念をもったコミュニティをつくるには、子どもたちは、十分な年齢に達していることと、十分な人数が集まっていることが条件です。仲間文化が発達したとき、思春期世代

ジェームズ・コールマン
(James S. Coleman, 1926-1995)
社会学者。教育社会学、公共政策などを研究し、「ソーシャル・キャピタル」を提唱した。『コールマン　社会理論の基礎（上・下）』が翻訳されている。

に対して、新しい認識をもつ必要性が生まれました。

1980年代に**ペネロピ・エッカート**[☆9]は、典型的なアメリカの高校の仲間文化が、熱中文化と燃え尽き文化の間で発達してきたと指摘しています。熱中文化は、課外活動や学校行事にたっぷり参加している生徒たちが築いています。一方で燃え尽き文化は、学校や先生を敵対視し、しばしばドラッグに手を出したり、非学校的な活動に参加します。ほとんどの生徒は、これら2つのグループの間に入っていて、この2つの軸が学校文化を形成していることをエッカートは発見したのです。仲間文化は、エンターテイメント、ファッション、広告業界を変え、学校文化のなかに自分の居場所を見つけることができなかった若者をひきつけ、気をまぎらわす対象となりました。

教育が関心に基づくオンライン文化と結びつき、熟達レベルや年齢が異なるメンバーとの間で行われるようになるにつれて、学習は地元の仲間文化からの影響が小さくなると考えられます。イトウら[☆10]は、5章で紹介したように、新しいメディアで文化の多様性について考えるための方法として、たむろする、いじくり回す、夢中になる、のカテゴリーを示しました。イトウの言う「たむろする」から「いじくり回す」への移行は、異なる年齢の人々が一緒に学んでいる状況をより生み出す可能性があります。新たな年齢ミックスの学習文化を築くことにつながるでしょう。

8 関係性：個人的結びつきから権威者へ　そしてコンピュータを介した相互作用へ

徒弟制時代の子どもたちは、ともに育ち、よく知っている大人から学んでいました。子どもたちの教育のほとんどは、親もしくは身近な親戚や、友人がもたらしていたのです。子どもたちは特に教わった人たちと深い絆を築いていました。深い絆は、子どもたちの学びに多くの有益な効果がありました。子どもたちは、一生懸命がんばらないと、彼らが生活していく上で大事な人たちを失望させてしまうことをわかっていました。不十分な時間と限られた機会しかないなかで、徒弟としての学びに子

ペネロピ・エッカート
(Penelope Eckert, 1942-)
スタンフォード大学の言語学者。

どもが失敗することは、家族にとって現実的に重大な結果をもたらしました。したがって多くの子どもたちは、教わっている大人たちから喜ばれるために、できる限り学んだのです。

公教育制度において、子どもたちと先生は、学年の年度初めに新たな関係を築かなければなりません。彼らは最初は見知らぬ他人であることを考えると、多人数に対して一人という生徒と先生の比率では、徒弟制でみられたような関係を構築するのは困難です。生徒たちと持続した学習関係を築く能力は、権威性をもってクラス運営をうまくできるかどうか次第です。ほとんどの中学校や高校では、はじめに教師は権威を確立しないといけません。それができない教師は長くやっていくことはできないのです。自分の将来に対して、学校に通う価値に気づくのは生徒たち自身ですし、学校がうまく機能するために、教師に敬意を払おうとするのもまた生徒たちです。生徒たちが教師や学校の権威を認識しない場合、教室は対立に満ちた状態になります。学校での権威の付与と受容の間には明確な力関係があります。

生涯学習は、徒弟制による関係性の特徴のいくつかを取り戻しています。生徒たちは、ウェブコミュニティに参加したり、遠隔教育コースを受講したりするときに、共通の関心に基づいて教師や他の生徒たちとインターネットを介して交流します。これらのインタラクションは、徒弟制ほど豊かではないですが、多くの場合、学校での先生と生徒の間での限られたやり取りよりも豊かです。

コンピュータベースの学習環境は、他にも学習における関係性に影響を与えています。コンピュータシステムは、生徒を理解する力も限られていますし、よい教師のように温かなサポートを提供することはできません。その一方で、規則通りで的を射たフィードバックを、穏やかで公平な雰囲気で行います。私たちが最も自然に学ぶのは、よく知っていて、敬意をもった相手とのインタラクションを通してです。コンピュータベースの学習では、多くのものが欠けているように思われます。それでも、コンピュータ環境のもつ特性である、高度なインタラクションは、部分的であれ、人々のつながりの欠落を補うかもしれません。コンピュータ環境の限界を考えると、コンピュータを介した環境で生徒が取り組むにしても、オフラインの友だちや家族、あるいはオンラインで共通の関心を共有する人たちといったコミュニティの一部で使用することが、生徒にとってベストとなるでしょう。

9 教育における重大な変化

徒弟制時代から公教育制度時代への最も中心的な変化は、子どもの教育の責任を、政府が引き受けたことだったのではないでしょうか。政府による教育のコントロールは、同年齢の子どもたちを一緒にし、カリキュラムと評価の標準化を促し、教師と学習者の間の関係を組み換えることで、大衆教育モデルを築き上げました。生涯学習時代では、自分自身の学習を深めたいと考える人々は、政府から教育の責任を取り戻し始めています。けれどもその一方で、新しいテクノロジが提供する可能性を利用したくない、または利用できない学習者は、不利になる可能性があります。

7章　失われるもの、得られるもの

新たな情報テクノロジは、あらゆる場所の学びを変えています。ここまで見てきた通り、その変化は教育、学校、学習のコアまで揺さぶっています。そして他の革命と同じように、そこには得られるものもあれば、失われるものもあります。悲観的な見方をする人たちは、人々がテクノロジに従わされるようになるとみています。テクノロジが生活を支配することによって、多くの人がついていけなくなってしまうのです。この見方では、テクノロジは人々を深い思考から遠ざける存在です[☆1]。社会制度は弱体化し、その使命を果たせなくなり、人々はますます人生の主導権を失っていきます。逆に楽観的な見方をする人たちは、学びの黄金時代がやってくるとみています。追求したいと思うどんな教育に対しても、リソースを見つけることができるようになります。未来は、楽観と悲観のいずれかの予測になるといった単純なものではありません。その中のいくつかは起きうることでしょうし、いくらかは私たちが予想もしなかった影響を及ぼすでしょう。本章では、学校制度とテクノロジの間にある緊張関係の中から、憂慮すべきことと希望と思われることのいくつかを取り上げます。

1　失われると思われること

トーマス・ジェファーソンとホーレス・マンによると、公教育には、人々を善良な市民へといざない、共通の文化になじむための準備をさせる役割があるといいます。マンが憂慮していたのは、民主主義がどのように移民をアメリカ社会に導き、シティズンシップと社会的なつながりを築いていくかについてでした。20世紀になり、公教育はマンの憂慮を解決する手段として支持されるようになりました。**公教育制度**があらゆる家庭のあらゆる子どもたちを受け入れ、社会階級の不利を是正し、すべての学習者に学ぶ機会を提供することこそ、教育改革の当初の夢だったのです。公教育の未来に対するこのビジョンは、教師、研究者、改革者、政治家たちを何世代にもわたって勇気づけてきました。失敗の繰り返しがそれがまさに夢であることをつきつけてきたにもかかわらず、教育は、他の社会制度にも増して、前世代の不公平と過ちを正す社会を築く夢を語ってきたのです。

教育に対するこの望みは、学校に行くことと学ぶことを同一視したことに依存しています。学校の改善こそがより良き人生へとつながる道とみなし、その望みを託したとしたら、理想的には、私たちの能力を輝かしい未来に向けて高める主導権のいくらかを、公教育は維持できるでしょう。（しかしながら、）教育改善に向けた社会的な関心を一点に集める力を、私立学校や宗教系の学校、チャータースクール、ホームスクーリングなどが侵食していきました。関心に基づくテクノロジ主導のメディアの出現は、学校と教育の同一視を劇的に破壊しました。

関心に基づく教育は、現在の教育制度が求める成果に到達するオルタナティブな（別の）道を拓いたことによって、現在の教育制度を破壊しています。数学、科学、国語といった主要教科の学びの保障を、テクノロジは保護者や個人の責任へと誘っています。保護者は家庭教師の協力を得たり、ラーニングセンターに参加することにより、学校の学習の補充をすることができます。カナダのオンタリオ州では、学童をもつ保護者の24％が家庭教師を雇っており、50％は金銭的余裕があれば雇いたいと回答しています。[☆2] 生徒たちは**カーンアカデミー**にアクセスしたり、エデックスやオープンユニバーシティに参加し、他の学習認定をとることができます。家庭教師、ラーニングセンターやオンラインコースの利用者の学びは強化されます。しかしながら、これらの補充的なプログラムに参加している生

公教育制度
4ページ訳注参照。

カーンアカデミー
5章83～85ページ参照。

徒たちと、学校が提供するリソースへのアクセスに限定されている生徒たちの間で競争が起きたときのことを考えてみましょう。オルタナティブな道の存在は、すべての生徒に公正な環境を提供するという学校の力を奪ってしまうのです。

もっともラディカルな道は、保護者と学習者が州の運営する学校から完全に離脱することです。もちろんこれは、家庭教師を雇う余裕があるか、自宅で教育できる家庭が利用できる選択肢です。新たなテクノロジは、高品質な学習ツールへのアクセスを保障することによって、オルタナティブなプログラムを強化しています。公教育制度からの離脱が選ばれることは、教育がより小規模の関心に基づくグループに分断されることを意味します。こうしたことができる家庭は、自分たちの子どもを育てるうえでの宗教的あるいは政治的な関心事に沿ったカリキュラムを開発することにより、学校を分裂させます。**デイビッド・ブルックス**[☆3]によれば、私たちは仲間内どうしで散り散りになった「文化圏」に落ち着こうとしているのです。

関心に基づくグループに細分化されることにより、シティズンシップや社会的なつながりは弱まるでしょう。アメリカの共和制ができたころは、アメリカは1つに団結できるかどうかに関心がありました。州によって、人々や彼らの価値観が大きく異なっていたからです。この違いが、いよいよ危機として現れたのが南北戦争でした。多様性の中に統合をみいだす試行錯誤は、20世紀を通して続きました。1950年代、民間や公共のメディアを通した一元管理により、普遍的な装いをまとい、公的、機関がサポートする単一文化が作られました。1960年代から70年代にかけて、若者文化と公民権運動の広がりの中で、この単一文化は綻びをみせ始めました。学校はすべての人に機会を与える公的な道として賛美され続けました。しかし、公共意識への侵食は、一人ひとりが自らの関心に応じて選択することが期待される消費者感覚の広がりを招きました。関心や選択を賛美することは、公教育への関心をも侵食していったのです。

現代の学校におけるテクノロジの導入は、予期しない結果をもたらしています。1990年代から

デイビッド・ブルックス（David Brooks, 1961-）
コメンテーター、コラムニスト。ニューヨークタイムズ等に寄稿。『アメリカ新上流階級ボボズ：ニューリッチたちの優雅な生き方』が翻訳されている。

2000年代にかけて学者や政治家はデジタルディバイドを懸念していました。コンピュータやウェブへのアクセスに貧富の差が生じる問題です。学校は、多くの移民やマイノリティにとって、アメリカの主流に参加するための手段でした。ラリー・キューバン[☆4]は、学校へのコンピュータの導入は、既存の指導と学習の優位性に阻まれてきたことを報告しています。生徒たちが新たなテクノロジを家庭で使用できず、学校でも使えないのであれば、貧困層の生徒たちは新たなテクノロジの学習に対する恩恵を得ることができないのです。

2010年代、状況は変わりました。ほとんどの人々がモバイルデバイス、タブレット、ゲーム機などからバーチャルな教材にアクセスできます。オンラインアクセスに対する貧富の差は縮まっています[☆5]。しかしながら、「参加ギャップ」と呼ばれる新しいデジタルディバイドが生じていることをヘンリー・ジェンキンスら[☆6]が指摘しています。日々の会話の中にバーチャル教材が含まれている家庭では、子どもは学習環境を自分でデザインする主役になります。一方、ユーチューブや宿題のためにグーグルを使うといった、テクノロジを娯楽や連絡に使う程度の家庭では、同様のことはめったに起きません。バーチャルな教材や日々の指導に活用できるデバイスを取り入れることを学校が無視した場合、生徒間の知識やスキルの不平等な事態は深刻なものとなります。

能力別クラス、人種による分離、マーケットの細分化が広がっています。それでも、アメリカにおいて公立学校は他のどんな制度よりも平等を促進するための制度です。マーティン・カーノイとヘンリー・レヴィン[☆7]は、「職場や他の大きな社会制度と比べて、学校は比較的平等な成果をもたらしてきた」と指摘しています。我が子の教育のため、地元の学校以外の教育リソースを選ぶ家庭は、すべての家庭により良い機会を提供する学校の力を弱めています。学校のリソースの減少は、貧困層の子どもたちが様々なリソースへのアクセスや、新たな機会につながるインタラクションを減らしてしまうでしょう。公立学校の危機は、それ以外に選択肢のない子どもたちが取り残されることです。一方、他のリソースを活用できる家庭はその環境を活用し、新たな学習テクノロジのあらゆるメリットを享受します。

教育は、出世するためにますます重要なものとして、保護者に認識されるようになってきました。このことは、大卒と非大卒の間で、所得の伸びに格差があることなどに反映されています。[☆8] ギフテッド・タレンテッド教育プログラム、**アドバンスト・プレースメント**（AP）、習熟度別学習など、一部の生徒の突出を支援する方策をとっている学校もあります。それでも公立学校は、平等主義の機関だと考えられてきました。その結果、保護者は、教育ビデオやゲーム、コンピュータベースの教材、私立学校、専門の家庭教師などの教育サービスに、ますます多くのお金を費やし、子どもたちが有利になるようにしています。貧困層の家庭では、これらのサービスを購入することができなかったり、あるいはその存在すら気づいていないかもしれません。公立学校がやわらげようとしてきた教育の不平等は、悪化していくことでしょう。

5章で取り上げた新しいメディア・テクノロジは、雇用市場をも不安定にしています。不確実性の高い労働環境は、多くの為政者、保護者、学習者がより無難と思われる進路、たとえばコンピュータサイエンス、ビジネス、製薬や通信へと導いてきました。不安定な雇用市場において子どもたちは、特定の宗派や就職指導のように保護者が推奨する求人を案内されるのでしょうか？　そうなれば、人々の視野は狭くなり、異なるバックグランドや視点を持つ人々とうまくやっていくことは難しくなるでしょう。子どもたちは幅広く職業について考えなくなってしまうかもしれません。保護者が彼らの選択を制限してしまうからです。まるでそれは学校制度が普及する前の社会のようです。マンが構想した公教育は、人々が多様な考えや、多様な人々に出会う、より寛容な社会の礎となるものでした。これらはすべて、教育の**バルカン半島化**によって無に帰してしまうのでしょうか。

学習のためのバーチャルなインタラクションが優勢になった結果、ついに人々は、他の人との社会的な交わりを失い、しだいに孤立していくのでしょうか？　人々が努力して困難な課題を学ぶ気にさせられるのは、それを支えてくれるメンターや教師との関わりがあるからです。孤立化は、ソーシャ

アドバンスト・プレースメント
ハイスクール在学中に、大学レベルの科目を選択・履修し、大学の単位として認定される制度。カレッジボード（49ページ訳注参照）が運営し、6割のハイスクールが参加している。

バルカン半島化
ある地域や国家が互いに対立する小さな地域や国に分裂して争うこと。

ルスキルや社会的なつながりを弱めることになるでしょう。伝統的に学校は、子どもたちが他者を信用し、共に働くことを学ぶ場所でした。バーチャル・ツールの社会的つながりへの影響はさかんに研究されています。**シェリー・タークル**[☆9]は、バーチャルデバイスによるやりとりが、子どもたちの会話能力にダメージを与えるのではないかと疑問を呈しました。**ニコラス・カー**[☆10]は、新たなテクノロジの散漫さは、私たちがより長く、洗練された議論に集中する力を脅かしていると主張しています。**ジャロン・ラニアー**[☆11]は、私たちがバーチャル世界の中で、デジタルのアイデンティティを確立したとき、私たちは誰なのか?という実存的な問いを投げかけました。地域コミュニティへの信頼と参加者数の減少は、すでにロバート・パットナム[☆12]が指摘していました。教育のテクノロジ化によって、人々が多様になるだけでなく、アメリカにおける地域コミュニティの衰退がより進んでしまうことを危惧しています。

こうした問題の多くは、1980年代に定着した民営化の動きによって悪化しています。人々をあらゆるマーケットにおいて消費者とみなす風潮は世界中で高まってきていますが、アメリカではとくにこの傾向が顕著です。知識のある人々は、取り得る選択肢を増やし、独自の教育リソースを購入するようになります。一方で、低学歴あるいは裕福ではない人々は、教育リソースをめぐる競争で遅れをとることになります。教育の民営化は、富める者と貧しい者の間の教育格差を広げてしまう効果があります。テクノロジは今のところ、不平等を解消するよりも、不平等を助長する力となってしまっているのです。

将来についての悲観的な見方をまとめると、私たちはテクノロジを、学校への公的な関わりをばらばらにし、不平等を拡大する圧力をかける市場主義的な存在とみなしています。子どもが教育競争の先頭に立てるように、エリート層の保護者は教育にますますリソースを投入します。彼らは、就学前から子どもにたくさんのゲーム、デバイス、プログラムを購入します。学費の高い幼稚園に子どもを通わせます。早い年齢でコンピュータを買い与えているので、子どもはウェブを操り、重要なテクノ

シェリー・タークル
(Sherry Turkle, 1948-)
MIT科学技術社会論の教授。『つながっているのに孤独：人生を豊かにするはずのテクノロジーの正体』などが翻訳されている。

ニコラス・カー
(Nicholas G. Carr, 1959-)
著述家。『ネット・バカ：インターネットがわたしたちの脳にしていること』などが翻訳されている。

ジャロン・ラニアー
(Jaron Z. Lanier, 1960-)
コンピュータ科学者。「バーチャル・リアリティの父」と言われる。『人間はガジェットではない』が翻訳されている。

ロジスキルを身につけます。やがて彼らは子どもを私立学校に通わせるか、エリート公立学校の近くに家を購入します。彼らは子どもの学校に時間とリソースを費やすことを惜しまないので、可能な限り最高の教育を子どもに受けさせることができます。何か学習で問題があれば、個別指導を受けさせます。大学進学適性試験（SAT）やアメリカン・カレッジ・テスト（ACT）の準備のために、子どもを地域のラーニングセンターに通わせます。要するに、エリート層の保護者は子どもに、その後の人生で競争相手を打ち負かすことができるように、可能な限り最高の教育を購入しているのです。

州裁判所は、公平さを取り戻すために、州がリソースをより適正に町や市に配分するよう命じてきました。けれども、多くのエリートは、リソースの再分配に全力で反対しています。バーモント州にある財政的に豊かな郡では、州内の貧しい郡にリソースを再配分せよという命令が突きつけられたとき、バーモント州から離脱し、川向こうのニューハンプシャー州に編入しようとさえしました。全国のさまざまな学校に対して、より公平にリソースを再分配しようとすることは、とても困難なことだと思われます。現在、膨大なテクノロジベースのリソースを利用できることは、問題を悪化させるだけでしょう。問題を是正するには、教育者が今もっているよりも、はるかに広い教育ビジョンが求められているのです。

SAT
71ページ訳注参照。
ACT
88ページ訳注参照。

2 得られると思われること

最もパワフルなテクノロジの恩恵は、学習がより魅力的になることです。教育は、人々がより学びたいと思うものへと方向づけられるでしょう。その結果、人々は学びに胸が高鳴り、魅力を感じます。例えば、ホームスクーリングの家庭の保護者は一般に、子どもが興味をもっているトピックを、他のものより深く追究することを励まします。保護者は、数学や国語といった重要な学習目標をその文脈に織り込みます。子どもは、よい成果を出すことに専念できるのです。さらに、遠隔教育や成人学習のコースを選ぶときの話で言えば、学習者は自分のキャリアの助けになると思うトピックか、以前からの関心をもとにトピックを選びます。また、ユーチューブで動画を見たり、配信したり、マルチプレイヤーゲームを楽しんだり、クラウドソースの学習コミュニティに参加したりすることで、彼らは自分たちの取り組みに価値を感じられる学習コミュニティのメンバーになります。新たなメディアテクノロジによる受動的な学びからアクティブラーニングへの変化は、**エンゲージメント**において強い効果をもっています。

不平等の問題がある一方で、教育を商業化することには、生徒の学習へのエンゲージメントを高める可能性があります。営利企業が開発した製品は、コース、ビデオ、ソフトウェアのいずれにおいても、買い手を引きつけるようにデザインされています。カーンアカデミー、テンマークス、ユーチューブなどは、多くの人々が参加することでますます繁栄します。新たなメディアテクノロジの収入源は、消費者による直接的な支払いから、サイトへの参加者数に応じた広告収入へとシフトしています。ウィキペディアやレディットのように、参加者のコストを下げることで、幅広い経済状況のユーザーへ広げることができます。

新しいメディア教育の市場は急速に広がっています。グーグルやアマゾンも参入しています。彼らは人々を惹きつける新しいアプローチを開発しています。地域の学校による教育の独占は破壊され、教育機関や生徒向けの商品が自由に競争するでしょう。それでも問題は残されています。だれが、どのように買うのでしょうか？

もう1つ、コンピュータによる適応学習型の学習ツールのもつメリットとして、個々の学習者のニーズや能力に合わせて教育をカスタマイズできることがあげられます。コンピュータを使った学習環境では、生徒が助けを必要とするとき、ヒントやサポートを提供するようにデザインできます。注意深くサポートのしかたをデザインしておけば、生徒は、必要なときに必要なだけ、適度なサポートを得ることができます。その結果、学習者は、これまでやってみようともしなかった課題に取り組み、

エンゲージメント
93ページ訳注参照

やり遂げることができるのです。つまり、たくさんのことを学ぶことができ、達成感を感じられるチャレンジングな課題が、学習者に与えられるようになります。コンピュータを使った学習環境は、生徒それぞれの能力レベルに合わせて、すべての生徒の成功に役立つのです。

テクノロジはまた、いつでも、どこでも、ウェブを介して知識にアクセスすることを可能にします。学習への**ユニバーサルアクセス**は、計り知れない影響を与えることでしょう。インターネット接続環境さえ自宅にあれば、人々は将来、世界中のすべての知識に指先1つでアクセス可能になるかもしれません。それも文章だけでなく、動画、チュートリアル、シミュレーションなどあらゆるものです。理想的には、世界中の貧しい人々にもユニバーサルアクセスは提供されるべきです。子ども1人1台のコンピュータは、アメリカの学校では一般的になりつつあります。1人1台が実現可能なゴールになったことで、私たちはついにテクノロジが指導と学習を再定義する転換点を迎えそうです。

教育が人々の関心や能力に合わせられるようになると、学校でみられる生徒間の競争のようなものは減少すると思われます。**ジーン・レイヴ**[☆13]は、徒弟制時代の頃には、ほとんど全員が教えられたスキルを学ぶことができていたことを指摘しています。学校の根本的な問題の1つは、子どもたちが常に他の子どもたちと自分を比較していることです。成功を感じられるのは、1番をとった生徒だけです。学校はあまりに競争的なため、たくさんの生徒が挫折感に押しつぶされています。彼らの多くは課外活動に精を出すか、ぶらぶらしているだけか、ドロップアウトしていくのです。うまくやっている生徒であっても、単位をとることが目的となり、学習の本当の面白さに気づくことはありません。関心に基づくテクノロジリッチな環境のもとで学習者たちは、関心を共有するコミュニティへの参加を通じて自分の道を見つけるでしょう。失敗は学習の一部であり、より広範な実践共同体に参加するためのステップになります。

職場や家庭でバーチャル学習環境を使って学習する際、自分自身の学習に責任をもつことが求められます。州政府が子どもを教育する責任を担っていたとき、家庭や個人は責任の大半を学校に預けて

ユニバーサルアクセス
国籍・年齢・性別・障がいなどによらず、誰もがアクセスできるようになること

ジーン・レイヴ
(Jean Lave)
社会人類学者。『状況に埋め込まれた学習：正統的周辺参加』(エティエンヌ・ウェンガーとの共著) などが翻訳されている。

いました。学校の子どもたちの多くは、学校が何から何まで教えることに反抗しているようにみえます。人々は教育の責任を自分で負わない限り、学ぼうとはしないのです。教師は、生徒が自分の学びに責任をもちたくなるように苦心しています。多くの成功例とともに、多くの失敗例があります。テクノロジがつくる関心に基づく空間は、生徒が自分の学びを自分で引き受ける助けとなる可能性があります。

3 希望を実現しながら、危険を軽減する

私たちが願っていることは、より多くの子どもたちや大人たちが、成功のために教育が重要であることに気づくことです。そして、社会のさまざまな領域で、テクノロジベースのリソースが実現する新しい機会を利用するようになることを期待しています。テクノロジが安価になり、テクノロジベースのリソースが無料で使えるようになりつつあることを見てきました。情報革命のエキサイティングなところは、オンラインでさえあれば誰でも、新たなリソースの数々に無料でアクセスできることです。ほとんどの人々が、望むときに、自分のペースで、アカデミックなものや関心に基づく教育活動に参加することができるようになるでしょう。

新しい教育システムによって得るものと失われるもののどちらが勝るのでしょうか。結論は出ていません。得られるものを生かし、危険をやわらげるためには、社会はどのようにふるまうべきでしょうか。喫緊の課題です。テクノロジには、生徒たちがより深い学習に取り組み、みずからがなり得る、最高の人になるための教育をもたらす希望があります。私たちはどのようにしたら、この希望を現実のものにできるのか、社会として考えるべきなのです。学校は、テクノロジの大変革をどう取り入れるのが最も効果的なのでしょうか？　私たちは、学校の外にあるテクノロジのリソースを、どうしたら生かすことができるのでしょうか。

8章 学校はどうすれば新たなテクノロジとつきあえるのか

教育と学校の関係を再定義する好機のただ中に私たちはいます。新たなメディア・テクノロジは、関心に基づく学びのための創造と交流のバーチャルコミュニティを築くだけでなく、伝統的な教育目標を満たす新たな方法になりつつあります。この150年、直面することがなかった機会に教育者は立ち会っています。新たな教育システムの創造に携わる関係者は、テクノロジが引き起こす革命が必然であることを理解しておかなければなりません。

テクノロジがもたらすこの必然を、カスタマイズ、インタラクション、学習者コントロールの3つにまとめました。**カスタマイズ**とは、人々が望むときに望む知識を提供し、人々が学ぶ際、個別にサポートしたり、ガイドしたりすることに関連します。**インタラクション**は、学習者に即時フィードバックをしたり、現実的な課題に取り組む際、学習者の積極性を促したりするコンピュータの能力が関係します。**学習者コントロール**は、可能な限り、学習者が自身の学習に責任をもてるようにすることです。その結果、学習を自分事として受けとめる感覚が生まれたり、自らの関心に応じて学習を導いたりできます。

アメリカにおける公教育の変化は一般に振り子にたとえられます。片方が地域やコミュニティ主体の学校であり、もう片方が中央集権で国家に統制された学校です。1990年代から2000年代初頭にかけて、振り子は地方主体から、国家によるスタンダード化と標準テストに振れました。成果の平等を求めて、連邦政府や州は標準テストの実施によるアカウンタビリティを強調し、学校には教室で統一された実践をするようプレッシャーをかけました。とりわけ都市部では、このアカウンタビリティの強調は複雑な結果をもたらしました。標準テストの結果からみれば、国全体の生徒の成績は改善されました[☆1]。しかしながら、**ハイステイクス・テスト**は、教育者を「ゲーム」へと駆り立てるリスクがあります。生徒の学習に本質的な改善がないところで、目に見える成果を求めようとするのです[☆2]。

アカウンタビリティ政策の副次的な効果として、学校のテクノロジ・インフラは大きく改善されました。米国のほぼ１００％の公立学校が、データ分析、生徒情報システムを採用しています。そして多くの学校が何らかのＬＭＳ（学習管理システム）を使用しています。２０１０年までに米国の99％の公立学校区が生徒情報システムを導入し、77％は**データウェアハウス**を構築し、64％はカリキュラムマネジメントシステムを導入しています[☆3]。２０１４年には、マネジメントと情報テクノロジに関するグローバル市場は1億ドル規模に膨張しています[☆4]。２０００年代の間、学校はコンピュータ適応型の評価ツールの導入もはじめました。生徒の学習について即座にスタンダードに基づいたフィードバックをすることができます[☆5]。これらの投資は、スタンダードに基づいたアカウンタビリティ政策に対応する必要に迫られてのものでした。結果として、情報を得る必要性から身につけたテクノロジの活用力は、学校のリーダーと管理職を21世紀レベルにしました。

現在、政策の振り子はふたたび、地域・コミュニティ主体の学校へと振れようとしています。コモン・コア（各州共通基礎）スタンダード政策は、２００９年にはじまりました。すべての学校と生徒のために、数学およびリテラシーに関する学習の質を定義する努力が精力的に推進されました。合衆国教育省の**頂点への競争**（**ＲＴＴＴ**）**政策**とあいまって、コモン・コアは米国において良い指導と学習とは何かを方向づけました。しかし、２０１０年代の半ば、右派左派双方から批判が展開されました。国が定めるスタンダードとアカウンタビリティの推進は、保護者、地域コミュニティの役割を弱めるだけでなく、生徒自身が教育プログラムとその成果を見定めるべきというのです。２０１７年、コモ

ハイステイクス・テスト
51ページ訳注参照。

データウェアハウス
膨大な量のデータを格納し、必要に応じて取り出せるシステム。

頂点への競争政策
ＲＴＴＴはRace to the topの略。オバマ政権期に進められた競争型資金プログラム。

ン・コア，合衆国教育省による中央集権，アカウンタビリティといった政策の将来は危機に陥り，次の姿を巡って地方と国の両方で議論が展開されました。

学校に対する国による統制に向けた動きには，テクノロジが必然的に持つカスタマイズ，インタラクション，学習者コントロールの性質が立ちはだかります。これらの特性と付き合うために学校は生徒が何をどのように学ぶかについて，より個別的な支援や選択肢を提供するテクノロジを受け入れる必要があります。よりチャレンジングで現実的な課題に生徒たちが取り組み，世界中の知識を活用するような学びを支援するツールを活用することになるでしょう。そしてそれは現在の学校における学習活動よりも，個別化され，興味関心に基づいたものになります。課題は生徒にとって意味があるものとなり，生徒の長期的な目標や関心につながるものになります。これらの必然は，カリキュラム，評価，公平性をどう設計するのかに強く影響します。

これから，公立学校が新しいメディアの利点を活かすために進めるべき政策について提案します。願わくば，これらの政策が，公教育が現在進行中の教育革命に抵抗するのではなく，参加する助けとなればと考えています。ゼロから新しい教育システムを作り直す必要はありません。より良い教育システムをデザインするとは，既存のピースの何をつくり替え，まとめ，省くことができるのかを理解することを意味します。本章では，古いものと新しいものをうまくまとめる手助けとなる3つの領域について検討します。パフォーマンスに基づく評価，新しいカリキュラムデザイン，デジタル世界における公平性への新しいアプローチです。

1　パフォーマンスに基づく評価

標準テストへの国をあげた取り組みの結果，学習を測る方法について，研究者らはいくらかの新たな知見を得ることができました。最近の動向として，国家による認定システムと，スキルベースの評価システムの2つの側面に着目してみましょう。

学習に対する既存のアプローチと新しいものをつなぐ道の1つが、国家認定システムを開発することです。その認定制度は、コンピュータ上で、あるいは、学校やラーニングセンターで訓練された専門職によって運営されます。人々は、好きなだけたくさんの認定資格を申し込むことができます。準備ができたと思ったときには、いつでも試験を受けられるようになります。教師や学区が決めたときに試験を実施する学校とは異なります。認定資格は、高校の卒業証書よりかなり限定的で明確なものです。卒業証書や学位といった機関による認定の代わりに、特定のスキルに関して、学習者の専門性を保証します。

学習者とその保護者が思い描く目標と、認定資格とが結びつくことを想定してみましょう。テクノロジのカスタマイズ性と学習者コントロールに対して、より適した評価システムになります。ある生徒が医者になることを目指しているとします。彼/彼女は化学、生物学、心理学、大学レベルの読解力と数学のスキル等について、それぞれの専門性を証明する認定をとることになるでしょう。トラベル・エージェントを目指すなら、読解、リスニング、説明、地理、心理学、**リソース・マネジメント**、スケジューリングなどの認定が求められるでしょう。保護者と生徒が相談できる、オンラインシステムへのニーズが高まると考えられます。職業を選択するために、どの認定資格が必要なのか、おのおのの認定を得るために、何を知る必要があるのか、不可欠な知識を得るのにどんな方法を用いることができるのか、といったことに関するコンサルティングを提供するのです。

認定資格は、3つの領域で発展すると考えています。アカデミックスキル、**ジェネリックスキル**、専門的スキルです。アカデミックな領域では、読み書き能力について学年レベルに応じた**コンピテンシー**の認定がなされるでしょう。歴史、数学、言語、科学、芸術、その他の科目でも、認定試験が考えられます。現在の卒業資格のように一定の認定資格を得ることによって、生徒が次のレベルの学校教育へ移るのを可能にします。試験準備のためにコースを受講したければ受けることができますし、

リソース・マネジメント
資源管理。仕事を進める上での時間・予算・人材などの資源を管理すること。

ジェネリックスキル
特定の職業に特化したものではない、仕事、教育、生活全般において重要となるスキル。

コンピテンシー
Competencyは、能力・適性などと訳されるが、ability, capabilityなど近似した概念があるため、カタカナで表記した。ここでは、「具体的に学習者ができること」の意味で用いている。

自分だけで勉強することもできます。多数の認定資格を取得する人もいれば，少ない人もいるでしょう。

ジェネリックスキルの認定は，労働省の**スキャンズ・レポート**によるガイドラインが参考になるでしょう。[☆6] 同レポートは，5つのコンピテンシー領域を提示しています。リソースを割り当てること，他の人と働くこと，情報を取得し活用すること，複雑なシステムを理解すること，さまざまなテクノロジを使って働くことです。それぞれの領域のなかには，いくつか異なる認定資格が含まれる場合があります。自動車の点検，コーディング，ネットワーク管理など，専門的スキルは，職場に応じて必要とされる特定のスキルにフォーカスします。生徒は，どの認定資格を得たいのかを選べばよく，（評価されるスキルが明確なので）評価課題に対するパフォーマンスがどのように審査されるのか，あらかじめわかっていることになるでしょう。

取得する認定資格の選び方は，生徒と保護者次第です。キャリアに関する関心や計画に沿ったものになるでしょう。もちろん，どんな教育計画をとるか必ずしも明確でない生徒にとっては，認定資格制度は問題になるでしょう。このように教育の世界が新しくなっても，ほとんどの子どもたちは，小学校や中学校のようなところに通い続けると考えられます。さまざまな生徒や教師に接する経験を通して，それぞれの進路を思い描くことができるようになるためです。それでも，学校の内部構成は，必修の認定資格を中心に編成されます。（従来の）カーネギー単位に基づいたコースではありません。上の学年に進むと，生徒たちは必修の認定資格プログラムを受け続けるだけでなく，好みの認定資格を選ぶ自主性が増してきます。彼／彼女らの意思決定を手助けするため，マルチメディア助言システムにアクセスできるようにします。さまざまな業種，ビジネス，職業の雇用者が評価する認定資格について，そのシステムで学ぶことができます。

ここまで議論してきた学校のデザインは，現在の高校の必須科目と選択科目のような印象をもたれるでしょう。異なるのは，生徒の準備ができたときに試験を受けられることくらいです。すべては，資格制度と認定の整合性にかかっています。資格制度の整合性を確保するには，内容の専門家が，知

スキャンズ・レポート
6章3節参照。

る価値のあることが何かについて合意していなければなりません。資格を標準化するプロセスは、全米数学教師協会や、**アドバンスト・プレースメント**（ＡＰ）プログラムで十二分に議論されてきた内容を標準化するプロセスが参考になります。知る価値があることは何か、その知識をどう保証するかをめぐる議論が描き出そうとしていることは何でしょうか。１つは、（従来の）学校の教師と、テクノロジベースの教師との間で合意できる範囲が明らかになることです。そして彼らの教育経験をもとにすれば、**ナショナル・スタンダード運動**が、生徒が本当に知る必要があることとは何かを明らかにする方法もみえてくるのです。

　コンピュータは、人々が知っていることを測る方法に、革命をもたらしています。第5章で取り上げたように、コンピュータ適応型テストシステムは、テストを受けている人のそれまでの解答を利用して、生徒の知識を測るのにベストな設問を選びます。もし生徒が質問に答えられなかった場合、システムはより簡単な質問を出題します。もし生徒が正答した場合、彼／彼女には、より難問が出題されるのです。現在、**GRE**や、**TOEFL**などで用いられています。コンピュータ適応型テストのテクノロジは、学校教育と学習に対する新旧のアプローチをつなぐ評価の幅を広げています。

　コンピュータベースのテストは、職業の学習で必要な知識やスキルなどを測るのにも役立ちます。以前なら、パフォーマンスを観測することしかできなかった専門家の知識を、研究者が特定したり測定したりできるようになります。**ロバート・ミスレビー**[☆7]らによる、エビデンスに基づく評価に関する研究は、専門知識の精巧なモデルをもとに、その評価をどのようにデザインできるかを示しています。例えば歯科衛生士のようなプロが知っていたり、できたりする必要のあることを測るために活用できます。エビデンスに基づく評価は、評価される知識と、その知識が発揮される行動と、その行動が引き起こされる課題とを結びつけ、コンピュータ適応型テストに落とし込みます。こうした評価システムによる潜在的な知識モデルは複雑で、構築するのは簡単ではありません。それでも、K-12の学校教育で開発された、スキルや知識の評価方法がどの程度、専門知識を把握するのに拡張され得るのか

アドバンスト・プレースメント
125ページ訳注参照。

ナショナル・スタンダード運動
アメリカでは日本の学習指導要領のような全国共通のカリキュラムはなく、州ごとにスタンダードが定められている。学力低下への対応策として、国レベルのフレームワークづくりが進められた。

GRE
88ページ訳注参照。

TOEFL
(Test of English as a Foreign Language)
外国語としての英語テスト。英語を母国語としない人々の英語コミュニケーション能力を測る。

ロバート・ミスレビー
(Robert Mislevy)
メリーランド大学名誉教授。教育評価を専門とする。

を示しています。

エビデンスに基づく評価と認定制度を組み合わさることで、教育の議論を学習成果にフォーカスできるようになります。評価活動は、教育、ビジネス、評価に関する有識者のコミュニティが提供する、より**真正な**活動となるでしょう。生徒は、望むなら何度でも資格認定を取得しようと試みることができます。評価センターの評価者には、生徒にみずからのパフォーマンスの長所と弱点とを理解させる責任があります。その上で、次の認定資格にチャレンジする際に、どのようにパフォーマンスを向上させられるのかを支援するのです。認定資格を得るということは、見識あるプロによって生徒の成績が認められることを意味します。コミュニティが認めるスタンダードに従って評価されたともいえます。

生徒は、就職活動や大学進学のために認定資格ポートフォリオをつくります。現在の高校や大学の単位認定とは異なり、パフォーマンスに基づいた認定システムは、大人の学習で問題とされる知識やスキルとリンクしています。パフォーマンスに基づいた認定システムを展開することは、生徒が知ること、できてほしいことを、教育者に慎重に見定めさせることにもなります。

真正な
30ページ訳注参照。

2 新しいカリキュラムデザイン

新しいメディア・テクノロジは、カリキュラム開発の新しい道を切り拓いています。その範囲は、指導と学習の新しいかたちから、生徒と教師の新しいインタラクションを生み出す方法にまで及びます。私たちが支持するカリキュラムデザインは、テクノロジを用いて、生徒の学びを自らの目標や関心に沿ったものにします。生徒の年齢であるとか、学校の一般的なカリキュラムより、生徒の目標や関心に基づいたカリキュラムに取り組む学校になるでしょう（詳細はコリンズ参照）[☆8]。

5章で取り上げたメーカースペースやYMAOなどは、学校での教育プログラムのモデルとなります。カリキュラムは、低学年では、家族、ペット、スポーツ、恐竜といったトピックで始まります。

やがて、映画制作、メディア制作、生物医学、ビジネスマネジメントといった領域へと進みます。読み書き、計算、科学、歴史、地理などの伝統的なアカデミック・スキルは、それぞれのカリキュラムに織り込まれています。生徒たちは、関心のあるトピックについて調査やプロジェクトに取り組みます。

生徒は、特定のカリキュラムに長期間、取り組むことが奨励されます。時には数年にわたって、深いレベルのスキルや理解を身につけます。子どもは一人ひとり、保護者の助けを借りながら、最初に2つのカリキュラムを選びます。教師と保護者の合意があれば、もう一方のカリキュラムに移ることもあります。子どもたちはやがて、芸術、ビジネス、テクノロジといった大人がしていることを反映したカリキュラムへ移行していきます。ただし、生徒たちは頻繁にカリキュラムを変えてはいけません。どの領域であっても、深いレベルのスキルや知識を身につけられなくなってしまうからです。

このようなカリキュラムでは、例えば恐竜の進化についてビデオを制作するような、複雑な課題を遂行するなかで、重要な内容やスキルを生徒が学ぶことを大事にしています。この類のカリキュラムに基づいた4ステージのモデルでは、学習を次のように構築します。

①生徒はまず初心者として、小さなプロジェクトに取り組む。より経験豊かな生徒がメンターとなり、プロジェクトの進行をしてもらう。
②経験を積んだ次には、他の生徒とより大きなプロジェクトに取り組み始める。そこでは、さらに進んだ生徒が、プロジェクトやサブプロジェクトのリーダーとなる。
③いくつかのプロジェクトに取り組んだ後であれば、新しく入ってくる生徒たちに対するメンターとして、ふるまえるようになっている。
④新たな生徒にうまくメンタリングができれば、より大きなプロジェクトのリーダーや、サブプロジェクトのリーダーが務まるようになる。

生徒が10代になれば、彼らがそれぞれの道を歩もうとすることに任せてみましょう。学校に通ったり、働いたり、自宅で認定試験を受けるために勉強したり、ユース・ラジオ、デジタル・ユース・ネットワーク、メーカー・コープ等に参加したりします。大学に行きたければ、できるだけ早く大学のために必要な認定資格を得ようとするでしょう。したがって、15歳か16歳で大学に通う人も出てきます。あるいは、しばらく働いてから、大学準備のため学校に戻るかもしれません。理想的には、ある程度（20か30くらい）の認定資格の準備ができるように、生徒の教育費を政府が補助します。そうすることで、人々は何歳であろうと準備ができたときにコースを受けられます。望んで選択した人々ばかりの異年齢集団コースが奨励されるようになると何が起こるでしょうか。高校で起きている、生徒を何とかして動機づけているような、現在の問題のいくらかを軽減できるのではないでしょうか。

デイビッド・シェーファー[☆9]が描いたオルタナティブな学校のデザインでは、プロの実践のもとで学習が編成されています。シェーファーによれば、学校のカリキュラムは、時代遅れな考え方のもとで編成されています。そのため生徒にとっては、学んでいることと、後の人生で行うことがリンクしなくなっています。ジャーナリズム、都市計画、エンジニアリングといった職業には、まとまった知識、信条、価値、方略があります。シェーファーはそのまとまりを、**知識フレーム**と呼びました。知識フレームは、時間をかけて洗練を重ね、知ることと、できることとを統合しています。ゲームベースの学習テクノロジは、知識フレームを生徒に伝えるのに重要な役割を果たします。

例えば、都市計画のカリキュラムを題材として、シェーファーは、生徒が建物、公園、衛生設備、駐車場を整備したり、運用したりできるインタラクティブなツールを開発しました。都市計画を担当する人の実際の業務に基づいて設計されています。生徒が予想したり、解決策を実験したり、政治的なプレッシャーに直面したりするようにデザインされたカリキュラムに組み込まれています。ツールとカリキュラムが一体となって、都市計画を政治的、財政的、建築的側面から考えるための優れた入り口を提供しています。確立された専門職をカリキュラムデザインの基礎としたことで、シェーファ

デイビッド・シェーファー
(David W. Shaffer, 1964-)
ウィスコンシン大学マディソン校の学習科学者。

ーは、どのようにしたら生徒が、数学、歴史、科学、政治を真正な文脈に結びつけて学ぶことができるのかを探索することができたのです。

学習テクノロジを学校に組み込むさまざまなアプローチは、学校が教えるのに苦労しているトピックに焦点を当てています。科学的な調査や歴史・生態学的なシステムについてなどです。市民科学では、データ収集やデータからパターンを発見するといった真正な科学の実践に学習者が取り組みます。専門の科学者が、そのデータを解釈し、人口の移動や天文などのモデルを生成します。ゲームも同様に、学校では再現が難しい体験を提供しています。『シヴィライゼーション』のようなゲームは、歴史の進歩や紛争をモデルにして開発されています。プレイヤーは、宗教、軍事、経済、外交などを発展させてきた文化が、世界の発展にどう影響したのかを知ることになります。ゲームの後、自らが進めた歴史上の出来事のもつ意味について、グループで話し合い、振り返ることを勧めます。とりわけ、第2次世界大戦のような歴史上の出来事について、本で読んだ描かれ方と、映像で観た描かれ方を関連づけてみるとよいでしょう。歴史がどのように展開してきたかというプロセスを垣間見ることは、教科書中心、史実ベースである学校の歴史学習の大半で欠けているアプローチです。『シヴィライゼーション』『シムシティ』のような**システム・モデリング**型のゲームは、生徒が批判的な知識やスキルを学ぶことを動機づける新たな経験となるでしょう。

スタンダードに基づいた教科領域以外の場面でも、ゲームは生徒が対人関係やリーダーシップに関するスキルを習得するのに役立っています。『ワールド・オブ・ウォークラフト』のような大規模な多人数同時参加型オンラインゲーム（**MMOG**）では、プレイヤーは戦略や兵站（物流）、リソース配分などを考えながら、複雑な問題を解決します。ソーシャル・グループとのインタラクションにより、新メンバーを集めて確保したり、大規模行動をコーディネートしたり、政治的な価値判断を行います。このようなゲームでは、戦術やリーダーシップスキルを学ぶことができます。ジョン・シーリー・ブラウンとダグラス・トーマス☆10によれば、テレビゲームは、次世代のビジネスリーダーを訓練す

システム・モデリング
実社会の歴史、経済などのしくみ（システム）を操作できるようにしたシミュレーション。

MMOG
26ページ訳注参照。

る環境にも成り得るのです。

テクノロジが学校教育に及ぼす影響の最後の論点は、**コース・マネジメント・システム**の導入についてです。多くのカレッジや総合大学は、CanvasやMoodleといった企業のシステムを利用しています。掲示板、共同プロジェクト用の開発スペース、教科書や読みもの資料などにオンラインでアクセスすることができます。これらのシステムでは、教師や出版社が開発したコンテンツを並べていますが、併せて提供されるコミュニケーション・ツールは、より熱中できる学習空間をつくり出すことができます。生徒は掲示板を利用することで、読解が難しい題材を探究したり、コースのプロジェクトのために共同制作に取り組むといったことが実現します。さらに重要なことは、クラスの議論に参加することを難しく感じている生徒が、オンライン・ディスカッションによって同じく参加できることです。クラスメイトとの相互理解が進むでしょう。コース・マネジメント・システムは、学校外で活用されているコミュニケーション・テクノロジを、コース内容に統合します。**K-12**の学校がコース・マネジメント・ツールを採用するのは遅かったほうです。それでもテキスティングやスナップチャットに慣れているK-12の生徒たちは、コース・マネジメント・システムがつくり出す新しいインタラクションをすぐに理解するでしょう。K-12の基礎的なコースにコース・マネジメント・システムを活用することで、既存の学校カリキュラムのコアに、コミュニケーション・テクノロジを統合することができるのです。

3　デジタル世界における公正性への新しいアプローチ

イノベーションの振り子が家庭を対象としたテクノロジ製品に振れているとしても、学校は、新しいメディア・ツールがもつパワーに向き合わなければなりません。家庭にとってテクノロジ・ベースの学習は、公教育の補充的なものにも、代替手段にもなり得ます。その結果、新しいメディア・テク

コース・マネジメント・システム
（CMS: Course Management System）授業内容や学習状況をウェブなどで管理・運営するシステム。ムードルなどがある。学習管理システム（LMS: Learning Management System）とも呼ばれるが、CMSは一般的にコース（科目）単位でコンテンツが提供される。

K-12
5ページ訳注参照。

ノロジによる学習の多くは、学習機会の不平等をもたらしているように見えます。どうすれば、学習テクノロジを公立学校の構造的な不公平解消のために活用することができるでしょうか？

新しいメディアは、本章で示したカリキュラムに関するアイデア以外にも、新たな教育経験やアフィニティグループへのアクセスを提供できると私たちは考えています。作家の**ジョナサン・コゾル**[☆11]は、次のように暗い現実を描いています。繁栄した都市に住んでいるにもかかわらず、都市部の多くの生徒は、近所からめったに出かけることがありません。彼らは、教室を支配する貧しいアカデミックな経験の罠にはまっているというのです。バーチャル・コミュニティは、旅に出ることが困難な学習者にぴったりです。ユーチューブのコミュニティは、世界中からの極めて幅広い動画体験に私たちを誘っています。学習者は多様なバーチャル・コミュニティと様々な方法でつながることができます。ＡＲＩＳ（fielddaylab.org）のような位置情報ゲームでは、学習者は離れた場所での仮想体験に身を置くことができます。**ファンフィクションサイト**では、生徒たちが遠くの場所について文章を書くよう促すことができます。世界中の著者たちからそれぞれの視点でフィードバックを得ることができるでしょう。ジェームス・ポール・ジー[☆12]は、**アフィニティスペース**というコンセプトを示しています。参加者はバーチャル環境に招待され、新たな課題やトピックに対する世界中の人々の思考、行動、言葉、意見から学ぶことができます。学習テクノロジは、生徒が旅に出る障害となる経済的な苦境を解消することはできませんが、高品質なアカデミック体験と幅広いコミュニティへのアクセスを、地方の学校にもたらすことができます。

新しいメディア・テクノロジは、高品質のアカデミックな経験を提供することもできます。例えば、大学入学試験委員会のＡＰプログラムは、「スケール（普及）する」ことに成功した数少ない教育イノベーションの１つです。国中の高校生が、文学、社会・自然科学、数学、その他の科目のＡＰコースを受けています。共通の成果を保証するために、外部評価者が共通の尺度で評価しています。しかし、多くの学校でＡＰクラスを幅広く提供することは困難です。スタッフの充当と、生徒の興味の欠

ジョナサン・コゾル
（Jonathan Kozol, 1936-）
教育者、ノンフィクション作家。『アメリカの人種隔離の現在』などが翻訳されている。

ファンフィクションサイト
22ページ訳注参照。

アフィニティスペース
93ページ訳注参照。

如がその原因です。劇的なコスト削減方法は、ビデオによる遠隔授業です。予算の限られた多くの都市や地方の学校にとって、遠隔教育を通してＡＰコースを受講できるようにするのは、手っ取り早い選択肢といえるでしょう。**フロリダ・バーチャル・スクール**のような組織は、地方の学校が提供できないコースを提供する、仲介者のはたらきをますます強めています（ＡＹＰＦ[☆13]を参照）。

バーチャル・チューターリングは、テクノロジによって学校のアカデミックリソースを増やすもう1つの方法です。チューターリング（家庭教師）は、学業成績を伸ばしたい家庭に好まれています。2000年代、米国の教育政策のリーダーたちは、チューターリングをすべての生徒の学習支援に要求しました。なかでもバーチャル・チューターリングは、困難を抱えている学校の生徒たちを外の世界につなぐ、重要な道筋を提供する可能性があります。コンピュータ適応型のチューターは、代数や幾何学のように内容が構造化されている学習をガイドできます。**カーンアカデミー**はコミュニティによるチューターリングが学習者の幅広いニーズに対応することを示す先駆的な事例です。1対1のチューターリングの利点すべてを提供することはできませんが、生徒の疑問に答えてくれる幅広いコミュニティへのアクセスと、系統だった学習例を提供しています。現在、議論されている知的労働のアウトソーシング問題は、ここにも現れています。コミュニケーション・テクノロジは、大陸どうしのつながりを深め、世界を小さくしました。指導と学習に関するもっとも個別的なニーズにまで、その影響は及んでいるのです。

子どもたちがテクノロジを生産的に活用できるようになるための、保護者支援のあり方については9章で検討します。公正さの問題に対処するためにテクノロジをどう活用するのかという問題については、10章で再度取り上げます。テクノロジは、教育における公正さの問題を明らかに悪化させました。私たちは、この問題をどのようにすれば軽減することができるのか、慎重に考える必要があります。

フロリダ・バーチャル・スクール
84ページ訳注参照。

カーンアカデミー
122ページ訳注参照。

9章　結局、何がいいたいのか？

現在の教育革命の結果は、意識され始めたばかりです。テクノロジがもたらす学習の場は、あらゆるところで芽吹き始めています。技術革新は、公教育制度の外側で、予期しない影響を与えつつあります。4章において、アメリカの公教育の進歩を簡潔に辿ってきました。そのなかで私たちは、いかに「学ぶこと」を、公教育と同一視するようになったかを示しました。新しいメディアテクノロジはこの常識を白紙に戻しただけでなく、指導と学習をより洗練されたモデルへと編み直すことも促しています。

ジョン・ヘーゲルとジョン・シーリー・ブラウン[☆1]は、ビジネスで成功するには、市場の最先端（エッジ）で起きているイノベーションから学ぶ必要があると主張しています。市場が急速に変化する時代について、彼らは次のように述べています。「私たちがそれ（エッジ）に応じてレンズを調整すれば、注目に値する何かが見え始めるでしょう。そのエッジが変わりゆく先に、ついにはコアとなる部分までもがつくり変えられるのです」。学校教育のコアを変革する「エッジ」を目指して、私たちは次世代の学習テクノロジの知的な消費者であると同時に、作り手にもならなければならないでしょう。

教育を未来へと導きたいと望むなら、生活のなかでテクノロジを受け入れようとしない人たちにさえも、新しいテクノロジの本質的な可能性を理解してもらう必要があります。**ドン・タプスコット**[☆2]は次のように主張しています。「子どもたちが、彼らの親の世代よりも、社会の中核を成すイノベーシ

ドン・タプスコット
(Don Tapscott, 1947-)
ビジネスコンサルタント。『マクロウィキノミクス　フラット化、オープン化、ネットワーク化する社会をいかに生きるか』（アンソニー・D・ウィリアムズとの共著）などが翻訳されている。

ョンについて抵抗がなく，よく知っていて，使いこなすことができるのは歴史上初めてのことです……彼らは社会を変革する力なのです」。

本章では，保護者と教師に対して，少なからず存在するジェネレーションギャップをいかに埋めるかを提案します。その上で，既存の実践に，新しい学習テクノロジをいかに統合するかについて取り上げます。

1 子どもたちは，テクノロジから何を学んでいるか？

テクノロジを基盤とした学習環境の出現によって，子どもたちが学校外や家庭でどのように（そして何を）学んでいるか，保護者や教師は注意を払う必要があります。新しいテクノロジについての意識を高めれば，テクノロジにのめり込む子どもたちが身につける新しいスキルがどんなものなのか，保護者や教師は理解し始めることができるのです。

テクノロジリテラシーに関するギャップは家庭で始まります。今の子どもたちは，一日9時間以上も新しいメディアとかかわりながら過ごしています。[☆3] それは，学校にいるよりも，友達といるよりも，睡眠よりも長い時間なのです。起業家たちは，毎日，若者を情報・娯楽テクノロジに惹きつけるための新しい方法を開発しています。多くの保護者たちは子どもたちのメディアへのアクセスを制限しようとしますが，彼らの多くは新しいテクノロジを子どもたちがどのように使っているのかあまり理解していないと告白しています。

テレビゲームは，テクノロジに関するジェネレーションギャップの最も明白な事例を提示します。多くの保護者（そしてスクールリーダー）は，中毒と「若者の堕落」という点でテレビゲームを「問題」だとみなしています。間違いなく彼らは，子どもたちが引き込まれているゲームの多くは暴力的で，子どもたちが十分な運動をしない一方，意味のないゲームや雑談で多くの時間を無駄にしていると懸念しています。そんな懸念をよそに、テレビゲームで遊ぶ子どもたちは、仮想世界のなかで、多くの保護者が経験したことのないような洗練された問題解決やコミュニケーションスキルを身につけています。ジェネレーションギャップを埋めるための方法の1つは、子どもと一緒に本を読みましょうという考え方から、一緒に遊んでみましょうという考え方に一歩進んでみることです。コントローラを手にとって、『**ハースストーン**』や『**マインクラフト**』を始めてみましょう。そして、あなたの子どもに遊び方を教えてもらい、プレイの戦略や目的について、するどい質問を投げかけてみましょう。

　保護者ができるもう1つのやり方は、子どもたちに関心を共有できるオンラインコミュニティに参加するよう勧めることです。恐竜、詩、スポーツ、お絵描き、天文学、馬、軍事史、テクノロジなど、子どもたちは、さまざまな情熱を抱いています。興味が何であれ、それらを追求することで身につく専門的知識は、その後の人生で非常に貴重なものとなり得るのです。加えて、彼らのリサーチスキルを伸ばすことにもつながります。生涯を通じて、努力する際に何度も役立つものとなるでしょう。子どもたちが関心のある領域において消費者から作り手になれるよう励ましてみましょう。彼らの関心についてのビデオ、**モド**、模型、作品を生み出すようそっと後押しするのです。インターネットによって関心が共有されたコミュニティを誰でも探すことができます。あなたの子どもがフォローしたいコミュニティを理解し、他のコミュニティのメンバーに対して力を発揮したり、貢献を共有できたりするやり方を子どもと共に学んでいくのです。

　例えば、子どもたちは、『**エピソード**』のような関心のある何かを通して、コーディングへの情熱を追求するかもしれません。『エピソード』は、失恋、愛、セレブリティといったティーンの問題に関する何千ものインタラクティブな物語から構成されるスマートフォンアプリです。保護者の目からは、そのストーリーは繰り返しばかりで、主なテーマが10代の少女のフィクションばかりに焦点化されすぎているように見えるかもしれません。限られた調査ではありますが、『エピソード』によってユーザーが自分自身の物語を生み出すことができるようになっています。その物語は、どちらかと言

ハースストーン
27ページ訳注参照。

マインクラフト
94ページ訳注参照。

モド
95ページ訳注参照。

エピソード
（https://www.episodeinteractive.com/）　Pocket Gemsが開発したスマートフォンやタブレット等のモバイルデバイス向けに構築されたインタラクティブなストーリービデオゲーム。ユーザーとして1200万人が登録している。基本的には、ストーリーの進行に合わせて選択が求められ、それによってストーリーが変わっていくフォーマットである。ユーザーが自分でストーリーを作成できるUGC作成プラットフォームも搭載している。

えば洗練された構築プロセスによって生み出されているのです。ユーザーは、『エピソード』のポータルサイトに投稿するためには、それぞれ400行のコード（!!）からなる3つのストーリーを創作せねばなりません。ストーリーを創作するために、ユーザーは、画像の操作、サウンドの編集、システム内のオブジェクトの生成とコード化、再帰の活用、**ハイパーテキスト・マークアップ・ランゲージ**（HTML）のマスターが必須なのです。言い換えれば、『エピソード』は、ティーンやプレティーンが熱心に取り組みたいと思う関心を基盤に、従前に開発されたコーディング環境に彼らを誘っているのです。『エピソード』は、830万の登録済クリエーターがおり、7万3千のユーザーが創作したストーリーが読めると報告しています。最初の学習者の情熱は保護者にとって疑わしいものに見えることさえあるかもしれませんが、結果として生じるメディアスキルは、21世紀のリテラシーへの強固な橋渡しとなるのです。

志を同じくする子どもたちが集うコミュニティの長所は、学校がまったく関与することなく、大人すらも、ほとんど関与することがないという点です。大人のメンターがグループに参加するとしても、黒子に徹するべきです。子どもたちが、自分たち自身では見いだせないような新しい方向へ進めるように促すにしてもです。オンラインコミュニティが子どもたちの情熱をもとに構築されているからこそ、彼らは自立すべきです。コミュニティは、子どもたちが関心のあることを深く学べるように励ます場なのです。子どもたちが『エピソード』でコーディングを学ぶことが、いかに「現実の仕事」を得る手助けとなるのか疑問をもたれるならば、アメリカ国立科学財団からニューヨーク市の公立学校までどれだけの組織がテクノロジや科学のキャリアパスを若い女性に対して生み出すのに関心を寄せているかを考えてみましょう。ある領域に対する深い専門性から生じる21世紀型スキルへの道筋に社会は価値を置いているのです。

子どもたちがオンラインにいる時間は、そのまま本を読まない時間でもあります。このことは、保護者と教師に共通の関心事です。リテラシーの研究者たちは、言語発達を刺激するために、豊富で機

ハイパーテキスト・マークアップ・ランゲージ
ウェブページを表現するために用いられる言語。フォントや文字色の指定、見出しや段落といったドキュメントの抽象構造の表現、他ページとのリンクや画像等のマルチメディアを埋め込むハイパーテキストとしての機能を有する。

能的な語彙を増やすことの重要性を長い間認識してきました。1人で本を読むことは、着実かつ緩やかに、語彙を増やすことにつながります。その一方で、語彙が豊かな人々と読んだ本について話すことは、大幅に発達を加速するのです。教育言語学者のジェームス・ポール・ジー[☆4]は、テレビゲームが、語彙の発達を促す原動力になると指摘しています。しかしながら読書と同様に、ゲームそれ自体は、緩やかな語彙習得の機会にすぎません。しかし、プレイヤーが、より大きなゲームコミュニティに参加するとき、子どもたちが意味のある文脈で新しい語彙を発達させる機会をより増やすことができるのです。

情報を収集したり、ビジュアル表現を読み解いたりするといった高度なリテラシースキルに対して、新たなテクノロジがどのような影響を与えるかを予測することは困難です。しかし、21世紀型の経済で活躍できる生徒を育てたいと考えている政策立案者は、仮想環境をナビゲートすることを通じて発達するスキルが、職場でいかに成果を上げるかを評価するのが賢明でしょう。著書『ゴット・ゲーム』において、ジョン・C・ベックとミッチェル・ウェイド[☆5]は、ゲーマー世代がもつ、新たなスキルや気質が、職場を変えていくだろうと示唆しています。ゲーマー世代は、市場分析や社会的・経済的モデリングのような分野で、職場にバーチャルな側面をもち込もうとするでしょう。ゲーマーは、ゲームベースのシミュレーションのなかで、大きな意思決定をしたり、リソースを調整したり、複雑な戦略を試みたりする豊富な経験を積んでいます。ベックとウェイドはまた、ゲーマーが複数のゲームベースの環境をまたいで評価されることに、いかに慣れているかについても言及しています。このことは、業績給への期待を生み出します。さらには、ゲーマーの会社への忠誠心は下がり、よりチャレンジングな仕事へ移ろうとするでしょう。ベックとウェイドの業績は、未知の領域を描き出そうと試みたものです。とはいえ、明日の仕事の世界が部分的であれ、今日のゲーミング・テクノロジによって部分的にでも形成されていくことは、すでに明らかだといえるでしょう。

2 テクノロジは、子どもたちの「社会生活と学び」をどのように変えてきたのか？

テクノロジを通じて、仲間文化とポピュラー文化の両者が同時に生まれたことは、おそらく学校や保護者にとっての最大の脅威（あるいはチャンス）です。６章で論じたように、20世紀半ばにおける高校の増加は、10代の若者たちの間に刺激的な仲間文化を生み出す下地となりました。１９５０年代初頭、広告主たちは、自由に使えるお金がある10代の若者たちに有利な市場を開拓し始めました。音楽、スタイル、スポーツ、映画を10代の若者たちに対してカスタマイズしたポップカルチャーを生み出したのです。大人によって組織された学校教育という社会経験に対して、ポップカルチャーへの若者の参加は、新たな選択肢として抗しがたい魅力をもっていたのです。１９６０年代、数百万人に及んだ10代の若者は、教育を受けるよりもむしろ仲間をつくるために学校に行きました。そして、エンターテイメントに関するテクノロジが、ポップカルチャーの発展に火をつけました─レコードプレーヤー、ラジオ、テレビ、８トラックのカーステレオは、アイフォーンやタブレット、ＰＣの明らかな先例です。新しいテクノロジを青年たち（そして今はプレティーン）が取り込むことで仲間文化が強固になっていきました。それは、ヒップホップのスラングからテキストメッセージの約束事まで、仲間内しか寄せつけないことが約束されることで、テクノロジがより魅力的なものとなる新しい**ジャーゴン**の発達を通じてでした。

近年、アメリカのポップカルチャーそのものが、パワフルな経済の原動力となっています。世界中に、数千の雇用と、数百万ドルの経済価値を生み出しています。実際、音楽、スポーツ、スタイル、映画、テレビゲームなどのポップカルチャーは、今やアメリカの主要な輸出品の一部です。アメリカのポップカルチャーの爆発は、商品やサービスを生み出す情報経済の本質的な特徴を表しています。つまり、これまで支配的だった原材料を利用する方法ではなく、人的リソースを価値ある商品そのものと

ジャーゴン
仲間内だけに通じる特殊な言葉のこと。

コンピューティングブーム
１９８０年代からの家庭用テレビゲーム機の普及、１９９０年代からのパーソナルコンピュータの普及のこと。

ダウンロード販売
digital distributionの定訳となっているが、現在では音楽や動画等の配信サービスも含む。

スティーブン・ジョンソン
（Steven Johnson, 1968-）
作家。科学、メディア論に関する著書がある。

ゲーム・オブ・スローンズ
２０１１年から２０１９年まで放映されたドラマシリーズ。小説『氷と炎の歌』シリーズを原作とし、数多くの登場人物が織りなす複雑な人間関係や権力闘争、ドラゴンやゾンビといったファンタジー小説の要素も描かれる群像劇である。

して、自身の名義で、パッケージ化やマーケティングを行うのです。この点で、ポップカルチャー業界は、大地から掘り出された資源からではなく、魅力的なアイデアからばく大な産業を生み出したのです。それは、１９８０年代、１９９０年代の**コンピューティングブーム**のモデルにもなりました。

現在、エンターテイメント業界の巨人たちは、インターネット新興企業との間で、**ダウンロード販売**と所有権をめぐる問題に関するバトルで身動きできなくなっています。しかし、だれがメディアを制するかの戦いは、エンターテイメントの新しい形態が登場することで、二の次になるでしょう。ポップカルチャーが世界中で実体経済の成長を生み出すようになると、ポップカルチャーの身近さは、何をもたらすのでしょうか？　言い換えれば、テレビを見たり、Ｘｂｏｘのゲームをしたりする、すべての夕べが、よい結果をもたらすのでしょうか？

スティーブン・ジョンソン[☆6]は、最近のメディアのコンテンツが、参加型のメディアリテラシーを認知的に必要とする新しい形態に進歩しつつあるのを目の当たりにしていると示唆しています。『**ゲーム・オブ・スローンズ**』や『**ブレイキング・バッド**』のようなテレビ番組は、エピソードが展開する中で複数の物語が絡み合っていきます。一方で、**リアリティショー**は、伝統的な物語の筋を破り、参加者が物語の大筋を決定できるように開かれています。視聴者は、テレビ番組の放映に合わせてウェブサイトを作成し、物語の展開や好きなキャラクターについて議論しています。テレビゲームは、認知の複雑さでいえば、番付表の最上位にあげられます。プレーヤーは、さまざまな戦略を用いて複雑な問題を解決しなければなりません。ゲームをクリアするために、数十のコースをめぐり、時には何百時間も費やします。情報経済は、仮想環境の生産に向かって変化し続けています。新しいメディアのニュアンスを経験することは、情報の消費ばかりではなく、情報の生産につながる可能性があります。ブログや**クラウドソース・ニュース・サイト**は、既存のニュースネットワークから真剣に受け止められています。エンターテイメント業界が、参加型メディアによって変革されるか、はたまた、新しいメディアが、既存の生産とコントロールの枠組みに、たくみに取り込まれてしまうのか。私たち

ブレイキング・バッド
2008年から2013年まで放映されたドラマシリーズ。余命わずかとなった高校教師が自身の医療費等を稼ぐために麻薬の精製に着手したことから始まる、人格や家族等の劇的な変化を描いた作品である。

リアリティショー
主に一般人の参加者が織りなす人間関係、恋愛、葛藤・対立などをドキュメンタリー風に描いた番組のこと。電話投票など視聴者との双方向の要素が盛り込まれている。

クラウドソース・ニュース・サイト
一般人（またはプロのジャーナリスト）が情報収集者・執筆者となっているようなニュースサイト。ただし、ブログとは異なり、運営サイトがファクトチェック等を行った上で発信する形が一般的である。

は今後、目にすることになるでしょう。

3 私たちをどこに導こうとしているのか?

テクノロジ懐疑派は、学校のコアとなる実践に関して、間違った場所で変化を探しているのではないでしょうか。ラリー・キューバン[☆7]のような研究者は、技術革新の影響を教室のなかで探してきましたが、見つけられませんでした。伝統的な教室での実践を続ける教師は取り残され、その代わりに、データシステムの導入された行政官庁や、ゲームをしている生徒の間で、技術革新は広がっているのです。

コンピュータを利用できる教室へと変える圧力は、教室内外からやって来ています。たしかに、既存のシステムに対するおまけとして、新しいテクノロジを少しずつ導入することは、今後も続くでしょう。たとえば、数学の宿題向けウェブサイトの多くも、そのままあり続けると思います。しかし、学習を変革する新しいメディアテクノロジの力は、私たちの学校に対して新しいやり方で仕事をするよう要求し続けるでしょう。学校は内部から変化し、官民のより大きな教育サービスの一部になろうとしています。学校は、テクノロジが豊かな新しい種類のシステムへと変質しようとしています。

残念ながら、そこでの新しい教育システムは、テクノロジ推進派にとっての勝利をおそらく意味しないでしょう。**カーンアカデミー**、**MOOC**、ウィキペディアの取り組みがあるにもかかわらず、教育者や政策立案者は学校教育のコアミッションとして、基礎的なスキルの教授に焦点化し続けました。学校の変化が自然発生すると予測する推進派は、現在のシステムのなかでどこが技術革新の機が熟しているかを理解するために、既存の学校制度を学んだほうがよいでしょう。

テクノロジのビジョナリが活躍するべき時がやってきました。私たちは現在、19世紀の最後の数十年の間に起こった第2の教育革命と同じ段階にいます。新興のシステムの中心的なピース—幼稚園、

カーンアカデミー
122ページ訳注参照。

MOOC
5章89～91ページ参照。

高校、学年別のカリキュラム、教科書―は、当時すでに存在しており、新しいシステムへと融合し始めていました。セントルイス、ニューヨーク、ボストンのような地区で地元の強い後押しがあり、教育行政と心理学における新たな研究領域が誕生しました。その結果、それらのピースが「1つの最高のシステム」へと調和しました。現在、私たちは当時と同じように新しいピースが渦巻く状況に直面しています。ここでのピースは、**コンピュータ適応型学習ツール**、テレビゲーム、**分散ネットワーク**、そして**メーカースペース**などです。社会が重視する目標を、新たな教育システムが具現化できるかどうかを確かめるために、革新的な教育者による強いリーダーシップを私たちは必要としています。

コンピュータ適応型学習ツール
5章87～89ページ参照。

分散ネットワーク
単一の集中システムではなく、各拠点に設置されたコンピュータが、オンラインで相互に処理を分担・連携するようなネットワークシステムを指す。

メーカースペース
115ページ訳注参照。

10章 テクノロジ世界のなかで教育を再考する

新しい教育システムに向けたビジョンの幕は、まだ開いたばかりです。現実のものとするには、政治・教育のリーダーがリソースを投入し、すべての学習者の教育を変えつつある学習ツールのパワーを生かす必要があります。

第二次世界大戦の後、アメリカはグローバル資源の度を超えた独占を楽しんできました。巨万の富を得て、アメリカ人は高い生活水準を維持し、世界のリーダーシップを担うことができました。**トーマス・フリードマン**は『**フラット化する世界**☆1』のなかで、情報テクノロジでつながることによって、世界の活躍フィールドがフラットになったと述べています。フラット化されたことにより、世界中にいる何百万ものエンジニアや技術者や専門家が、かつて多くのアメリカ人に富をもたらしたキャリアを追いかけています。世界中の国々の将来の繁栄は、その国の教育システムが、新たなテクノロジの良さを、すべての市民の学びの促進に生かせるかどうかにかかっています。もしアメリカが世界経済のなかで成功したいのであれば、新たなテクノロジの持つポテンシャルを実践の中心に据えて、教育を再発明する必要があります。

経済政策を成功させるには、高いコストがかかります。アメリカで起こったように、富の源泉として知識経済に目を向けた国では、エリート階級に経済資源を集中させる傾向があります。多くの先進国では、もてる者ともたざる者とのギャップは縮まらずに広がっています。エリート層の人々は自分

トーマス・フリードマン
(Thomas L. Friedman, 1953-)
ジャーナリスト、コラムニスト。

フラット化する世界
情報技術の進展とグローバル化により、世界がどう変化しているのかを描いたベストセラー。

たちの地位を守るため、かつてないほどに、数学や科学やテクノロジが関わる仕事を独占したがっています。**W・E・B・デュボイス**が「トップ10％」とよんだ、資源を集中させ、世界的に競争力のある職業に才能のある生徒たちを追い立てるような国際競争が起きています。ゲーリー・オルフィールドとチャンメイ・リー☆2は、学校と地域コミュニティの分離、バウチャー政策、チャータースクールなどの取り組みから、すでに私たちの教育政策が、平等の責務から離れようとしていると指摘しています。

テクノロジがどのように発達することが、平等と国際競争のバランスをとる助けになるかは、明らかではありません。本書を通して私たちが主張してきた教育の再考とは、社会のすべての人々が、新しい教育リソースにアクセスできるようにする戦略を目指すべきだということです。そして、人々にリソースを活用するモチベーションを与えるのです。社会、教育、学習を分けて考えるのではなく、それらの相互の影響を考えることが、教育の再考には求められています。

1 学ぶことの再考

学習とは、学校が提供する科目を履修することだという考えとともに、私たちは育ってきました。本書を通して主張してきたように、学校に行くことが教育だという見方は、新しいテクノロジが学習を学校の壁の外にもち出すことで、ゆっくりと見直されてきています。ある意味、学校と学習の決別は、子どもたちの学習経験が個別に定められ、その決定がしばしば親や専門家の影響を強く受けていた時代に私たちを引き戻すかもしれません。

人々や政治家が、子どもたちが何を学んでいるか、大人たちが何を知らないのか心配になったときに現れる、「私たちはどのように学校を改善できますか？」といった紋切り型の反応はなくなるかもしれません。その代わりに、「どうしたら学習者が自分で学びの道程をつくることを支援できますか？」や「どうしたらより多くの人たちに、新しいテクノロジ・リソースを提供できますか？」「どのよう

W・E・B・デュボイス
（W. E. B. DuBois, 1868-1963）
アメリカの公民権運動指導者であり、社会学・歴史学者。

なツールが、人々が自力で情報を探し出す活動を支援できますか？」と彼らは尋ねればよいのです。現在の学校と学習との間の強い結びつきは、私たちの議論でも学校制度をふまえた反応を余儀なくされています。教育を改善することについて考えるとき、このように幅広い問題として問うていく方法を、私たちもまだ十分に知りません。本書が、そのような議論のきっかけになることを望んでいます。

学習が学校の外に移ることで、私たちの学習に対する概念が広がり始めます。教室と教室外の場所とを行き来するハイブリッドな学習経験を目にすることができるでしょう。教育は、ホームスクーリングと同じ道を歩むのかもしれません。生徒はそれぞれに課題を設定し、野外調査をしたり、ウィキペディアに記事を書いたり、コンピュータゲームを開発したり、あるいは動画をつくり、ユーチューブにアップして誰かに教えたりします。例えば、プログラミングを教えている教師が、生徒たちから自分のコンピュータを持ち込みたいと提案されたとします。ネットワークに接続し、マルチプレイヤーゲームをいっしょにやりたいのです。コンピュータクラブを結成し、自分たちでゲームを開発し始めることも考えられます。新しい生徒がクラブに入れば、初期メンバーが新たな参加者にこれまで学んだことを教えるでしょう。英語の授業で何かしら複雑な事柄を説明する動画をつくる課題がその生徒たちに出されたとします。彼らは自作したゲームのもっとも難しいところを動画で解説し、自分たちのユーチューブチャンネルにアップします。あるいは中学校の図書館で同じようなつながりをつくり、後輩たちにゲームの仕方やネットワークの管理について教えはじめるかもしれません。これらの学習はすべて学校を舞台に起きています。しかし、「本来の」学校教育ではありません。各地のテクノロジ指導者が同じようなモデルによって生徒たちにハードウェア、ソフトウェア、ゲーム、制作を学ばせようとしています。

本書における教育ビジョンは生涯学習の理念に基づいています。生涯学習は、高度に制度化された学校教育からは距離を置き、多様な学習経験の参加者になることを学習者に求めます。学習者は、学びの場の質を判断するスキルを磨くことと、ガイドやアドバイスを得る、ある種のソーシャルネットワークを築くことが必要になるでしょう。

ブリジッド・バロンは、子どもたちが学習環境の知的な消費者として、どのように学ぶのか、コンピュータスキルの獲得を例に紹介しています。☆3 中国からの移民の娘でステファニーという、カリフォルニア州に住んでいる中学生の女の子がいました。彼女には、**ジオ・シティーズ**で自分のウェブページをつくる友だちグループがいました。ステファニーは絵を描くのが好きで、友だちからは、HTMLの使い方を教えてもらいました。その後、7年生になったステファニーは、コンピュータでデザインするために、プログラミング、ウェブデザイン、工業技術のコースを履修しました。8年生になって、彼女は家族のためにウェブページをつくることを決め、父親の新しいビジネスのためのウェブページのデザインも手伝いました。ステファニーは母親に、コンピュータのさまざまな使い方を教えたりもしました。コンピュータ・アートをさらに身につけたかったので、彼女は、オンライン・デジタルアート・コミュニティの「**Xanga**」でのやりとりをこっそり見ながら、コンピュータ・アートの作成テクニックを磨きました。彼女は、アーティストがみずからの作品をプロデュースするように、完成品と**ソースコード**の両方を学んだのです。彼女は、デジタル世代の自律的な学習者の典型といえるでしょう。

ソーシャル・ネットワークは、テクノロジが学校のサポートやガイダンス機能をどのようにつくり直すことができるかを示しています。ネットワークには、かなりの専門家から初心者同然の人まで、異なった背景をもつ多様な年齢の人々が集まっています。読むだけで学ぶ人もいれば、質問して学ぶ人もいます。ネットワーク内のグループでは、メンバーが一緒に、興味のあるトピックを調べたり、重要と思われる論点について議論していたりします。とはいえ、成功しているサイトはどこでも、ユーザーの関心を導くような情報を提供しています。あらゆる病気や障がいには、オンラインの共通関心でつながるグループがあります。全国の医者は、次第に情報通となる患者の集団にみずからの診断をチェックされていることを知っています。ソーシャル・ネットワークは、特定の関心に基づいたト

ジオ・シティーズ
ウェブ上でホームページを作成できるサービス。米国では2009年にサービスが終了した。

Xanga
コミュニティサイト。

ソースコード
プログラミング言語を用いて記述したコンピュータプログラムの記述内容のこと。

ピック（詩、化学、デジタルグラフィック、**ファンタジー・スポーツ**）で花開いています。

私たちの学校に対する考え方が変化しなければ、何が起きるでしょうか？　もし学校が、学習テクノロジの進歩と歩調を合わせて十分に変化することができなければ、学習は学校を置き去りにするでしょう。それがすでにアメリカの国外で起きていることを私たちは知っています。例えばタイやブラジルの若い人たちは、安価なコンピュータを使って、先進国の人々が現在もっているのと同様の学習リソースにアクセスすることができます。多くの人たちが、貧困から抜け出すために、これらのリソースを活用することを選択するでしょう。言わば、彼らは新しい国に移住はしない、21世紀型の移民といえます。彼らは、思考を発展させるために情報ネットワークを活用します。サイバースペースのなかでアイデアを共有し、心の友に出会えるかもしれません。英語は、彼らがウェブから情報をピックアップしてくるための共通の言語になります。

高品質な教育の名の下に、古い世代の人たちが新世代の人々に昔ながらの学習方法を押しつけ続ける一方、新しいテクノロジは学習者をエキサイティングで興味関心に基づく環境へと誘惑し続けています。学校は学習者とその家族に、伝統的な学習過程に基づく信用という価値を提供し続けるでしょう。しかし、学習に対するもっともイノベーティブな力は、学校の外で広がるテクノロジ環境の中に立ち現れつつあります。

2　モチベーションの再考

現在の学校制度は、生徒の学ぶことに対する内発的なモチベーションを引き出すことに役立っていません。多くの生徒が経験しているこの（学びからの）逃避は、理想以下の教室体験によってつくられています。高校生の50％が、毎日の授業に飽き飽きしているといいます。別のレポートでは、カリフォルニアの9・10年生の82％が、学校の体験を「退屈で自分には関係ない」と回答しています。☆4　深

ファンタジー・スポーツ　81ページ訳注参照。

く根付いてしまった学習に対するこれらの態度を変えるには、教授—学習過程を変えることと、成果を挙げている学校を評価する仕組みを変える必要があります。

幸運にも、学習テクノロジは、生徒のモチベーションを高め、学習内容を活性化させるいくらかの指針を与えてくれます。学びつづける世代になるために学習者は、自分の学びを今まで以上にコントロールする必要があります。学習者のコントロールは、子どもたちが自分自身の学びをサポートするツールを手にすることによって育成されます。例えば、ウェブへのアクセス、幼児に読み方を教えるマシン、必要なときに得られるチュータリング、深い知識と起業スキルを引き出すコンピュータベースのゲームなどです。

学びへの愛情は、とくに子どもが興味をもっているトピックを深く探究するように励ますことによって育まれます。ホームスクーリングの保護者も同じことをしています。**カート・スクワイア**[☆5]によれば、**『シヴィライゼーション』**のようなリアルタイムのシミュレーションゲームで遊ぶ子どもたちは、古代文化に関する本を調べることで中学校でよりよい成績を修めるようになるといいます。多くの教師や学校のリーダーが恐れるように、テレビゲームは生徒の注意を学校からそらしてしまうのでしょうか。むしろ、テレビゲームは、旧態依然とした学校の学習内容をより魅力あるものにし、学校で学んだことをもう一度学ぶチャンスを与えることができます。新しいテクノロジが、どのようにして子どもたちに学びの責任をみずから負うように促しているのか理解することで、学びの道を追い求める世代を社会が生み出す手助けとなるかもしれません。

ここまで議論してきたように、生徒に学習に対するコントロールをより大きく与えることは、学校が行使する組織的なコントロールと相反することになります。自己学習を伸ばすには、学校がすべての人に同じことを、同じときに教えることを強制している、現在の制度を見直す必要があるでしょう。公教育制度の前にあった**一部屋学校**でさえ、現在のような指導法を標準化しようとする波には、異を唱えていたのです。コンピュータを学校の周辺物ではなく、コアに統合することにより、学習者

カート・スクワイア
(Kurt D. Squire. 1972-)
カリフォルニア大学アーバイン校教授。ゲームに関する研究で知られる。

シヴィライゼーション
27ページ訳注参照。

一部屋学校
67ページ訳注参照。

は、個に応じた、かつインタラクティブな授業を適切なサポートのもとに受けられるようになります。このようなシステムでは、学習者の履歴をもとに、課題のレベルを調整することができます。教師は、コンピュータができること以上の支援を生徒が必要としたときに、手を差し伸べます。個に応じた学習では、まわりが理解しているのに自分だけはわからないというみっともない状況を避けることができます。

テクノロジが学びへの愛情を育むもう1つの方法は、デザインと制作に関することです。経験豊かなコンピュータゲームの開発者は、プレイヤーがゲーム環境に手を加える効果をよく知っています。繰り返し遊びたくなる価値を高めたり、ゲームのブランドに対する忠誠心を大きく引き上げてくれるのです。生徒に達成しがいのある課題を与えることは、自分たちが、なぜそれに取り組んでいるのかを理解する助けになります。学校で苦労している生徒たちでも、何百時間もかけて、ゲーム『**エピソード**』のインタラクティブシナリオをつくったり、ゲームの実況ビデオを編集してユーチューブにアップしたりしています。突然、このようなコツコツとした、かつ複雑な作業が位置づけられ、新たな意味をもつとしたらどうでしょう。生徒たちは「きちんとやる」以上に時間をかけてやろうとするでしょう。新たなテクノロジが、どのように子どもや大人を学びに向かわせているのかを私たちは知る必要があります。すべての学習者に対して、ポジティブかつ意欲をもてる経験を与えられる学習環境に再設計することが、社会に求められているのです。

エピソード
147ページ訳注参照。

3　学ぶべきことの再考

学ぶことに対する内発的なモチベーションを提供することは、当然のことながら、科目を修了した際の報酬についても再考することになります。学校が提供するプログラムと、知識経済において成功する人生を送るために必要なスキルの間にはミスマッチが起こっています。☆6 現代の学校において、カリキュラムのコアは、論理学、文法、修辞学の「三学」(trivium：trivialから由来)と、算術、幾何、音楽、天文学の「四科」からなる中世の「三学四科」(七自由科)に依然として根ざしています。これらはリベラル・アーツの基礎をつくり、学校と大学における現在の教育課程を支配しています。ここ何世紀かの間に、歴史、地理、科学などが追加されましたが、基本的なカリキュラム構成は、このような歴史的なルーツを反映しているのです。

社会が取り組まなければならない課題は、豊富なテクノロジリソースがある時代を生徒たちが生きる準備をするうえで、最高のカリキュラムであるかどうかを問うことです。伝統的なカリキュラムの支持者は、今までにも増して思考と作文の古典的なトレーニングが必要であると主張しています。進歩的な教育者は、新しいリテラシースキルと数学的な推論スキルが、新しい時代には必要だといいます。しかし、学校における2つの立場の間の妥協点は、多くの場合、学習内容を古典的な科目にぞんざいに埋め込むことになります。従来の学習内容がもつ厳密さや文脈はそのままです。その結果、地理学は、歴史的な経緯を伴わずに提示されます。科学は、事実の集合として学ばれ、観察や実験を構成する方法の学習にはなっていないのです。学校でなされている教育を再考しなければならない理由は、この妥協したカリキュラムが、何を学ぶべきかについて、偏狭でとても貧弱な見方しかもたらしていないからなのです。

新しいテクノロジがリテラシーの基礎と応用を橋渡しする興味深い例を紹介しましょう。**『ワールド・オブ・ウォークラフト』**のような大規模オンラインゲーム(**MMOG**)では、交渉、同盟を結ぶ、戦略を練る、敵の裏をかく、最も有効なアプローチがどれか計算する、異なる人々とコミュニケーションするといった幅広い応用スキルが身につきます。このような応用レベルのリテラシーは、MMOGでは自然に生じますが、伝統的な学校環境で育てるのは難しいものです。しかしながら多くの人は、リテラシーの育成を伝統的な学校の教育内容と直接結びつけて考えているために、ゲーマーはMMOGで時間をむだにしているとみなしています。

ワールド・オブ・ウォークラフト
26ページ訳注参照。
MMOG
26ページ訳注参照。

数学についてはどうでしょうか。テクノロジは、生徒が学校でかなりの時間をかけて学ぶアルゴリズムのすべてを取り扱うことができます。それ以上に、数学的に考えることを学ぶのは、かつてなく重要です。それゆえ、コンピュータのアルゴリズムを真似る方法を学ぶことよりもむしろ、現実の問題を解決するために数学的ツールを活用する方法を学ぶことに生徒の時間を費やすべきでしょう。実際、コンピュータ・ツールを適切に使用する方法を理解することは、アルゴリズムを実行することよりも、非常に多くの思考を必要とします。これは数学を教える上での新しい課題です。

ファンタジー・スポーツは、応用数学的なスキルを教える好例です。出塁率を計算したり、得点を数え上げることとは、高度なアルゴリズムを含まないかもしれません。それでも、最も簡易なファンタジー・ベースボールであっても、どの選手とチームが最も勝つチャンスがあるのかを予想するには、プレイヤーは予測モデルを扱わなければなりません。予測モデルを精緻にする活動は、全米数学教師協会のような組織が奨励する推定や数的感覚のスキルを伸ばす、すぐれたトレーニングといえるでしょう。

ファンタジー・スポーツ 81ページ訳注参照。

学習に対してテクノロジが与える気づきづらい影響の一つに、知識を容易に入手できることに関係があります。医師が正確な診断をするためにそうしたように、過去の人々は、満足いく意思決定をするために、多くの情報を記憶しなければなりませんでした。ところが、知識へ簡単にアクセスできるようになったことで、人々は外部メモリに自身の記憶を頼ることができるようになっています。この現象を、医師がテクノロジを使う事例で説明してみましょう。医師が診断するのを支援するオンライン・システムが開発されています。医師が一連の症状をシステムに入力すると、システムは医師が考慮すべき診断を提案してくれます。医師が診断のために考えられるすべての症状の組み合わせを覚える必要はありません。もちろん医師は意思決定の際、経験や患者との対話から得られた個人の知識を活用しなければいけません。こうしたシステムは、基本的に補助記憶としてはたらきます。

同様にウェブも巨大な補助記憶ですが、加えて世の中のあらゆる話題に関する新たな情報を提供しています。スキルとして重要なのは、もはや暗記することではありません。ほしい情報をウェブ上で見つける方法を知ることです。信頼性の異なるウェブサイトのなかから、見つけた情報を評価する方法も含まれるでしょう。すなわち、人々は、より多くの情報を入手することよりも、新しい学習スキルを伸ばす必要があるのです。

4 キャリアの再考

教育は昔から、学習者に政治的な責任を教えようとしてきました。ところが、アメリカの教育は、経済的な成功のためにキャリアを準備する役割へと急速に方向転換しました。しかし、ルーチン的な仕事は、テクノロジにとって代わられるか、あるいは海外に移転してしまいました。残っている仕事には、コラボレーション、コミュニケーション、知識処理のスキルが求められます。経済的な観点からみて、教育が注力しなければいけないことは、難しい課題を達成するために必要な知識とリソースを見つける方法だけでなく、デジタル時代において批判的に考える方法を生徒に教えることです。生徒たちは、たとえば肥満の流行のような現実の問題を解決し、意味のあるプロダクトをつくるよう求められれば、ずっとうまくやるでしょう。それに、考え方を学ぶことに対して、なんらかのインセンティブを見いだすかもしれません。

キャリアの流動性は、生徒がより適応力を身につけるよう教育機関に求めています。自動車整備士になるにせよ、医師を目指すにせよ、伝統的なアメリカの物語では、キャリアの準備をするために学校に行きました。高校または大学の間のどこかでキャリアを決め、そのキャリアにおける成功を目指し、コースを選択していました。しかし、１９８０年代から１９９０年代にかけて、終身雇用に対する企業の責任が後退し、経済全体で、仕事の流動性が高まりました。現在では、50～60％の新規採用者は最初の年で仕事を辞めていきます。労働人口の10％が、毎年離職しています。[☆7] 寿命が延びた結果、私たちは、その多くが70代あるいは80代まで働き続けることになるかもしれません。大部分のアメリカ人は、この先20年間、おそらく働き続けることになるでしょう。

例えば、著者の1人は、大学で会計の学位を得た後、ウォール街の監査役として、キャリアを始めました。監査役として働いた2、3年後に、コンピュータ通信科学の大学院に戻り、10年後に、認知心理学の博士号を取得しました。その後、連邦政府のリサーチを行う会社に勤めました。仕事の多くは、社会のなかでのコンピュータの使用に関するものでした。調査研究を続けながら、彼の関心は、心理学的なリサーチから、教育用のコンピュータシステムの開発へと徐々に移っていきました。リサーチを続けて約20年後、彼はノースウェスタン大学の教育学部の教員になりましたが、それまでに、教育学の科目を履修したことはありませんでした。それから18年もの間、彼はノースウェスタンでいろいろな教育に関する科目を教えました。もう1人の著者は、はじめは哲学の大学院生でした。彼は、シカゴの小さな学校で、歴史教師の職に就きました。数年後に、彼は学校の管理職になりました。その後、彼は教育学の大学院に戻ることに決めました。大学院での5年間を経て、彼は教育学の大学院の教授になりました。

彼らの物語は、アカデミックなキャリアに集中していますが、めずらしいものではありません。キャリアの紆余曲折は、ますます一般的になっています。知識社会の人々の運命は、変化する世界についていくために、自分自身を徹底的につくり直し続けなければならないところにあるようです。

やがて人々は、人生はキャリアの連続から成り立っていると考えるようになります。この考えに対応するためには、「学び方を学ぶ」ことが重要であることを、人々はわかり始めるでしょう。彼らが若い頃に続けると決めたキャリアは、一生関わるものではないことに気づくかもしれないのです。アブナー・アビトブとロバート・ラーマンは次のように記しています。「毎月、何百万もの労働者が、雇い主のもとを去り、また別の雇い主の仕事を引き受けています。安定したキャリアと雇い主との長期の関係を築くには、若い労働者には長い時間がかかるのです。高卒者は、30歳までに平均8人の雇い主の下で働いています。高卒男性の半分近くが、25～29歳の間で少なくとも1度失業を経験しています。若者の間の仕事の不安定さは、ますます高まっています」[☆8]。

大卒者と高卒者の収入差は、大きくなってきています。高校卒業生の90％以上が、大学進学を予定しているのはそのためです。しかし、高校でC平均だった子どもは14％しか、大学の学位を完了できません[☆9]。彼らは、高校を終えた後、2、3年間働き、さらに学びたくなったときに教育を受けるとうまくいく可能性があります。第二次世界大戦後、帰還した退役軍人が大学で成功したことが、大学への進学を遅らせることによるメリットを証明しています。ノーマン・フレデリクセンが行った調査[☆10]によると、退役軍人は、そうでない人よりも、高いレベルに達していたことが示されています。人々が将来、働くことと学ぶことの間を行ったり来たりするだろうと思うようになれば、大学にまっすぐ進学しようというプレッシャーはいくらか軽減されます。もはや30年続く仕事のために、15年も20年も（学校で）準備することはないでしょう。むしろ私たちは、しばらく学んだり、しばらく働いてみたりと、リタイアするまで、行ったり来たりするのです。

もちろん、生涯にわたって俳優または自動車整備士であり続ける人もいます。しかし、それは例外になるでしょう。生涯で1つのキャリアを標準的なパターンと考えることは、学校を卒業したとき、学ぶことも終了するという考えにつながります。すると彼らは、学び続けることに柔軟であったり、重点をおいたりするようなことはなくなります。こうなると、キャリアを変える必要性にせまられたとき、適応が難しくなります。保護者もまた、人々がキャリアを変えるのは、自然なことであると理解しておく必要があります。そして、保護者としてベストだと思うキャリアに向けて、若者を追い立ててはいけないのです。絶えず変化する環境のなかで、何度もキャリアを変えようとする人々をサポートする制度を構築することが社会には求められているのです。

5 学びと仕事の間での移行の再考

アメリカには、しっかりとした**見習い制度**はありません。高校を出て大学に入らなかった人も、大学をドロップアウトした学生も、準備のないままに労働者になっているのです。アメリカでは学生の30％しか学位をとることができません。大部分の学生が移行に困難を抱えています。彼らは25歳から30歳にかけて、職から職を転々とするのです。その一部は、年齢を重ねてから大学に戻ります。ですが、年配者が大学に戻ることに対する社会的支援が欠けているため、（大学に戻ることは）なかなか難しいのです。職場においてテクノロジに中心的な位置が与えられるにつれ、人々は生涯のなかでますます何度もキャリアを変更しようとしています。学ぶことと働くことの間の移行をどう社会が支援するのか、再考してみる価値はありそうです。

働くことへの移行は、人々が大学を卒業する場面では公正に行われています。大学には、学生の就職を支援するオフィスがあります。インターン制度も、在学中と卒業時ともに用意されています。オフィスには、地域の雇い主に関する膨大なファイルがあります。さらに、さまざまな職種に採用された同窓生のファイルを用意し、生徒のキャリア選択を支援しています。さまざまな雇い主が大学に来て、ともに仕事をしたい卒業生をリクルートしていきます。大学生は夏休みや、後半のセメスターに、さまざまな雇い主のところにインターンに行きますが、しばしば、そこで内定をとりつけることもあります。大学の教授は、学生の将来の雇用主が知人であっても、彼らの推薦書を書いたりしています。高校のキャリアセンターや教師も、同様の役割を果たしていることもあります。ですが、それは散発的だったり、裕福な地域に集中したりしています。つまり、効果的なシステムはあるのですが、大卒生だけがその対象となっているのです。

マルチキャリアの時代では、人々は学びから仕事へ、仕事から学びへの両方向にわたって、その選

見習い制度
（Apprenticeship System）
高校生向けの就業訓練制度。6章でみた公教育以前の徒弟制と区別するため見習い制度と訳した。

択をナビゲートする支援を必要とするでしょう。アメリカが成功した社会であり続けたいのであれば、このような移行の困難さに対して、市民を支援する新しい方法を生み出さなければなりません。

テクノロジや職業に関する教育のあり方を、アメリカは変えなければいけないと私たちは考えています。例えば学校でいえば、高校に行きながら、あるいは高校の代わりに求人市場に行こうとする10代に対するサポートのしかたを再検討するべきです。10代には、教育の選択肢についてアドバイスできるパーソナルな学習カウンセラーがいるべきです。社会で成功する上で学習が重要になればなるほど、人々は自身の学習履歴や特性を知っている誰かからの個別的な支援を求めます。テクノロジは、カウンセラーが学習者をガイドする幅を大きく広げます。まったくの初心者を職業選択、職能開発の最初のステージに導くオンライン教材を紹介することができるでしょう。

10代は、中学校で教わる基礎的な知識やスキルをマスターするまで、働きに出るべきではありません。高校の**ガイダンスプログラム**は、生徒たちが働きに出られる水準に達しているかどうか判断します。その上で、彼らの目標と能力に見合った仕事を見つけることを支援するのです。オフィスには、大学の就職課と同じように、求人のファイルが揃えてあります。履歴書を書いたり、関心や能力を見極めることを手伝ってくれます。教師からの推薦文をまとめたり、雇い主との最初のコンタクトの世話をしたりします。つまり、このオフィスは大学でのそれと同じようなはたらきをするのです。ただし、生徒はより年齢が低いために、よりていねいなガイダンスが求められます。生徒の働くことと学ぶことの間でじょうずに移行することを支援する政府の補助金は、慎ましやかなものであれ、大きな価値をもつでしょう。

他にも、ヨーロッパでみられるような見習いのプログラムを提供してもよいでしょう[☆11]。青年たちは、たとえば週に3日働き、2日間は学校に通います。プログラムでは、学校で生徒が学んでいることと、彼らが研修を受けている内容との調整を図ります。すでに働いていて、フルタイムあるいはパートタイムの学生に戻りたいと希望している人々の支援もします。高校やコミュニティ・カレッジのクラス

ガイダンスプログラム
進路指導。

をとるべきか、あるいはオンラインコースや地域のラーニングセンターが運営するコースといった選択肢について、アドバイスをするのです。

このようなオフィスは、新しい仕事を始めたり、さらなる教育を受けに戻りたいと考えている成人にとっても役立ちます。カウンセリング・オフィスは、高校に設置されて州が運営する以外にも、民間企業が運営するものも考えられます。カウンセラーは、特定のキャリアのための研修や資格、利用できる教育リソースなどについてアドバイスを行います。成人の関心やスキルを評価し、彼らがどんなキャリアを目指すべきなのか、アドバイスするカウンセラーもいるでしょう。さらには、地域の雇い主とコンタクトがあり、成人が受けてきた教育を考慮して、職を紹介するようなカウンセラーも考えられます。私たちの社会ができ得る限り生産的になるためには、このようなリソースを用意することが必要なのです。

見習い制度には、公立学校と同じレベルの支援があるべきです。「**学校から職業への移行機会法**」にあったような学校から職業への移行支援プログラムは、ここまで述べたようなサービスの制度化に向けて良いスタートを切っています。より良い移行サービスとは、社会資本がもっとも乏しい、つまり、経済的なリソースとのつながりをもっとも必要としている生徒が、職業とのコネクションづくりの支援を得られることです。選択肢が余りに多いため、多くの人々は混乱します。したがって、賢い意思決定のためのカウンセリングが必要です。すべての人々が学べるだけ学び、それぞれに合った職に就くことで、社会全体が利益を得るでしょう。

学校から職業への移行機会法
1994年成立。2001年までの時限立法として施行。高校生を対象に職場体験を導入し、学校の学習と統合することが目指された。

6 教育のリーダーシップの再考

私たちは、教育の移行期を経験しています。新しい種類の教育のリーダーシップ―いわば新しいホーレス・マン―が求められています。教育のリソースを新たに配列し直し、あらゆる人々に届けられるような教育ビジョンが必要です。今話題の動向は、エリートには届きますが、大多数の人々は置き去りになっています。次世代の教育リーダーは、政治的課題とともにテクノロジに関する問題と向き合う必要があるでしょう。揺るぎなく確立した制度を変更することへの挑戦は、ホーレス・マンが直面した頃のものとは大きく異なっています。保護者、教師、政策立案者、そして地域コミュニティのすべてが、現在のシステムを維持するために説得力のある理由をもっています。変化をもたらす力には、社会的平等を高めるために学校教育を重視する公民権の力と、学校教育のコアとなる実践を情報テクノロジに向けて開くためにテクノロジを重視する力とがあります。これらの力が、有力かつ保守的なステイクホルダーに対して、彼らが不快に思うほど圧力をかけています。本当の変化をもたらすことができるリーダーは、システムを動かす梃子の支点がどこなのか知っている必要があります。変化を生み出すために必要なリソースとスキルを結集するための組織力も備えていることが求められます。

すべての生徒と家庭にコンピュータとオンラインアクセスを提供する政策の推進は、ひとつの可能性です。非エリート層が膨大な教育リソースへアクセスできるようになります。しかし、冒険的な学習プログラムを求めない窮屈な学校は、新たなメディアツールの力を削いでしまうでしょう。厳しい状況に置かれた教室や学校に対して、学びの文脈をどのように変える必要があるのかを考慮することなく、単にテクノロジを導入するだけでは失敗に終わります。地域コミュニティの熱い期待に応えるためには、リーダーはテストの点を上げるだけの指導の限界と、新しいテクノロジが持つパワーの双方を理解する必要があります。学校の内外で脈略なく導入されているさまざまなツールに対して、一貫性をもたらす方法を考える必要もあるでしょう。

将来、教育のリーダーシップには、単なる学校改革以上のことが求められるでしょう。学校外のリソースを、学習環境としてまとめ上げることについても考える必要があります。そこには、自宅でそれらのツールを使いたいと考えていたり、ネットワークにつながったラーニングセンターを地域で立ち上げ、必要な人がアクセスできるようにしたいと考えている家庭が含まれます。タブレット端末は、すべての年代の学習者の発達段階に応じたバーチャルな教材にアクセスする機会を提供します。新しい世代のアプリには、言語に関する充実した教材があり、幼児が読むことを学ぶのに利用できます。画面上の単語または行を指し示せば音声が出るもので、『**ドクター・スース**』の物語を子どもたちは聞くことができます。彼らは自分で好きなストーリーを選んで読みながら、視覚と聴覚の対応を学びます。タブレットがあれば、基礎的な計算を学ぶ算数ゲームのようなものだけでなく、多種多様なジャンルやトピックをカバーした児童文学へもアクセスできます。すべての子どもたちに豊かな教材を提供できる端末をもたせるべきです。

小学校ではコンピュータを使った適応学習教材のメリットを、学習に困難を抱えている児童の補充学習にいかすべきです。生徒の学習ニーズに対応するために広く使われているＲＴＩ（教育的介入と応答）モデルを実現するうえで、適応学習教材はパワフルなツールになりえます。作文や計算に困難がある児童に対して適応学習教材は、児童の学習ニーズに即した適切な教材を提示する個別最適化された診断を行います。そしてこのテクノロジは学校だけでなく、家で家族と利用することもできます。

8年生になると子どもたちは、自分自身や保護者の選択によって、通常とは異なった進路をたどるかもしれません。伝統的な高校への進学に代わるものとして、例えば自宅やラーニングセンターでオンラインコースを受講したり、見習いプログラムに参加したり、コミュニティ・カレッジでコースを受講したり、医療やテクノロジなどの特定の職業に関連するカリキュラムを提供しているキャリア・アカデミーに参加したりする可能性もあります。カリフォルニア州のオークランドなど多くの都市でみられる**キャリア・アカデミー**には、さまざまな分野のコースが開設されています。しばらくの間働き、準備が整ってから、さらなる教育を得るために学校に戻るかもしれません。生徒たちにこのような選択肢を与えてみましょう。生徒たちは、高校のことを、出られるようになるまでひたすら耐える刑務所のようには思わなくなるでしょう。

先述の通り、すべての学校は、生徒一人ひとりに応じた進路形成を支援できる個別の学習カウンセ

ドクター・スース
児童文学・絵本作家であるシオドア・ガイゼル（1904-1991）の作品。「現代のマザーグース」と呼ばれている。英語の音やリズムを身につけられるような内容として工夫されている。

キャリア・アカデミー
ハイスクールの学校内学校に位置づけられ、学力不振の生徒から希望者を選抜し、アカデミックな学習とともに夏期雇用の機会を与える制度。

ラーを配置すべきです。カウンセラーへの訪問は自由であり，14歳以上であれば定期的になされるべきでしょう。医師と同様に，学習カウンセラーは，トレーニングを受け，州に認められた資格を保持します。カウンセリングの目的は，個別の関心，ニーズ，能力に対応した学習計画を立てることです。その計画は，対象者が転職をしたり，新たな知識や責任ある立場を得たりしながら数年間にわたって適用されるものです。オンラインコースの受講，専門的なトレーニングのためのラーニングセンターへの参加，ある分野における技能資格の取得，徒弟制プログラムへの参加，特定のスキルを向上させるコンピュータ上のチュートリアルによる学習といったことが，計画には含まれるでしょう。いずれにしても学習者は，定期的に自分のカウンセラーと相談し，現状を評価し，計画を変更するかどうかを検討するべきです。

これまでの事例が示しているのは，学校を内部から変えることと，学習者が学校外のリソースといかにつながれるかを，教育リーダーが考える必要があるということです。テクノロジについてより広く考えることで，平等性についての私たちの理想を蘇らせることができます。社会の中の非エリートにまで，利用可能なリソースを行き渡らせるのです。私たちの提案は，リーダーが考慮すべき問題を示唆したものにすぎません。社会が，教育を学校に通うこととみなしていたがために，マイノリティや他の非エリートの支援に利用できる多くのリソースを，私たちは制度的に見落としてしまっているのです。

社会が思い描いている教育改革は，若者対象というよりむしろ，すべての年齢層の人々に適用するものとして考えられています。教育についての視野を広げることで，50代，60代，70代，その先の人々にまでも，教育リソースをどのようにして提供するのかを，考え始めることができます。

私たちは，学校を修正することで，教育を修正しようと考えているわけではありません。学校は，かつては非常に役立ってきました。しかしながら，21世紀の社会に立ち向かおうとしていても，それは19世紀の発明です。次世代のホーレス（あるいはレティシア）・マンが，先頭に立ち，新しい教育システムに向けて国をリードするときです。新しいリーダーは、新しいテクノロジの**アフォーダンス**を理解するとともに、それを導入する機会を注視していなければならないでしょう。学びとは、幼稚園から始まり高校や大学の卒業証書で終わるものではないこともまた、理解しておく必要があります――一貫した生涯学習システムのデザインが求められているのです。

7 教育における政府の役割の再考

歴史を振り返ってみると、アメリカでは教育の責任は州や市、町が受けもってきました。政府は補助的な役割にすぎなかったのです。連邦政府はいくつかのプログラムに取り組んできました。例えば、科学や数学のカリキュラムを開発することで国の競争力を強化したり、あるいは平等性を保障するためのリソースを、貧困層の子どもたちに提供したりするなどです。その一方、教員の給与や教材、管理費用などは地域財源によって賄われてきました。連邦政府は州や町にスタンダードを押しつけてきましたが、多くの人々はそれを州の権限への侵害とみなしています。地方主導に振り子がふれると、州は自らの権威性を保持しようとするでしょう。それは各州共通のコモン・コア・スタンダードや、学校のアカウンタビリティに関する政府ガイドラインといった中央集権的な取り組みへの反発を招きます。

これまで述べてきた通り、近年開発されたテクノロジによるリソースは、教育制度に対して不平等をもたらしています。豊かな家庭の保護者は、家庭教師を雇い、コンピュータを購入し、ウェブを子どもたちが使えるようにしています。貧しい家庭の子どもたちは、従来なかったほど後れをとってしまうのです。この不平等を解決できるだけのリソースを州はもち合わせていません。州は教育予算の大半を住民の固定資産税から得ています。しかしながら、すべての子どもたちの教育のために固定資産税の引き上げを望む家庭はますます減少しています。

アフォーダンス
29ページ訳注参照。

州の権限を踏みにじることなく、連邦政府はすべての市民に対して、教育の機会均等を図ることができます。コンピュータによるアダプティブな指導・学習用のツールを開発したり活用したりする予算を提供することと、すべての家庭にコンピュータを配布することです。教育的なガイダンスやチューターリングを、こうしたサービスを受けられない人たちに対して提供することです。子どもたちが不確実な世界の職業に移行するための見習いプログラムに予算をつけることです。人々が職業を変えたいと思ったときに、トレーニングプログラムの受講に補助することです。これらすべては、州の権限を侵害することなどない、補助的なサービスであり、教育サービスの新たな方向性を促進するものでもあります。

州政府にもまた、新たな重要な役割があります。テクノロジに満ちた世界に向けた教育についてビジョンを示すことです。私たちの社会が、教育の新たな選択肢を支持するようになったとします。その場合、州は子どもたちを16歳まで総合制の高校に通わせるという使命について再考する必要があります。10代の子どもたちが、高校以外の選択肢を選べるようにするとします。その場合、州は学校の代わりにどんなオルタナティブを認めるのか、それぞれの道を追求する前に、何を身につけておく必要があるのかを明確にしておかなければなりません。

例えば、ある州では、生徒が8年生レベルの読みや計算の能力があることを保証する、ある種の資格をとることを義務づけるかもしれません。その後にフルタイムの職業に就くか、あるいは高校に進学するといった選択をします。州は、職場での10代の働きぶりをモニターし、その仕事で学んだことを話し合うようなウィークリーの授業に出席することを求めてもよいでしょう。もしその仕事が、十分な学習経験になり得ていないのであれば、進路カウンセラーがより価値のある仕事を見つけることを手伝います。もし生徒たちがラーニングセンターでオンラインコースをとっていたり、見習いプログラムに参加する場合、州は同様にその進捗状況をモニターすることもあるでしょう。州は10代に対して教育の責任をもち続けますが、彼らには、より自分自身の教育を追究する場が与えられるのです。

政府が負うことのできる責任のもち方について、考えられる例をご紹介しました。ですが、これで十分なわけではありません。政府は、ある種の監獄とみなされている高校に子どもたちを留めておこうとする手綱を緩めるのと、それに合わせたガイダンスを提供すべきです。政府にとってみれば、学習者が自分の学びを追究するために、より大きな責任を負うという面で賢い方法です。その一方でまた、すべての市民が教育リソースに平等にアクセスできるよう、政府の責任を放棄しないこともきわめて重要だといえるでしょう。

8 私たちの将来ビジョン

教育の民営化・市場化がますます進んでいます。トーマス・ジェファーソンとホーレス・マンは、すべての者がよい教育を受けるチャンスが平等にあるという社会ビジョンを広めましたが、私たちはそれを失う危機に直面しています。教育がすべての人にエリートの一員になる道を開くというホーレス・マンの予測は正しいものでした。万人に開かれた学校教育制度は、今日の中産階級を生み出しました。しかしながら、テクノロジ、民営化、そして収入格差の拡大が、このビジョンをおびやかしているのです。

経済的に成功することを学校教育の中心的な成果とすることは、政治的・倫理的な教育目標の後退を招くリスクがあります。教育は、あらゆる意味で、アメリカの**市民宗教**なのです。平等、機会、民主主義といった私たちの国家の理念を実現するために教育を活用してきました。社会において、学校を経済競争のエンジンにすることと、機会均等を国として約束することとの間でどうバランスをとるか、理解しておく必要があるのです。

私たちの子どもがテクノロジ社会で生きていくのにベストな教育を受けられるよう、教育について憂慮する人はでき得る限りのことをするべきでしょう。子どもをもたない人であっても、この動きを

市民宗教
国家や民族に存在の意味やアイデンティティを与える共通の価値の体系。

注視するべきです。社会保障、医療など多くの社会サービスについて、私たちは次世代に頼っています。アメリカの将来と、私たち個人の将来の福祉のために重要なことは、私たちの社会が次世代の教育にしっかり投資することです。より平等な教育システムのために努力することが私たちに課せられた義務なのです。

平等性と経済発展をこの国が実現していくために、テクノロジはどのような役割を果たすのでしょうか。19世紀、アメリカ人は公教育制度を築きました。シティズンシップの形成に政府が関わることを制度化するためであると同時に、産業革命のただ中にあった都市部の家庭において、子どもたちをケアし、教育するニーズにこたえるためでした。私たちの世代は、当時と似たような、けれども根本的に新しい課題に直面しているのです。現在の成熟・安定した教育システムは、緩やかな変化に対応するためにデザインされています。一方で根本的な変化を受け入れるには向いていません。テクノロジが変化するペースは、学校制度のコアとなる実践を変化させていく能力を超えてしまいました。学校はこれまで、そのシステムのゆとりの部分で学習テクノロジとつきあってきました。教育実践のコアには影響を及ぼさない、表面的なイノベーションだったのです。19世紀につくられたフォーマルな学校制度のなかでの学びは、学校の外で広がる新しい指導と学びの形態によって、そのアイデンティティがおびやかされています。

平等性と経済発展の両面に対応できる教育を実現するために、リーダーたちは伝統的な取り組みを発展させ、新しい情報テクノロジの力を取り入れるようになる必要があると私たちは考えています。そのために学校は、学習プロセスをコントロールすることをある程度あきらめることになるでしょう。その代わりに、学びを改善する最新のツールを、もう一度公的な制度が手に入れることになるのです(すでにそれをもち、アクセスできる家庭や学習者とは対照的です)。

保護者や市民は、教育改革という広い視点から、この変化を後押しすることから始める必要があります。学校のリーダーや教師は、どのように学習テクノロジが役立ち、教師と学習者の基本的なインタラクションをどのように変えようとしているのか理解しておかなければいけません。テクノロジのリーダーは、教育者とともに取り組み、魔法のプレゼントを配る宣教師としてではなく、新たな学習機会をつくり出す者としてコラボレーションするべきなのです。

思い切って考え方を変えるには、一致団結した努力が求められます。社会により広い視野が生まれれば、すべての人に新たな教育リソースを提供するために、政策の変更に乗り出すリーダーも現れるでしょう。そのようなリーダーは、新しいテクノロジが実現することを理解し、すべての人に新たなリソースをもたらす教育ビジョンをもっている必要があります。本書がリーダーたちに読まれ、来たる学びの革命の実現に取り組む際のガイドとして役立つことを願っています。

座談会　教育とテクノロジの関係のこれからを探る

稲垣　オンラインですがお集まりいただきありがとうございます。『デジタル社会の学びのかたち　Ｖｅｒ・２』の翻訳に至った経緯からお話しします。原著は２００９年に出版され、２０１２年に本書の初版の翻訳を皆さんと取り組みました。

　大学の授業の教科書として、日本の現状と照らし合わせながら活用してきました。年数が経つにつれて、主張は古くなっていないのですが、紹介されているウェブサービス等が古くなったり、無くなったりしてきました。２０１８年に第二版がリリースされました。ぱっと見はほとんど同じ章構成なのですが、読んでみると随分、書き換えられている。その変わった部分はちょうどこの10年の変化がよくとらえられていて、自分の授業をアップデートする機会にもなりそうだと。

　もう一つ、このタイミングで出せてよかったことは、日本では小・中学生に1人1台の端末を配布するＧＩＧＡスクール構想が動き出すタイミングであることです。本書には、米国の学校現場に1人1台の環境が整備されはじめた状況が描かれていて、その上で教育はどのように変化するのかが語られています。特に大事だと思ったのは、学校の内側だけを考えていても、未来の姿は分からない。生涯学習の視点から子どもたちの生活の中にあるメディアも含めてどのような学びが展開されていくのかを見つめる必要性があるという主張です。ぜひ教育関係者の方々に広く読んでいただければと思い、翻訳チームのみなさんに再結集いただきました。

　翻訳をはじめたのは２０２０年の２月ごろ。まだCOVID-19の影響が限定的で、出張がキャンセルになる中で時間ができたタイミングでもありました。4月以降はみなさん、所属大学の遠隔授業をリードする立場で活躍されているので、「時間ができた」は大きな勘違いだったことに気づくわけですが。

■第二版に出会って

稲垣　それではまず翻訳チームの自己紹介と本書の興味深か

った点について。まず私は東北学院大学の稲垣です。主に初等中等教育のインストラクショナルデザインを研究分野としています。反転授業や適応学習型教材など学校と家庭の学習連携に関する実証、プロジェクト型学習（PBL）の設計技法の開発や、PBLを取り入れるためのカリキュラムマネジメントなどに最近は取り組んでいるところです。本書の興味深い点は、この10年の変化としてSNSが学びの場として大きく成長してきたこと、それが学校教育にどのように影響しているのかも含めて示唆に富む記述が随所に加わっているところだと思いました。よろしくお願いします。

亀井　椙山女学園大学の亀井です。放送教育やICT活用についてやってきましたが、ちょうど初版本を読んだ後に、自分にもできることとして、小学校でクラスをもったり、生涯学習というか、地域の中で情報教育の文化を根づかせることをはじめました。現在は、地域の中で学びの場をどう保障するかといったことを集中的に取り組んでいます。本書では、たとえば市民科学のエピソードなど、とても的を射た例が多く、楽しく読みました。

林　徳島文理大学の林です。初版本の頃はカリキュラム論の研究とその延長線上で教育の情報化に関わっていました。担当した4章はアメリカの教育史の章で、第二版で歴史が変わるわけではないのですが、文章が見直されてすっきりしています。翻訳に関しても、皆さんに読んでいただけるよう手直ししました。第二版は、初版で書かれたことがこの10年でどんな感じになってきたのか振り返ることができました。特に5章が新しくなっていて、目新しいサービスの記述などもちろんありますが、10代の動向が書かれているところなどを面白く読みました。初版の翻訳をきっかけに、自分自身が日本における教育と情報の歴史の研究に舵を切ってきたので、日本の教育と情報の動きとも照らし合わせて皆さんとお話しできるといいなと思っています。

金子　北星学園大学の金子です。研究では高等教育、特に初年次教育として、学部1年生の学力をどう可視化するかなどに取り組んでいます。COVID-19で遠隔教育をやらざるを得なくなり、苦労しています。あとは文科省のＩＣＴ教育アドバイザーになりましたので、初等中等教育に関しても、目を向けています。担当した5章ですが、皆さん仰っているように明らかに全部変わっていました（笑）。翻訳して感じたことは、学校外の教育の場について、初版の5章はホームスクーリングにしてもラーニングセンターにしても全部リアルな場でした。ところが第二版の5章は、最後のメーカースペース以外は全部オンラインの話です。オンラインの社会的な学習空間の話になったのが、5章の大きな変化だと思います。オルタナティブ教育を院生時代に研究していたのですが、オルタナティブっていう考え方も、「学校」と「それ以外」じゃなく、「全部一緒に学びの場」という感じでオンラインにまとまってきたと言えるかもしれない。読んでいると、本当に「学校ってなんだろうな」「学校の問い直し」がこの本の大きなテーマだと改めて感じました。

稲垣　学校とオルタナティブが全部まとめてオンラインに溶け出しているという感じかもしれません。

益川　聖心女子大学の益川です。初版の頃と大学の所属も変わり、原著者2人もキャリアを変えながらということで、僕自身も10年の間に変わりました。専門分野は学習科学・認知科学ですが、著者のアラン・コリンズさんが尊敬する認知科学研究者の一人なので、今回も関わらせてもらうことが嬉しいです。対話を通して深める学習環境の研究をしています。それでも評価が変わらないと授業が変わらないので、学習評価をセットにした授業の変革に最近は関心があります。改めて第二版を通読して、もちろん新しい情報にアップデートされているんですけど、10年前とはまた違う視点で全体を見ることができて新鮮でした。書き方としては「新しいテクノロジに対して擁護も批判もしない」とフラットな姿勢を意識されてますが、読んでいくとやっぱり「学校、変わらなきゃね、テクノロジの活用も変わらなきゃね」というメッセージが強く入っているのかなと。「学校の外ではいろんなテクノロジが入って変わっているのに、学校の中では、旧来の教育の進め方にテクノロジ入ってるだけじゃない？」と。日本でも1人1台が導入されていく時に、学校外も含めて学校の学びをどうデザインするのかということに関して、いろいろな知見を提供しているんじゃないかと思いました。

深見　島根大学の深見です。専門は教師教育で初版の頃から変わっていません。2019年度にJAET（日本教育工学協会）の全国大会、2017年度にはJSET（日本教育工学会）の全国大会を島根で開催したことも含め、学校現場と関わりながら、ICT活用や放送教育などと関連して、学校現場との関わりが増えてきました。また、海外のカリキュラムや教師教育を踏まえた研究として、2017年に『パワフル・ラーニング　社会に開かれた学びと理解をつくる』（リンダ・ダーリング-ハモンド編著）を翻訳しました。これには益川さんにも手伝っていただきました。学校や企業と連携したり、学びの場を真正なものにしていく動きの中で、新たな学習デザインに取り組んでいる好事例を集めた本です。

今回の第二版では、9章を担当しました。これまでの流れを踏まえた展望が示されています。ゲームで遊ぶ中にも学びがあるという話は初版からもありましたが、第二版では『マインクラフト』が大きく取り上げられていました。日本ではまだ少ないですが、アメリカはエデュケーションエディションもあって、学校現場でマインクラフトをやることは珍しくなくなっています『エピソード』でストーリーを自分で作ったりするのも新たな話題です。プログラミングやHTMLも学べて、恋愛などの物語の創作とプログラミングの掛け合わせにたくさんの子どもたちが参加しているといった話もありました。日本でも新学習指導要領で扱うようになったこともあり、『スクラッチ』などプログラミング教育に関心は高いですが、真正な学びの面は弱いと思っています。猫を動かしたり、多角形を描かせて終わりでは、面白味も醍醐味も足りないじゃないかと。本書の事例をみると、やること自体に楽しみがあって、「真正な舞台の設計」がなされていると感じました。

■日米における教育の情報化の10年

稲垣　ありがとうございました。翻訳チームの多彩さが、この後の議論に活かされることが楽しみです。ここからは、日本のICT関係の教育現場は今、ものすごく大きな変化を迎えているところではあるので、そのあたりのところを林先生からご説明いただけますか?

林　初版から第二版の間の教育とテクノロジの変化を整理してみました。原著の出版から少しさかのぼって2006年にフェイスブック、2007年にはアイフォーンが登場し、SNSとモバイルでのインターネットが世界レベルで普及していきました。初版が出版された2009年はオバマ政権発足と同じタイミングでした。オバマ大統領は教育政策としてNCLB（No Child Left Behind　落ちこぼれ防止法）に代わるRTTT（Race To The Top）政策により、競争的資金による教育改革を打ち出しました。日本でも政権交代がありましたが、直前にスクールニューディール政策として、電子黒板や地上デジタルテレビの教室設置が進んだ時期でもあります。

稲垣　スクールニューディールは、この本で言うところのまさに学校がテクノロジを「取り込む」かたちであって、既存の授業を変えずに導入する段階でしたね。

林　はい。2010年はアイパッドが発売された年ですが、National Education Technologyとして、教育現場へのテクノロジ導入についてマスタープランが示されました。日本では「フューチャースクール推進事業」がはじまり、「1人1台」の実証が行われました。私、稲垣さん、益川さんはこの事業にかかわっていましたね。それから、この時期に文部科学省が開発したプログラミング教材『プログラミン』もリリースされています。セキュリティの脆弱性が指摘されていたAdobe Flashを使っていたため、2020年で終了するそうです。ちなみにMITの『スクラッチ』は2006年に登場し、日本でも広く使われています。

2011年には大きな出来事として、東日本大震災がありました。教育現場の被害も大きなものでしたが、行方不明者の捜索や避難所の支援、復興に向けたキャンペーンなどでSNSが大きな役割を果たし、社会的な認知が高まった出来事でもありました。LINEもこの年にサービスをはじめています。1995年の阪神・淡路大震災のときも、ホームページによる情報発信の有効性が話題になりました。米国ではEducate to Innovateキャンペーンが実施され、STEMゲームデザインコンテストが開催されています。

2012年は『エデックス』や『コーセラ』などのMOOCが活発になった年でした。本書の初版の邦訳はこの年に刊行されました。フューチャースクール推進事業が3年目をむかえ、成果や課題が浮き彫りになってきたところなど、座談会で熱く語っていた記憶があります。2013年には米国でConnectED Initiativeが発表されて、5年間ですべての生徒を高速インターネットにつなぐとされました。日本ではデジタル教科書コンソーシアム『コネッツ』が発足し、教科書会社の垣根を越えたデジタル教科書のプラットホームづくりが目指されました。

稲垣　1人1台が先進校の取り組みとして話題になりましたが、一般の学校の現状は教室の提示機器とデジタル教科書がまだまだ主役で、距離があった時期だったと思います。

林　スクールニューディールで設置されたり、されなかった地域もありましたが、電子黒板やデジタルテレビに写すコンテンツとして、デジタル教科書の普及が推進された時期でした。また、イギリスでは従来から科目として存在していた「ICT」が「Computing」に代わり、プログラミング教育が話題になりはじめた時期でした。

2014年に米国ではHour of Codeが各地で開催され、オバマ大統領もプログラミングに取り組みました。日本ではMOOCのサービスがはじまりました。また、この頃からテクノロジ普及のための政策として「教育のIT化に向けた環境整備4か年計画」が出され、提示機器の教室への常設と1校に40台程度のタブレットの整備が目指されました。『21世紀型スキル：学びと評価の新たなかたち』（パトリック・グリフィン他編）が出て、学力観の転換が話題になりましたが、教育現場のテクノロジは一斉指導での教師による活用がまだ主流だったと思います。

２０１５年には米国でＥＳＳＡ（Every Student Succeeds Act）法が成立しました。学力テストの結果をもとに学校への指導やチャータースクールへの転換といった成果主義的な政策が継続されましたが、ＳＴＥＭ（Science, Technology, Engineering, Mathematics）教育を促進する動きもみられました。イギリスではComputingの教材としてＢＢＣがMicro: bitを開発し、11歳と12歳の児童に配布しています。

２０１６年、Computer Science for Allイニシアチブが発表され、全米の学校がComputational Thinkingの育成に取り組むことになりました。その後、トランプ政権が誕生しています。同年、日本でも小学校段階のプログラミング教育の在り方について議論が進められました。また、科学技術振興基本計画の中で「Society5.0」を打ち出したり、「２０２０年代に向けた教育の情報化に関する懇談会」のまとめや、デジタル教科書の位置づけに関する検討会議のまとめなどで、１人１台を見据えた今後のテクノロジ活用の方向性が整理された年でした。

稲垣　２０１７年は学習指導要領の改訂があり、これまでのさまざまな事業が政策につながりましたね。小学校でのプログラミング教育の導入、情報活用能力を学習の基盤となる資質・能力に位置づけること、高校の情報科の再編など、テクノロジの活用やテクノロジ自体に対する教育をカリキュラムにより深く位置づける方向が示されました。

林　米国ではトランプ政権もＳＴＥＭ教育・コンピュータサイエンス教育への投資強化を一応は表明していました。２０１８年は本書がリリースされた年です。日本では経済産業省が「未来の教室」とエドテック（EdTech）研究会をスタートさせ、日本でもエドテックが話題になりました。また、「Society5.0に向けた人材育成」により文部科学省でもSociety5.0が意識されるようになり、ＡＩの活用や個別最適化といった先端技術の教育利用の実証がスタートしました。

そして２０１９年の12月にＧＩＧＡスクール構想が発表され、すべての小・中学生が１人１台の端末を使えるようにする大きな動きがありました。当初は２０２３年度までの整備でしたが、COVID-19の影響で２０２０年度中に前倒しになり、日本の学校におけるテクノロジ環境がこの１年で一気に変わっていくことになりそうです。

稲垣　ありがとうございました。本書を日本で活用していくには、この経緯は大事な視点なので、ぜひ年表としていれてみましょうか（１８５ページ）。

■学校外の学びの場

稲垣　林さんの報告の中で、ＳＴＥＭやプログラミングが話

年表 ── 初版から第二版へ

	米国	日本
2006	Facebook一般公開	IT新改革戦略
2007	iPhone発売／ネットブック登場／Kindle発売	教育関連三法可決
2008	Kahn Academy設立 リーマン・ショック	Twitter日本版／Facebook日本語版
2009	オバマ政権発足 『デジタル社会の学びのかたち』原書出版 Windows7発売 Educate to Innovateキャンペーン RTTT政策	メディア教育開発センター廃止 デジタル新時代に向けた新たな戦略〜三か年緊急プラン〜 「経済緊急危機対策」閣議決定 スクールニューディール構想 政権交代（民主党政権へ）
2010	iPad発売／Pinterest開始 National Education Technology Plan 2010	フューチャースクール推進事業 プログラミン公開 教育の情報化に関する手引公表
2011	Steve Jobs氏逝去 Chromebook販売開始 Minecraftサービス開始	東日本大震災 LINE開始 東ロボ・プロジェクト開始
2012	Coursera／edX開始 Google Driveサービス開始 機械学習技術の躍進	『デジタル社会の学びのかたち』邦訳書出版 政権交代（自民党政権へ）
2013	ConnectED Intiative発表 STEM教育５か年戦略計画	日本再興戦略／世界最先端 IT国家創造宣言 デジタル教科書コンソーシアム「CoNETS」発足 「創造的IT人材育成方針」〜ITとみんなで創る豊かな毎日〜
2014	ConnectED Makerムーブメント Google Classroom発表	日本初MOOCサイト「gacco」開設 教育のIT化に向けた環境整備４か年計画 ICTドリームスクール懇談会 『21世紀型スキル』邦訳書出版
2015	micro bit発表（英国） Every Student Succeeds Act Windows10	ICT CONNECT21設立 日本放送教育協会解散
2016	Computer Science for All トランプ政権発足	第５期科学技術基本計画「Society 5.0」 小学校段階におけるプログラミング教育の在り方について 2020年代に向けた教育の情報化に関する懇談会最終まとめ 「デジタル教科書」の位置付けに関する検討会議　最終まとめ
2017	STEM教育資金に関する覚書に大統領署名	未来の学びコンソーシアム スマートスクール・プラットフォーム実証事業 学習指導要領改訂
2018	Surface Go発表 『デジタル社会の学びのかたち』原著第二版出版	「未来の教室」とEdTech研究会 小学校プログラミング教育の手引（第一版）公表 教育のICT化に向けた環境整備５か年計画 「Society 5.0に向けた人材育成」 第３期教育振興基本計画 新時代の学びを支える先端技術のフル活用に向けて
2019	AIの開発強化に関する大統領令	学校における携帯電話の取扱い等に関する有識者会議 GIGAスクール構想 教育の情報化に関する手引改訂
2020	COVID-19流行による休校措置・オンライン授業の実施	

題になっていました。亀井さんに伺いたいのですが、日本でも学校だけでなく、学校外でもプログラミング教育や科学教育の機会が広がってきていると思うのですが、いつぐらいからと見たらよいですか？

亀井　脈々とはあったと思うんですよね。1998年改訂の学習指導要領の際に総合的な学習の時間が創設されましたが、その頃に社会教育施設と言われている博物館や美術館と学校の協働といった話や、学校外の学びに関する議論がよくされていたと記憶しています。今、学生と話していると、「小さい頃から科学クラブ（科学館が行なっている学習プログラム）に行ってた」とか、「地域の発明クラブ（公益社団法人発明協会による少年少女発明クラブ）にも行ってた」とか。地域の塾などで「もっと面白いことしようよ」といった取り組みは以前からあって、それをどう存続できるようにするかといった制度化が進められてきたとみています。例えば、愛知県児童総合センターではさまざまなプログラムが実施されていますが、一定数の人に参加してもらわないと継続できないといった、学びの質以外の課題もあります。

稲垣　仙台のメディアテークでも楽しい企画がさまざま実施されている一方で、事業としてのパフォーマンスも求められます。プログラミングの塾や教室が学校外で乱立していますが、「商売になる」ことと教育の公平性をどう担保するかといった視点は本書の中でも議論されていた点だと思います。わかりやすくパッケージ化された「教育サービス」になっていった時に、子どもがふらっと立ち寄るようなことも含めて、緩やかに学べる場や、新しい気づきを得る場みたいな形での学校外の学びが弱くなっちゃうところがあるかもしれません。

益川　パッケージ化されちゃうと、学校の外にもう一個小さい学校が出来ちゃうみたいな。

亀井　「もっと普及させたい」とか、「私のプログラムすごく良いので学校に紹介したい」という方は結構いらっしゃるんです。「これは誰もがやらなきゃいけないことだから」という使命感をお話しされるのですが、公教育として何を学びとするのか、学校外ではどんなことができるのかといった役割を考えていく必要はあるのかな。

■GIGAスクールとコロナ禍への対応

稲垣　GIGAスクールの話にいきましょう。端末整備に関しては大規模に投資する方向が打ち出されました。当初は2023年度までに整備という話が、COVID-19の影響で2020年度中に前倒しされました。地域によっては、教室用の提示装置すらない学校も少なくないわけですが、今後課題になりそうなことなどお聞かせください。

金子　初版の時の座談会で1人1台の話をしていましたよね。フューチャースクール推進事業の頃でしたし。その当時、「これでうまく入らなかったらもう二度とチャンスはない」というようなことが書いてあったんです。それがGIGAスクールもあり、いよいよ入るは入るんですよね。おそらくそこはクリアしちゃったから、これからが実は結構大変なんじゃないかと。

深見　林さんがクラウドサービス用のアカウントの話をよくされていますが、フレームワークが整っていないのでは。子どもの学習履歴や制作物といった情報を子どもたちが管理できるようにしていく原則が必要だと思います。端末がどれほどあっても、学校が端末を管理する状態だと、COVID-19の第2波、第3波が来ても、結局端末が使えない状況は変わらない。うちの附属学校でも議論していますが、端末の仕様は決められても、「アカウントをどうしよう?」といったところで頭を悩ませています。

亀井　今回、COVID-19に対応できているところは、先進的なところや私立や小規模な自治体などで、決められる範囲が小さいとすぐ動ける面はあったと思います。

林　日頃からさまざまな取り組みをやっていたり、考えていたりしていたところは少し動けば、その後はニーズに引っ張られて一気に動けたところもあるけど、何もしていなかったところは、大きな岩を動かすのと同じで、最初の動き出しがいちばん大変でしょうね。

稲垣　日本の公立学校の場合、家庭との間の双方向の環境がデジタル上はほぼなくて、紙の「連絡帳」頼みでした。オンライン授業の前に、そもそも双方向で連絡が取れる状況をつくるところから。メールによるお知らせ配信とか、ホームページとかブログはあっても、基本、全部一方向で。そうするとコロナ禍でも、動画配信や課題を出すといった一方向になってしまう。米国でも、どこでも対応できていたわけではないといった記事も見かけましたが、それでも8章にあったLMSやカリキュラムマネジメントシステムといったサービスが校内・授業内だけでなく、家庭とのやりとりや個別の学習支援のプラットホームとして普段から提供されています。そうすると、コロナ禍になってもそのまま使えるんですよね。そうすると、学校に行ける・行けないに関係なく。GIGAスクールで端末やネットワーク上にあるどんなサービスをどこで活用するかといった議論が十分にされないまま整備が進むのは少し危ういなと思っています。

深見　大学が苦戦しながらでもやれているのは、人的リソースを緊急的に投入できた面はあります。アカウントひとつとっても、大学では学生個人のメールアカウントがありますが、小・中・高校にはなく。

林　大学は90年代後半にインターネットが入ったころ、個々人にメールアドレスを配布するために大学のサーバで自前管理してきましたね。その後、グーグルなどにお任せする流れも出てきていて、グーグルクラスルームの立ち上げまではできた大学も多いと思います。4章では、いろんな技術や社会の変化が学校教育に影響を与えてきたことが書かれていました。日本でも、学校ができた頃は共通する部分も多いと思いますが、インターネット以降は隔離されてきたというか。

「不易」を維持するために外部からの問い合わせは2回線の

電話だけですし、メールアドレスは教員にすら配布しない自

治体もあります。あくまで社会と隔絶した環境があって、教

科書とか学習指導要領とか許された出入り口を通して社会の

変化を学ぶというか。ところが、コロナ禍になって、学校に

来て学ぶという大前提ができなくなってあたふたしているな

と。

益川　明るい取り組みの例も紹介します。1人1台が既に入っている中学校ですが、ファイルを配信共有するシステムが整っていたので、休校中にいろんな取り組みができていました。初めはプリントの配信、回収でしたが、復習だけになってしまうので、次のステップとして動画を作って配信しました。さらに、オンライン会議アプリを使ったホームルームを始めて健康観察、授業へとステップアップしていきました。先生方の中から、考えさせる授業をしたいと言う声が出てきて、そこからオンライン会議アプリで小グループ活動をさせてみると、予想以上に子どもたちが真面目に取り組んでくれることがわかってきて。分散登校とか、学校で机の配置とか工夫していますし、学校によっては「対話活動は悪だ」となっていたりします。今だからこそオンラインで友だちの考えをシェアしたりとか、諦めちゃうのではなくて、「学びを止めない」ってよく言われましたが、単にコンテンツ配布だけでなく、対話的な活動も含めたいですね。

亀井　益川さんのようにサポートやアドバイスをする人の存在が大きいですね。大学の遠隔授業でも、全然これまでテクノロジを使われなかった先生と一緒に授業を組み立てているとたくさんの気づきがあります。「こういう使い方もできますよ」という授業の設計とテクノロジの組み合わせをしてくれる仕組みがあるとだいぶ変わると思うんですが。

稲垣　ICT支援員の皆さんの集まりにオンラインで出たのですが、愛媛、長野、福島などで支援員さんがいるところはオンライン授業もやって当たり前な感じで、いろんな取り組みが報告されていてすごかったです。一方、わが家の娘が通っている小学校はプリントが配られただけでオンラインは何もなく……。隣の小学校は小規模だけど、詳しい先生がいていろんな取り組みがされていたことをあとで人伝てで聞きました。教育委員会は好事例を広めたりしないのかな。

林　さっきのパッケージの議論と似ていて、わかりやすくまとまっていれば取り入れたり、予算をつけやすいけど、何も形がないところは益川さんのようなサポートがありつつ、スモールステップで進んでいく。柔らかい、まだ形になっていない状態でも、何か始めようとするモチベーションや、きっかけを持てたところは進めていけるということなのかな。

稲垣　熊本市がパッケージというか、上手に5段階のステップをつくっていましたね。益川さんが支援されていた学校と同じく、オンライン朝の会で健康観察から始まり、授業コンテンツの話が入って、だんだんインタラクティブになっていくというのを「なるほどな」と思いました。熊本も1人1台

までなくとも、それ以前の整備目標だった3教室に40台の整備までは進んでいました。今後、第2波、第3波への備えを考えていく中で、日本の学校現場も変わらざるを得ないところがたくさんあって、そこに適応できるかどうか突きつけられるタイミングに来ていると思います。

■学びの真正さの位置

亀井　益川さんが「評価が変わらない」という話をされていましたが、最近、ママ友と会ってると極論「学校、要る?」っていうことを聞かれるんです。皆さんは塾に通わせていて、学校は稲垣さんの娘さんとほとんど一緒で、1か月の間に連絡2回来るか来ないかでした。そうすると親御さんが心配になって塾に行かせるんですよね。行かせると何が起きるかと言うと、従来の教育観の強化版が繰り広げられるのを目の当たりにします。学校も変わりたいんだけど実は変われないのは、社会全体で「これが正しい」とまだまだ思いを引きずっている。働いている方々は、テクノロジが大事だってことも実感しているんだけど、こと子どもの学力に関しては従来の学力観が強化されていってしまう。

益川　保護者は教育の専門家じゃない。やっぱり変わっていかなきゃいけないのは先生方。どんなに学習指導要領が変わったり、新しい道具が入ってきたりしても、子どもを介して保護者にも「学び方って変わっている」「世の中変わってきている」んだと、自信を持って言えるようになってもらいたいなと思います。

林　益川さんは、先生たちが新しいものや世の中と隔絶されている形の学校の中で、世の中と連動するとか、社会に開いていくために、どんな支援、やり方があると思いますか?

益川　ひとつは学習評価だと思います。子どもたちをどう評価して次につなげていくかとか、生涯学習の考え方とか、学校の枠で終わらずに今育てている子どもたちをどう見取ってどう育てていくかが大事になってくると思います。

林　そういう意味では『21世紀型スキル：学びと評価の新たなかたち』にある「ラーニング・プログレッションズ」が気になっています。

益川　はい。この本にも書かれていることですが、みんな同じ到達点に向けて教育していくシステムがそもそも変わっていくということですよね。公教育であっても1人1人伸ばしてあげるというか。「ラーニング・プログレッションズ」も個人の学びの道筋や幅のちがいをうまく活用して授業しましょうという考え方なので、そういう視点が大事になってくるんじゃないかなと思います。

稲垣　今回のGIGAスクール構想でも個別最適化という言葉が出てきたり、ポートフォリオの話とか、それに向けた動きもいくつかありますよね。ただ、うまくカリキュラムに反映される段階にあるかというと、まだそうでもないような。

益川　そうですね。5章に個別最適化も書いてあったんですけど、次に自分が何を学びたいかという選択肢がなかったり、学ぶ道筋を全部自動的に設定されたり。テクノロジを活用した個別最適化の強み弱みの議論が増えてくるといいのかもしれません。

稲垣　本書の著者の見方は、元々ネット上にあるコミュニティなど学校外の学びの場で、子どもたちは既にそういう経験をしているんじゃないかという点にあると思います。学校の閉じたカリキュラムの中でごちゃごちゃやっていっても、結局出口が見えなくて。ＰＩＳＡ２０１８などの国際調査をみると、日本の子どもたちは諸外国と比べて学習にテクノロジをほとんど使っていませんが、ゲームやＳＮＳはすごくやっているというデータがあります。この本のいうところの「アフィニティスペース」に参加してる子はたくさんいるじゃないですか。そことＧＩＧＡスクール等の教育施策との間に接点が作れると面白いことができるんじゃないか。それを先生方が受け入れられる環境が出てくると全然違うことが起きていくのではないかと。

金子　「オーセンティック」という言葉が出てきてるんですよね。学校の中だけの評価じゃなく、外からの本物の評価を受けるべきだという考えです。ただ一方で、社会に「むき出しの状態」になることで、ものすごく攻撃されることもあるわけじゃないですか。「なんだ、この訳のわからない彫刻は」みたいな。ＳＮＳ上ではより過激かもしれない。そういうものから守ってきたのも学校なんじゃないかと、日本の学校が守ろうとしているものは一体なんなのかというのはすごく気になっています。それを見つけて言葉にしていくことも、われわれ学者の仕事だと思うんですよ。

林　COVID-19が人間を死にいたらしめるのが自身の「免疫」の暴走とも言われますよね。自分を守り過ぎるからこそ自分を傷つけてしまうというか。今の話はそれに似ているなと思いました。自分自身を守りすぎて不利になっていく。本来ならもう少し緩めたり、もっと柔軟に交流するやり方を学ぶ機会を失ったまま来たから、とにかく守らざるを得ない。守ることが目的化し、吸収すべきものをしないまま来た結果、学校の必要性まで問われる事態まできてしまった。

稲垣　アカウントのこともフィルタリングもそうですし、クラウドサービスが使えない自治体がたくさんあるわけですが、セキュリティに対する知識の不足を背景に、なんだかわからない恐怖心が、今までのやり方を頑なに守らなきゃ、外の世界からずれていても踏み出せないことにつながっているのかな。

亀井　金子先生の「何を守っているんだろう」っていう問いかけ、私もすごく思うところがあって。今回のCOVID-19で言えば学校を感染クラスターの発生源にしたくないというのもあるとは思うんです。一方で、給食だったり、子どもたちがトータルとしての安全安心に学ぶ場であって、そこにあった学びの豊かさっていうのが、何かあったら「学校が……」って糾弾される社会の中で、先生方が頑なにならざるを得ないのも、あるのかもしれないと思いました。

深見　真正な学びの話に戻しますが、プロジェクト型学習（PBL）の取り組みなどをみている限り、単に社会にさらせということではなく、学校現場と企業や地域をつなぐコーディネーターがいて、評価も共有してディスカッションしながらやっています。守り過ぎず、さらしすぎない中間ぐらいをとっているかな。その題材は、学校的すぎるものではなく、社会の文脈とつながっている。物理の問題を解けば物理を学んだではなく。学校はそういう学びの真正さに対して、徹底して学校的に塗りつぶしてきたところがある。それをなんとかしていきたいというのが真正な評価、真正な学びだと思う。

稲垣　今回のコロナ禍の結果、プリントの配布でもオンラインでも、だいぶ真正さとは離れた学校的な学びが学校外でもできる、ホームスクーリング状態に3か月ちかく置かれたわけです。学校が再開しても「家で勉強できる子は家でよいです」という話になっていったときに、「学校って何だろう？」と。わが家ではオンラインの天文講座に出たり、学校ではできない真正な学びにチャレンジしたりしていましたが……。

深見　わが家でもいろいろ準備したけどなかなかうまくいきませんでした。学校の強制力で動くところもあるので。

稲垣　多様な道に出会わせるのが学校の価値だとは思うんです。子どもが途中で興味が変わったり、やめちゃうことがあってもそれはそれでよくて。「こんな学びをしたかった！」とまた新たな真正な学びに出会える場であってほしいです。

■履修主義の先へ

稲垣　数学でアダプティブ教材を使っている中学校におじゃました際に面白い話を聞きました。「授業では単元は決めているけど、基本的には個別に自由進度で学習させる」「標準的な授業時数より短く指導できる」と。でも、1学期の間、ほぼ何にも勉強してなかった生徒がいたそうです。でも、先生はその様子を見守っていたそうなんです。2学期の半ばくらいに急に生徒の中で火がついて、ぐわーっとやって追いついちゃった子がいたとか。もし普通の時間割でやってたら報われない生徒になっちゃうじゃないですか。そういう子の学びってどうやって保障するのかなと。不登校の子や、院内学級の子など、いろんな子どもの状況にアダプトしていく可能性は出てくるかもしれないけど、カリキュラムはどこまで緩やかになれるのかとか、益川さんの言うような対話的な学びとの折り合いをどうつけていくのかとか。

深見　この本はどちらかというと、そういう個別最適化された学びを豊かにしていくきっかけをいろんなところで作っていく価値を主張されていると読みました。学習時間より何を学んだかが本当は重要なんですけど、日本は時間で管理する履修主義で、学んでなくても履修はしたことになってしまう。

林　扱いやすい学びはどんどんパッケージ化されてAIドリルなどで個別に対応し、一方、扱いが難しい学びはその子の着火点がどこかを見定めたり待ったり、それらを同時並行でやっていくようなイメージでしょうか。

稲垣　その二つの関係は、遡ればオルタナティブ教育の中でもありましたね。「きのくに子どもの村学園」でも個別学習しているときとプロジェクトの組み合わせでした。あの感じがいろんな学校に入っていくのかな。経済産業省の「未来の教室」事業が目指している習得と探究の関係もそうですし、だんだんその方向性が見えてきたのかな。教育哲学者の苫野一徳さんも学びの個別化・協同化・プロジェクト化で近い話をされていますね。

林　それでも同年代は同学年という制約はなかなか崩れないのでは。マインドセットをアップデートしていけるように、今一度これまでのあり方をみんなで考え直す議論が必要だと思います。

稲垣　少子化が進んでいく中で、学年で区切ることが成り立たない複式学級はその先駆けと言えるかもしれませんね。

金子　大学から変えていく手もありそうです。大学も時間の管理はありますが単位制ですし、もっとあらゆる年代の人がいるように変わっていければ。

稲垣　10章で議論されていましたね。アメリカの場合、大学ではなく、高校段階の論点としてですが。多様な進度や多様な年代で学び直したくなったときに学ぶとかね。そういう緩やかさが、小・中学校でも1人1人が安心して学べることに繋がっていってほしいなとは思います。

深見　今、大学でオンラインの授業を受けている世代が教員になっていく。今までの人はこれまでの授業を問い直す機会がなかったかもしれないけど、今回の体験を通して、学びの保障の新しいモデルや課題をリアルに経験している。そこからいいものを見つけて、発展させられると、これからの世代の先生方に期待を持てるんじゃないかと思います。

■本書を手がかりに

稲垣　最後にお一人ずつ、あらためてこの本から学べることなど、一言お願いします。

亀井　今のオンライン授業でも、学生は自分はこれが良いって、自分の経験値でしか評価できない不安もあるようです。でも、この本から「これまでこういう考え方あるよ」って言うと「そういうことなんですね」というような。たとえば個別学習では、こんなに手取り足取り教えてくれるんだっていう思いと、自分がこれまで放置されてきた感覚も強くある。常に自分にとっての学びを考えさせていくことを考え続けていかなきゃいけない、この本はそういう手がかりになるのではないかと思います。

金子　キーワードは「アフィニティグループ」だと思います。この10年ですごく身近になった、それをどこまでうまく使えるか使うか使わせるか。学校を外れた子に、無理に学校にこだわらなくていいんだよって言えるし、いろんなところに居場所があっていい、今はバーチャルでもなんでもある。そこでちゃんと学びもできる。だからこれまで体系的に学ぶと言われていた学校の学びっていうのはいったいなんだったんだろうか考えていく必要があるんですけど、特に教育学者は問い直す必要があるし、先生方は「僕たちは何を教えているのか」を考えるきっかけになれば。

林　デジタル技術によって、物理空間で学んでいた歴史から今度は仮想空間で学ぶ時代に入りつつある。臨機応変に些細なスペースを作って、ライングループなど、そういうものを作ってどんどんいろんなところに足を突っ込んだり、引っ越しを繰り返したりするっていう生き方・過ごし方に変化してきたんだと見ることができます。デジタル、モバイル、クラウドの時代に自分がどう生きていけばいいのか、もはやそのモデルを自分で生み出していく、そんな道のりに覚悟を決めて踏み出していかなきゃいけないってことなんだろうと思います。

益川　この本を通して、学校と教師の役割の再定義がすごく大事になってくるのかなと思っています。テクノロジが発達し続ける社会とあわせて学校が常に変わり続けるものであるとしても、学校の役割とは何か、という教育ビジョンを明確にする必要があると思います。例えば、学校に子どもたちが集まるからこそ実現できる、育むことができる、対話を通した深い学び、すべての子どもたちがそれぞれなりに伸びていく学び、そういう学びのすがたを明確化して、その中で学校の中ではどうやってテクノロジを使っていけばいいのかを考えていく、そしてその取り組みを社会の中で共有していくことで、また次のステージにつながっていくのかなと。

深見　格差にどう対応するか。本書は米国内の格差の現実を踏まえた上で、それを乗り越えていくための公教育の役割を示そうとしていると思う。日米で状況はちがうけど、このコロナ禍で、学校が止まった瞬間に学びを保障するリソースが問われる事態となった。カーンアカデミーや、日本だったらNHK for schoolのように無償で、幅広く学びを提供するサービスは、いろんな人が公平に学ぶ社会を作るためのリソースで、学校とは別の公教育サービスの形として豊かにしていく方向性を考えていきたいと思います。

稲垣　学校で学ぶことこそが学びという形から、テクノロジがそうじゃない学びのかたちをいろんな方向から突きつけてきた。この10年で学びのコミュニティまでもが学校外で広がってきた様子が第二版では描かれていました。この先10年を考えると、1人1台と個別最適化、少子化の進展などを受けて、学校の仕組みの根本的な変化に向けたいろんな芽が各地域で出てきていることを実感しています。本書を手がかりに、これからの10年で子どもたちの学びがどんな形に変わっていくのか、読者の皆さんの間で議論が広がっていくことを期待しています。翻訳チームのみなさま、ありがとうございました！

訳者あとがき

本書は、2018年に出版されたA・コリンズとR・ハルバーソンによるRethinking Education in the Age of Technology第二版の全訳です。2009年出版の第一版を邦訳した際にはタイトルを『デジタル社会の学びのかたち』と少し幅広い表現にしたうえで、サブタイトルに「教育とテクノロジの再考」と、原題に近い文言をいれました。第二版ではタイトルはそのままに『Ｖｅｒ・２』を追記し、サブタイトルは「教育とテクノロジの新たな関係」としています。

第二版であり、続編ではない改訂版です。章構成はそのままですし、5章以外は節も同じです。ところが、いざ目を通してみると、あらゆるところに手が入っています。2012年に第一版を翻訳したときから8年が経過しました。この間、スマートフォンとSNSが人々の暮らしや仕事を大きく変え、学校現場には1人1台の端末が急速に普及しました。それでも著者の主張は揺らいでいません。むしろ、約10年前の主張が次々と現実のものとなった証が随所に書き加えられたうえで、これからの学びの姿が展開されています。

200年以上前の徒弟制の学びから、公教育として学校制度の成立と硬直化していった歴史、そして現在のオンラインで広がる新たな学びの姿までを貫くストーリーは、ここ数年のトレンドを軽薄に追いかけただけの本とは一線を画しています。第一版を読まれている方には、どこがどう変化したのか「新たな関係」を確かめる楽しさを、第二版から読まれる方は、公教育の歴史と現在と未来を俯瞰するガイドブックの最新版として楽しんでいただけると思います。

翻訳に至った経緯や、日本の教育現場への本書からの示唆といった話は、新録した翻訳チームの座談会をご覧ください。じっくり読んで、この先の教育に思いを馳せる……というのが素直な読み方かもしれませんが、いくつかの活用法をご紹介します。

①高校生で教育のこれからについて探究している方へ。各地の生徒さんから質問のメールや訪問をいただいています（嬉しい！）。未来の教育を考えるのは興味深い探究テーマです。本書のＳＮＳやゲームの話題などは皆さんの実感と照らし合わせてみると、新たな視点が得られると思います。第一版に比べるとだいぶ読みやすく翻訳しましたので、ぜひチャレンジしてみてください。

②大学の授業で活用される先生方へ。講義のテキストにもなりますが、章ごとに多様な学習活動を展開できます。2章と3章をそれぞれ読んできてディベートする、4章を日本の教育史と対比させる、5章の二つの視点で日本のサービスを調べてみる、6章の時代変化を説明する八つの視点の関連を考察するなど、アクティブラーニングの出発点にご活用ください。

③卒業論文のテーマ探しをしている学生さんへ。ゼミ等でじっくり読んでいく中でも、たくさんの問いが浮かんでくると思います。公教育の役割とは？　テクノロジの特性はこの三つだけ？　1人1台環境の課題は何か？　ゲームの教育効果はどの程度なのか？　学校制度は今後どうなっていくのか？疑問に思ったことを日本の実際の教育現場や多様な教育サービスと照らし合わせてどんどん調べてみましょう。

④大学院のディスカッションに。ゼミの輪読などに活用できます。第二版では脚注を充実させて、多くの研究者へのインデックスになるようにしました。邦訳されているものはタイトルを記載しましたが、巻末の参考文献リストには原著を含め、さらに豊富に紹介しています。本書をきっかけに興味をもった研究者の研究テーマやその後の研究を調べてみましょう。

⑤企業の皆さんに。日本でもエドテック（EdTech）企業が増えています。1人1台環境が現実になり、

本書にあるような学びを実現するソフトウェアの重要性はますます高まっています。一方、本書はテクノロジを礼賛するだけでなく、公教育の価値を破壊するリスクにも言及しています。テクノロジと公平性を見極める手助けにご活用ください。

⑥学校の先生方に。プログラミング教育や1人1台の端末の配布、COVID-19への対応としてオンライン授業の実施など、学校現場にはテクノロジに関するトピック（混乱？）が次々と降ってきています。しかし、本質的な意味での変化はその先にあります。テクノロジができること、学校でなくてもできることを見極めつつ、公教育の役割を改めて考え直すきっかけになれば幸いです。

本書の翻訳をはじめた頃、まさか全国の学校が1か月以上も休校になるような事態が起きるとは思っていませんでした。全国の大学が遠隔授業をはじめることも想像できませんでした。米国がこれほど深刻な事態に陥ったことにも驚き、胸を痛めました。COVID-19の感染は世界中に広がり、今をもって収束の兆しが見えていません。春頃には……夏頃には……と収束を願いながら翻訳を進めてきましたが、このまま秋、冬へと突入してしまうのかもしれません。本書には、オンラインでの学び、オンラインコミュニティで起きることについて、たくさんのエピソードが記されています。「Stay homeでもこんな学びができるよ！」と励まされながら訳しました。オンラインのアフィニティスペースにどっぷりつかってきた人には、当たり前のことかもしれません。学校での学びに価値を置いてきた人ほど、「これが理想じゃないのに……」と悪戦苦闘しながらオンライン授業に挑戦されたことでしょう。

それでも私たちは、感染の拡大状況を知るにも、防護策をつくり出すにも、それらを社会に周知するにも、テクノロジの助けなしには立ち行かない社会を生きています。そしてテクノロジは、学びたいと思ったときに自分で学び、その成果を他者と分かち合ったり、困っている人にアドバイスができる環境を提供しています。私自身、遠隔授業のノウハウを知るために、家の中のちょっとしたＤＩＹをするために、愛車のプチモデファイを共有するために、オンラインの学びの場を活用してきました。小学3年生の娘はタブレットの通信教育で学んだり、ピアノ教室もオンラインで参加したりしています（ユーチューバーになる練習は最近は止めたようです）。妻はウクレレの弾き方を動画で学んだり、お気に入りの作家やミュージシャンのファンコミュニティに参加しています。「もしものために学ぶのが学校であり、必要なときに学ぶのがテクノロジです」と本書にありましたが、「もしものときに止まるのが学校であり、いつでも学べるのがテクノロジ」という現状を私たちは目の当たりにしました（もちろんオンラインで試行錯誤された学校があることも承知していますが）。印刷技術と産業革命に伴う急速な人口拡大に合わせて誕生した学校制度は、インターネットと情報革命と人口減少が進む現代社会にどう対応するべきか。この問題に正面から向き合う時期を、COVID-19が一歩、早めてしまったように感じます。

翻訳にあたっては、東北学院大学大学院・人間情報学研究科の宮内菜摘さんに第二版の草稿をみていただくとともに、たくさんの議論をすることができました。第一版を読まれた皆さんからいただいた声や、東北学院大学、宮城教育大学の皆さんとの授業で活用してきたことが、第二版を改めて翻訳する原動力になっています。北大路書房の森光佑有さん、奥野浩之さんには第二版の出版に際しての権利処理や迅速かつ丁寧な編集作業で多大なるサポートをいただいたこと、感謝申し上げます。本書が、公教育とテクノロジのこれからを考える、すべての皆さんとの対話を深める一助になることを願っています。

２０２０年８月　翻訳チームを代表して

稲垣　忠

人名索引

事項索引

文献・注

【まえがき(第一版)】

1 de Tocqueville, A. (2003). *Democracy in America and two essays on America*. G. E. Bevan, trans. London, UK: Penguin

【まえがき(第二版)】

1 Singer, N. (2017, May 13). *How Google took over the classroom*. New York Times.
参照URL：https://www.nytimes.com/2017/05/13/technology/google-education-chromebooks-schools.html?_r=0

【1章】

1 Knobel, M. (2008, April). *Studying animé music video remix as a new literacy*. Paper presented at the annual meeting of the American Educational Research Association, New York.

2 Barron, B. (2006). Interest and self-sustained learning as catalysts of development: A learning ecologies perspective. *Human Development, 49(4)*, 193-224.

3 Zuboff, S. (1988). *In the age of the smart machine: The future of work and power*. New York: Basic Books.

4 Murnane, R. J., & Levy, F. (1996). *Teaching the new basic skills*. New York: Free Press.

【2章】

1 Collins, A., & Brown, J. S. (1988). The computer as a tool for learning through reflection. In H. Mandl & Lesgold (Eds.), *Learning issues for intelligent tutoring systems* (pp.1-18). New York: Springer-Verlag. ［菅井勝雄・野嶋栄一郎監訳(1992)『知的教育システムと学習』共立出版］

2 Putnam, R. D. (2000). *Bowling alone: The collapse and revival of American community*. New York: Simon & Schuster. ［柴内康文訳(2006)『孤独なボウリング：米国コミュニティの崩壊と再生』柏書房］

3 Ito, M. (2008). Introduction. In K. Varnelis (Ed.), *Networked publics*. Cambridge, MA: MIT Press.
参照URL：http://itofisher.com/mito/publications/

4 Sadler, P.M. (1987). Misconceptions in astronomy. In J. Novak (Ed.), *Misconceptions and educational strategies in science and mathematics* (pp.422-437). Ithaca, NY: Cornell University Press.

5 Packer, A. (1997). Mathematical competencies that employers expect. In L A. Steen (Ed.), *Why numbers count: Quantitative literacy for tomorrow's America* (pp.137-154). New York, NY: College Entrance Examination Board.

6 Stallard, C. H., & Cocker, J. S. (2001). *The promise of technology in schools: The next 20 years*. Lanham, MD: Scarecrow Press.

7 Daiute, C. (1985). *Writing and computers*. Reading, MA: Addison-Wesley.

8 例えば、Black, R. W. (2008). *Adolescents and online fan fiction*. New York: Peter Lang.
Ito, M., Horst, H., Bittanti, M., Boyd, D., Herr-Stephenson, B., Lange, P.G., Pascoe, C. J., & Robinson, L. (2008). *Living and learning with new media: Summary of findings from the Digital Youth Project*. Chicago: MacArthur Foundation Digital Media and Learning Project.

9 Gee, J. P.(2003). *What video games have to teach us about learning and literacy*. New York: Palgrave Macmillan.

10 Anderson, J. R., Boyle, C. F., & Reiser, B. J. (1985). Intelligent tutoring systems. *Science*, 228, 456-468.

11 Lesgold, A., Lajoie, S., Bunzo, M., & Eggan, G. (1992). Sherlock: A coached practice environment for an electronics troubleshooting job. In J. Larkin, R. Chabay, & C. Scheftic (Eds.), *Computer-assisted instruction and intelligent tutoring systems* (pp.201-255). Hillsdale, NJ: Lawrence Erlbaum Associates.

12 Collins, A. (1991). Cognitive apprenticeship and instructional technology. In L. Idol & B. F. Jones (Eds.), *Educational values and cognitive instruction: Implications for reform* (pp.119-136). Hillsdale, NJ: Lawrence Erlbaum Associates.

13 Brown, J. S. (1985, Spring). Idea amplifiers: New kinds of electronic learning environments. *Educational Horizons*, 108-112.

14 Schank, R. C., Fano, A., Bell, B., & Jona, M. (1994). The design of goal-based scenarios. *Journal of the Learning Sciences, 3(4)*, 305-346.

15 Dede, C., Nelson, B., Ketelhut, D., Clarke, J., & Bowman, C. (2004). Design-based research strategies for studying situated learning in a multi-user virtual environment. In *Proceedings of the 2004 International Conference on Learning Sciences* (pp.158-165). Mahwah, NJ: Lawrence Erlbaum Associates.

16 Gee, J. P.(2003). 前掲 9
17 Steinkuehler, C. (2008). Massively multiplayer online games as an educational technology: An outline for research. *Educational Technology, 48(1)*, 10-21.
18 Csikszentmihalyi, M. (1990). *Flow: The psychology of optimal experience*. New York: Harper & Row.
19 Eisenstein, E. L. (1979). *The printing press as an agent of change*. Cambridge, UK: Cambridge University Press.
Ong, W. J. (1982). *Orality and literacy: The technologizing of the word*. London, UK: Routledge. ［桜井直文・林正寛・糟谷啓介訳(1991)『声の文化と文字の文化』藤原書店］
Postman, N. (1982). *The disappearance of childhood*. New York: Delacorte. ［小柴一訳(1985)『子どもはもういない：教育と文化への警告』新樹社］
Olson, D. R. (1994). *The world on paper: The conceptual and cognitive implications of writing and reading*. Cambridge, UK: Cambridge University Press.
20 Eisenstein, E. L. (1979). 前掲19
21 Jenkins, H. (2008). *Convergence culture: Where old and new media collide*. New York: NYU Press.
22 Tyner, K. (1994). *Access in a digital age*. San Francisco: Strategies for Media Literacy.
23 Norman, D. A. (1988). *The design of everyday things*. New York: Currency/ Doubleday. ［野島久雄訳(1990)『誰のためのデザイン？：認知科学者のデザイン原論』新曜社］
24 Collins, A., Neville, P., & Bielaczyc, K. (2000). The role of different media in designing learning environments. *International Journal of Artificial Intelligence in Education, 11*, 144-162.
25 Bonney, R., Phillips, T. B., Enck, J., Shirk. J., & Trautmann, N. (2014). *Citizen science and youth education*. Commissioned by the Committee on Successful Out-of-School Learning, National Academies of Arts & Sciences.
参照URL：https://sites.nationalacademies.org/cs/groups/dbassesite/documents/webpage/dbasse_089993.pdf
26 Schön, D. A. (1983). *The reflective practitioner: How professionals think in action*. New York: Basic Books. ［佐藤学・秋田喜代美訳(2001)『専門家の知恵：反省的実践家は行為しながら考える』ゆみる出版］
27 Collins, A., & Brown, J. S. (1988). 前掲 2 章 1
28 White, B. Y., & Frederiksen, J. R. (1998). Inquiry, modeling, and metacognition: Making science accessible to all students. *Cognition and Instruction, 16(1)*, 3-118.
White, B. Y., & Frederiksen, J. R. (2005). A theoretical framework and approach for fostering metacognitive development. *Educational Psychologist, 40(4)*, 211-223.
29 Papert, S. (1980). *Mindstorms: Children, computers, and powerful ideas*. New York: Basic Books. ［奥村貴世子訳(1982)『マインドストーム：子供，コンピューター，そして強力なアイデア』未来社］

【3章】

1 D. Dwyer (1995). 私信
2 Thornburg, D. D. (1992). *Edutrends 2010: Restructuring, technology, and the future of education*. San Carlos, CA: Starsong Publications.
3 Cuban, L. (1986). *Teachers and machines*. New York: Teachers College Press.
4 Cuban, L. (2001). *Oversold and underused: Computers in the classroom*. Cambridge, MA: Harvard University Press. ［小田勝己・小田玲子・白鳥信義訳(2004)『学校にコンピュータは必要か：教室のIT投資への疑問』ミネルヴァ書房］
5 Powell, A. G., Farrar, E., & Cohen, D. K. (1985). *The shopping mall high school: Winners and losers in the educational marketplace*. Boston, MA: Houghton Mifflin.
6 Callahan, R. E. (1962). *Education and the cult of efficiency*. Chicago, IL: University of Chicago Press. ［中谷彪・中谷愛訳(1996)『教育と能率の崇拝』教育開発研究所］
Metz, M. H. (1990). Real school: A universal drama and disparate experience. In D. E. Mitchell & M. E. Goertz (Eds.), *Education politics for the new century: The twentieth anniversary yearbook of the Politics of Education Association* (pp.75-92). Philadelphia, PA: Falmer Press.
Tyack, D. B. (1974). *The one best system: A history of American urban education*. Cambridge, MA: Harvard University Press.
7 Cuban, L. (1984). *How teachers taught*. New York: Longman.
8 J. David (1995). 私信
9 Cohen, D. K. (1988a). Educational technology and school organization. In R. S. Nickerson & P.Zodhiates (Eds.), *Technology and education: Looking toward 2020* (pp.231-264). Mahwah, NJ: Lawrence Erlbaum Associates.
10 Cohen, D. K. (1988b). Teaching practice: Plus ça change. . . . In P.Jackson (Ed.), *Contributing to educational*

change: Perspectives on research and practice (pp.27-84). Berkeley, CA: McCutchan.
11 Shulman, L. (1986, February). Those who understand: Knowledge growth in teaching. *Educational Researcher*, 4-14.
12 "But Some Buts Are Being Voiced," an undated excerpt from a report of the Fund for the Advancement of Education, in file "Pittsburgh Television-WQED-WQEX 1950s" in the Pennsylvania ZRoom, the Carnegie Library of Pittsburgh. Quoted in Levin, R. A., & Hines L. M. (2003). Educational television, Fred Rogers, and the history of education. *History of Education Quarterly, 43(2)*, 262-275.
13 Powell, A. G., ... (1985). 前掲 5
14 Russell, M., & Haney, W. (1997). Testing writing on computers: An experiment comparing student performance on tests conducted via computer and via paper-and-pencil. *Education Policy Analysis Archives, 5(3)*.
参照URL：https://eric.ed.gov/?id=EJ580763
15 Norris, C., & Soloway, E. (2003). The viable alternative: Handhelds. *School Administrator, 60(4)*, 26-28.
16 National Center for Education Statistics (NCES). (2015). Table 218.10. Number and Internet access of instructional computers and rooms in public schools, by selected school characteristics: Selected years, 1995 through 2008. Washington, DC: NCES.
参照URL：https://nces.ed.gov/programs/digest/d15/tables/dt15_218.10.asp?current=yes
17 Herold, B. (2015, June 10). Why ed tech is not transforming how teachers teach. *Education Week*.
参照URL：https://www.edweek.org/ew/articles/2015/06/11/why-ed-tech-is-not-transforming-how.html
18 Cuban, L. (2013). *Inside the black box of classroom practice: Change without reform in American education* (p.20). Cambridge, MA: Harvard Education Press.
19 Cohen, D. K. (1988a). 前掲 9
20 Postman, N. (1995, October 9). Virtual students, digital classroom. *The Nation*, 377-382.
21 Powell, A. G., ... (1985). 前掲 5
22 Dwyer, D. C., Ringstaff, C., & Sandholtz, J. (1990). *The evolution of teachers' instructional beliefs and practices in high-access-to-technology classrooms*. Paper presented at the annual meeting of the American Educational Research Association, Boston, MA.
23 Rosenbaum, J. E. (1989, Winter). What if good jobs depended on good grades? *American Educator, 13(3)*, 10-15, 40-42.
24 Cohen, D. K. (1988a). 前掲 9
25 Postman, N. (1982). 前掲 2 章19
26 Roberts, D. F., Foehr, U. G., & Rideout, V. (2005). *Generation M: Media in the lives of 8-18 year-olds*. Menlo Park, CA: The Henry J. Kaiser Family Foundation.
27 Fullilove, R. E., & Treisman, P.U. (1990). Mathematics achievement among African American undergraduates at the University of California, Berkeley: An evaluation of the mathematics workshop program. *Journal of Negro Education, 59(3)*, 463-478.

【4章】

1 Cremin, L. A. (1977). *Traditions of American education* (p.12). New York: Basic Books.
2 Cremin, L. A. (1977). 前掲 1 pp.13-14.
3 Ong, W. J. (1982). 前掲 2 章19
4 Eisenstein, E. L. (1979). 前掲 2 章19
5 Carlton, F. T. (1965). *Economic influences upon educational progress in the United States, 1820-1850*. Richmond, VA: William Byrd Press. (Originally published 1908.)
6 Carlton, F. T. (1965). 前掲 5 p.12.
7 Vinovskis, M. A. (1995). *Education, society, and economic opportunity: A historical perspective on persistent issues*. New Haven, CT: Yale University Press.
8 Cremin, L. A. (1951). *The American common school: An historic conception* (p.29). New York: Bureau of Publications, Teachers College, Columbia University.
9 Cremin, L. A. (1980). *American education: The national experience, 1783-1876* (p.108). New York: Harper & Row.
10 Cremin, L. A. (1977). 前掲 1
11 Tyack, D. B. (1974). 前掲 2 章 6 p.30.
12 Carlton, F. T. (1965). 前掲 5
13 Vinovskis, M. A. (1995). 前掲 7 p.10.
14 Vinovskis, M. A. (1995). 前掲 7 p.10.

15 Olson, M. (1982). *The rise and decline of nations.* New Haven, CT: Yale University Press.
16 Tyack, D. B. (1974). 前掲 3 章 6 p.33.
17 Tyack, D. B. (1974). 前掲 3 章 6 p.44-45.
18 Tyack, D. B. (1974). 前掲 3 章 6 p.38.
19 Tyack, D. B. (1974). 前掲 3 章 6
20 Farnham-Diggory, S. (1990). *Schooling: The developing child.* Cambridge, MA: Harvard University Press.
21 Tyack, D., & Cuban, L. (1995). *Tinkering toward utopia: A century of public school reform* (p.91). Cambridge, MA: Harvard University Press.
22 Callahan, R. E. (1962). 前掲 3 章 6 p.129.
23 Cubberley, E. (1916). *Public school administration* (p.338). Boston, MA: Houghton Mifflin.
24 Lagemann, E. L. (2000). *An elusive science: The troubling history of educational research* (p.59). Chicago, IL: University of Chicago Press.
25 Powell, A. G., ... (1985). 前掲 4 章 5
26 Tyack, D. B., & Cuban, L. (1995). 前掲21 p.85.
27 Tyack, D. B., & Cuban, L. (1995). 前掲21 p.86.
28 Olson, M. (1982). 前掲15
29 The National Center for Education Statistics (NCES) が2007年にいじめに関する調査を実施。
30 The National Center for Education Statistics (NCES) が2003年にホームスクーリングに関する調査を実施。
31 The National Center for Education Statistics (NCES) によるホームスクーリングに関する調査によれば，ホームスクーリングは増加傾向にあり，信仰がその動機となっている。

【5章】

1 Kamenetz, A. (2010). *DIY U: Edupunks, edupreneurs, and the coming transformation of higher education.* Boston, MA: Chelsea Green.
2 Phillips, D., & Cohen, J. (2013). *Learning gets personal: How Idaho students and teachers are embracing personalized learning through Khan Academy.* Boise, ID: J. A. and Kathryn Albertson Family Foundation.
3 Devane, L. (2016, July 29). 14 surprising facts about educators' social media use. *E-School News.*
参照URL：https://www.eschoolnews.com/2016/07/29/14-facts-about-educators-social-media-use/
4 Maeroff, G. I. (2003). *A classroom of one: How online learning is changing our schools and colleges.* New York, NY: Palgrave Macmillan.
5 Corbett, A. T., Koedinger, K. R., & Anderson, J. R. (1997). Intelligent tutoring systems. In M. Helander, T. K. Landauer, & P.Prabhu (Eds.), *Handbook of human-computer interaction* (pp.849-873). Amsterdam: Elsevier Science.
6 Sztajn, P., Confrey, J., Wilson, P.H., & Edgington, C. (2014). Learning trajectory based instruction: Toward a theory of teaching. *Educational Researcher, 41(5)*, 147-156.
7 Lang, L., Torgesen, J. K., Vogel, W., Chanter, C., Lefsky, E., & Petscher, Y. (2009). Exploring the relative effectiveness of reading interventions for high school students. *Journal of Research on Educational Effectiveness, 2*, 149-175.
8 Enyedy, N. (2014). *Personalized instruction: New interest, old rhetoric, limited results, and the need for a new direction for computer-mediated learning.* Boulder, CO: National Education Policy Center.
参照URL：https://nepc.colorado.edu/publication/personalized-instruction
Shepard, L. (2010). What the marketplace has brought us: Item-by-item teaching with little instructional insight. *Peabody Journal of Education, 85(2)*, 246-257.
9 Gee, J. P.(2013). *The anti-education era.* New York: Palgrave Macmillan.
10 Rivard, R. (2013, July 18). Udacity project on "pause." *Inside Higher Ed.*
参照URL：https://insidehighered.com/news/2013/07/18/citing-disappointing-student-outcomes-san-jose-state-pauses-work-udacity
11 Fowler, G. A. (2013, October 8). An early report card on massive open online courses. *Wall Street Journal.*
参照URL：https://www.wsj.com/articles/an-early-report-card-on-massive-open-online-courses-1381266504?tesla=y
Kop, R., & Fournier, H. (2010, Fall). New dimensions to self-directed learning in an open networked learning environment. *International Journal of Self-Directed Learning, 7(2).*
参照URL：http://nparc.nrc-cnrc.gc.ca/eng/view/object/?id=c4dc46c9-ef59-46b8-af01-4a7fec44b023
12 Shah, D. (2016, December 25). *By the numbers: MOOCS in 2016.*
参照URL：https://www.classcentral.com/report/mooc-stats-2016/
13 Downes, S. (2012, April 23). *Rise of the MOOCs.* downes.ca/post/57911

14 Patru, M., & Balaji, V. (2016). *Making sense of MOOCs: A guide for policy-makers in developing countries.* Paris, France: UNESCO.

15 Lenhart, A. (2015). *Teens, social media, & technology overview 2015.* Pew Research Center on Internet and Technology.
参照URL：https://www.pewresearch.org/internet/2015/04/09/teens-social-media-technology-2015/

16 Twenge, J. M. (2017). *iGen: Why today's super-connected kids are growing up less rebellious, more tolerant, less happy—and completely unprepared for adulthood—and what that means for the rest of us.* New York: Atria Books.

17 Postman, N. (1982). 前掲 2 章19
Postman, N. (1985). *Amusing ourselves to death: Public discourse in the age of show business.* New York: Viking Penguin.［今井幹晴訳(2015)『愉しみながら死んでいく：思考停止をもたらすテレビの恐怖』三一書房］

18 Jenkins, H., Purushotma, R., Clinton, K., Weigel, M., & Robison, A. (2007). *Confronting the challenges of participatory culture: Media education for the 21st century.* Chicago: MacArthur Foundation Digital Media and Learning White Paper Series.
参照URL：http://www.newmedialiteracies.org/files/working/NMLWhitePaper.pdf

19 Ito, M., Baumer, S., Bittanti, M., boyd, d., Cody, R., Herr-Stephenson, B.,..., Tripp, L. (2010). *Hanging out, messing around, and geeking out: Kids living and learning with new media.* Cambridge, MA: MIT Press.

20 Boyd, D. (2014). *It's complicated: The social lives of networked teens.* New Haven, CT: Yale University Press.［野中モモ訳(2014)『つながりっぱなしの日常を生きる：ソーシャルメディアが若者にもたらしたもの』草思社］

21 Gee, J. P., & Hayes, B. (2009). Public pedagogy through video games: Design, resources, & affinity spaces. *Game-based learning.*
参照URL：http://www.gamebasedlearning.org.uk/content/view/59/

22 Giles, J. (2005, December 15). Internet encyclopedias go head to head. *Nature, 438*, 900-901.

23 Williams, C. (2016, January 12). Traditional TV viewing is over: YouTube habit is permanent, warn researchers. *The Telegraph.*
参照URL：https://www.telegraph.co.uk/finance/newsbysector/mediatechnologyandtelecoms/media/12067340/Traditional-TV-viewing-is-over-YouTube-habit-is-permanent-warn-researchers.html

24 Halverson, R., Kallio, J., Hackett, S., & Halverson, E. (2016). *Participatory culture as a model for how new media technologies can change public schools* (WCER Working Paper No. 2016-7). Madison, WI: University of Wisconsin Center for Education Research.
参照URL：https://wcer.wisc.edu/publications/working-papers/

25 Sheridan, K., Halverson, E., Litts, B., Brahms, L., Jacobs-Priebe, L., & Owens, T. (2014, Winter). Learning in the making: A comparative case study of three makerspaces. *Harvard Educational Review, 84(4)*, 505-531.

26 Lou, N., & Peck, K. (2016, February 23). By the numbers: The rise of the Makerspace. *Popular Science.*

27 Gershenfeld, N. (2012, September). How to make almost anything: The digital fabrication revolution. *Foreign Affairs.*

28 Conlan, M. (2016, May 24). *What you might have missed at Maker Faire Bay Area 2016.*
参照URL：https://edtechmagazine.com/k12/article/2016/05/what-you-might-have-missed-maker-faire-bay-area-2016

29 Halverson, E. R., Lowenhaupt, R., Gibbons, D., & Bass, M. (2009). Conceptualizing identity in youth media arts organizations: A comparative case study. *E-Learning and Digital Media, 6(1)*, 23-42.

30 Barron, B., Gomez, K., Pinkard, N., & Martin, C. K. (2014). *The digital youth network: Cultivating digital citizenship in urban communities.* Cambridge, MA: MIT Press.

31 Black, R. W. (2008). *Adolescents and online fan fiction.* New York: Peter Lang.
Chau, C. (2010). YouTube as a participatory culture. *New Directions in Youth Development, 128*, 65-74. doi: 10.1002/yd.376

32 Ito, M., ... (2010). 前掲19

【6章】

1 Rodriguez, R. (1982). *Hunger of memory: The education of Richard Rodriguez.* New York: Bantam Books.

2 Kamenetz, A. (2010). 前掲 5 章 1

3 Duncan, G. J., & Murnane, R. J. (2011). The American dream: Then and now. In G. J. Duncan and R. J. Murnane (Eds.), *Whither opportunity? Rising inequality, schools, and children's life chances* (pp.3-23). San Francisco, CA: Russell Sage.

4 SCANS Commission. (1991). *What work requires of schools: A SCANS report for America 2000.* Washington, DC:

Secretary's Commission on Achieving Necessary Skills, U.S. Department of Labor.

5 Collins, A. (2017). *What's worth teaching: Rethinking curriculum in the age of technology.* New York: Teachers College Press.

6 Cuban, L. (1984). 前掲 3 章 7

7 Frederiksen, N. (1984). The real test bias. *American Psychologist, 39(3)*, 193-202.

8 Coleman, J. S. (1961). *The adolescent society.* New York: Free Press.

9 Eckert, P.(1989). *Jocks and burnouts: Social categories and identity in high school.* New York: Teachers College Press.

10 Ito, M., ,... (2010). 前掲 5 章19

【7章】

1 Carr, N. (2011). *The shallows: What the Internet is doing to our brains.* New York: W. W. Norton. ［篠儀直子訳(2010)『ネット・バカ：インターネットがわたしたちの脳にしていること』青土社］

2 Davies, S., & Aurini, J. (2006). The franchising of private tutoring: A view from Canada. *Phi Delta Kappan, 88(2)*, 123-128.

3 Brooks, D. (2004). *On Paradise Drive: How we live now (and always have) in the future tense.* New York: Simon & Schuster.

4 Cuban, L. (2001). 前掲3章4
Cuban, L. (2013). 前掲 3 章18

5 Anderson, M. (2017). Digital divide persists even as lower-income Americans make gains in tech adoption. *Pew Research Center.*

6 Jenkins, H., ... (2007). 前掲 5 章18

7 Carnoy, M., & Levin, H. (1985). *Schooling and work in the democratic state*(p.2.). Stanford, CA: Stanford University Press.

8 Murnane, R. J., & Levy, F. (1996). 前掲 1 章 4

9 Turkle, S. (2015). *Reclaiming conversation: The power of talk in a digital age.* New York: Penguin. ［日暮雅通訳(2017)『一緒にいてもスマホ：SNSとFTF』青土社］

10 Carr, N. (2011). 前掲 1

11 Lanier, J. (2011). *You are not a gadget: A manifesto.* New York: Knopf. ［井口耕二訳(2010)『人間はガジェットではない：IT革命の変質とヒトの尊厳に関する提言』早川書房］

12 Putnam, R. D. (2000). 前掲 2 章 2

13 Lave, J. (1988). *The culture of acquisition and the practice of understanding.* Report No. IRL88-0007. Palo Alto, CA: Institute for Research on Learning.

【8章】

1 Hanushek, E. A., & Raymond, M. E. (2005). Does school accountability lead to improved student performance? *Journal of Policy Analysis and Management, 24(2)*, 297-327.

2 Amrein, A. L., & Berliner, D. C. (2002). High-stakes testing, uncertainty, and student learning. *Education Policy Analysis Archives, 10(18).*
参照URL：https://epaa.asu.edu/ojs/article/viewFile/297/423
Jones, G., Jones, B., & Hargrove, T. (2003). *The unintended consequences of high-stakes testing.* Lanham, MD: Rowman & Littlefield.

3 Means, B., Padilla, C., & Gallagher, L. (2010). *Use of education data at the local level: From accountability to instructional improvement.* U.S. Department of Education Office of Planning, Evaluation, and Policy Development.
参照URL：https://www2.ed.gov/about/offices/list/opepd/ppss/reports.html#edtech

4 Herold, B. (2014, June 9). Technology tools for managing schools face stagnant market. *Education Week, 33(35)*, 18.

5 Burch, P.(2010). The bigger picture: Institutional perspectives on interim assessment technologies. *Peabody Journal of Education, 85*, 147-162.

6 SCANS Commison. (1991). 前掲 6 章 4

7 Mislevy, R., Steinberg, L., Breyer, F., & Almond, R. L. (2002). Making sense of data from complex assessments. *Applied Measurement in Education, 15(2)*, 363-389.

8 Collins, A. (2017). 前掲 6 章 5

9 Shaffer, D. W. (2004). Pedagogical praxis: The professions as models for post-industrial education. *Teachers*

College Record, 106(7), 1401-1421.
Shaffer, D. W. (2006). *How computer games help children learn*. New York: Palgrave.
10 Brown, J. S., & Thomas, D. (2006, April). You play Warcraft? You're hired! *Wired, 14(4)*.
参照URL：https://www.wired.com/2006/04/learn/
11 Kozol, J. (2005). *The shame of a nation: The restoration of apartheid schooling in America*. New York: Three Rivers Press.
12 Gee, J. P.(2013). 前掲 5 章 9
13 American Youth Policy Forum. (2002). *Florida Virtual School: The future of learning?*

【9章】

1 Hagel, J., & Brown, J. S. (2005). *The only sustainable edge: Why business strategy depends on productive friction and dynamic specialization* (p.11). Cambridge, MA: Harvard Business School Press.
2 Tasscott, D. (1998). *Growing up digital: The rise of the net generation*. New York: McGraw-Hill, pp.1-2.
3 Common Sense Media. (2015). *Media use by teens and tweens*.
参照URL：https://www.commonsensemedia.org/research/the-common-sense-census-media-use-bytweens-and-teens
4 Gee, J. P.(2003). 前掲 2 章 9
5 Beck, J. C., & Wade, M. (2004). *Got game: How the gamer generation is shaping business forever*. Cambridge, MA: Harvard Business School Press.
6 Johnson, S. B. (2005). *Everything bad is good for you: How today's popular culture is actually making us smarter*. New York: Riverhead Press. ［乙部一郎監修・山形浩生・守岡桜訳(2006)『ダメなものは，タメになる：テレビやゲームは頭を良くしている』翔泳社］
7 Cuban, L. (2001). 前掲 3 章 4
Cuban, L. (2013). 前掲 3 章18

【10章】

1 Friedman, T. L. (2006). *The world is flat: A brief history of the twenty-first century*. New York: Farrar, Straus, and Giroux. ［伏見威蕃訳(2006)『フラット化する世界：経済の大転換と人間の未来』日本経済新聞社］
2 Orfield, G., & Lee, C. (2007, August 29). *Historic reversals, accelerating resegregation, and the need for new integration strategies*. Los Angeles, CA: UCLA Civil Rights Project/ProyectoDerechos Civiles.
3 Barron, B. (2006). 前掲 1 章 2
4 Yazzie-Mintz, E. (2006). *Voices of students on engagement: A report on the 2006 high school survey of student engagement*.
参照URL：https://files.eric.ed.gov/fulltext/ED495758.pdf
Hart, P.D. (2006). *Report findings based on a survey among California ninth and tenth graders*. Washington, DC: Peter D. Hart Research Associates.
5 Squire, K. D. (2004). Sid Meier's Civilization III. *Simulations and Gaming, 35(1)*, 135-140.
6 Collins, A. (2017). 前掲 6 章 5
7 Henkoff, R. (1996, January 15). So you want to change your job. *Fortune, 133(1)*, 52-56.
Feller, R., & Walz, G. (Eds.). (1996). *Career transitions in turbulent times: Exploring work, learning, and careers*. Greensboro, NC: ERIC Clearinghouse on Counseling and Student Services (ED 398 519).
参照URL：https://files.eric.ed.gov/fulltext/ED398519.pdf
8 Avituv, A., & Lerman, R. I. (2004). *Job turnover, wage rates, and marriage stability: How are they related?* New York: Urban Institute.
参照URL：http://urban.org/publications/411148.html
9 Rosenbaum, J. E. (2001). *Beyond college for all: Career paths for the forgotten half*. New York: Russell Sage.
10 Frederiksen, N. (1950). *Adjustment to college: A study of 10,000 veteran and non-veteran students in sixteen American colleges*. Princeton, NJ: Educational Testing Service.
11 Hamilton, S. F. (1990). *Apprenticeship for adulthood: Preparing youth for the future*. New York: Free Press.
Olson, L. (1997). *The school to work revolution: How employers and educators are joining forces to prepare tomorrow's skilled workforce*. New York: Perseus.

＊参照URLは2020年 7 月時点の情報です。

◆著者について◆

アラン・コリンズ：ノースウェスタン大学教育・社会政策学部名誉教授（学習科学)。全米教育アカデミー会員及び米国人工知能学会，認知科学会，米国科学振興協会，米国教育研究学会理事。認知科学誌の初代編集長，認知科学会初代会長を務めた。心理学分野では，意味記憶，メンタルモデルの研究を，人工知能分野では蓋然的推論，知的教育システムについて，教育分野では，探究的指導，認知的徒弟制，状況論的学習，デザイン研究，認知的ゲーム理論，教育テストのシステム妥当性の研究で知られる。1991年から94年にかけて，米国教育省教育技術センターの共同理事を担当した。近著に『価値のある教育とは？：テクノロジ時代のカリキュラムの再考』（未邦訳，原著は2017年４月にTeachers College Pressより刊行）がある。

リチャード・ハルバーソン：ウィスコンシン大学メディソン校教授（教育リーダーシップ，政策分析)。学習科学の研究方法と実践を教育リーダーシップとインタラクティブメディアに適用する研究に従事。ウィスコンシン共同教育研究ネットワークおよび学習リーダーシップ総合評価プロジェクトを率いるとともに，ゲーム＋学習＋社会リサーチセンターの共同理事・共同創立者。前職は高校教員，校長を務めた後，修士（哲学）および博士（学習科学）をノースウェスタン大学で取得した。著書に『マッピング・リーダーシップ：学校教育の指導・学習を改善する重要課題』（未邦訳，キャロライン・ケリーとの共著）がある。

◆編訳者紹介◆

稲垣　忠（いながきただし）

1976年　愛知県に生まれる。

金沢大学教育学部，同大学院教育学研究科を経て，

関西大学大学院総合情報学研究科博士課程を修了，Ph.D（情報学）。

現在：東北学院大学文学部教育学科教授

専門：教育工学・情報教育

Webサイト：https://www.ina-lab.net

主著：『教育の方法と技術』（編著）北大路書房

『情報時代の学校をデザインする』（共訳）北大路書房

『授業設計マニュアル Ver. 2』（共編著）北大路書房

『探究する学びをデザインする！情報活用型プロジェクト学習ガイドブック』（編著）明治図書出版

『学校アップデート』（共著）さくら社

『情報教育・情報モラル教育』（編著）ミネルヴァ書房

◆訳者一覧◆

稲垣　忠	東北学院大学文学部	まえがき（第二版），1章，3章，7章， 8章、10章
亀井美穂子	椙山女学園大学文化情報学部	2章
林　向達	徳島文理大学人間生活学部	4章
金子大輔	北星学園大学経済学部	5章
益川弘如	聖心女子大学文学部	6章
深見俊崇	島根大学教育学部	9章

デジタル社会の学びのかたちVer.2
—教育とテクノロジの新たな関係—

2020年10月10日　初版第１刷印刷
2020年10月20日　初版第１刷発行

定価はカバーに表示してあります。

著　者　A・コリンズ
R・ハルバーソン
編　訳　稲垣　忠
発行所　㈱北大路書房
〒603-8303　京都市北区紫野十二坊町12-8
電　話　(075) 431-0361㈹
ＦＡＸ　(075) 431-9393
振　替　01050-4-2083

印刷・製本／創栄図書印刷（株）
組版／華洲屋
装幀／野田和浩
検印省略　落丁・乱丁本はお取り替えいたします。
ISBN 978-4-7628-3126-3　Printed in Japan